A Escultura na Psicoterapia

Psicodrama e Outras Técnicas de Ação

Dados Internacionais de Catalogação na Publicação (CIP)
(Câmara Brasileira do Livro, SP, Brasil)

López Barberá, Elisa
    A escultura na psicoterapia : psicodrama e
outras técnicas de ação / Elisa López Barberá,
Pablo Población Knappe ; [tradução Eliana Araújo
Nogueira do Valle]. — São Paulo : Ágora, 1999.

    Título original: La escultura y otras técnicas
psicodramáticas aplicadas en psicoterapia.
    Bibliografia.
    ISBN 85-7183-660-4

    1. Psicodrama   2. Psicoterapia   I. Población
Knappe, Pablo. II. Título

                                    CDD-616.8914
99-3151   NLM-WM 420

Índices para catálogo sistemático:

1. Escultura na psicoterapia: Ciências Médicas   616.8914

A Escultura na Psicoterapia

Psicodrama e Outras Técnicas de Ação

Elisa López Barberá
Pablo Población Knappe

ÁGORA

Do original em castelhano
La escultura y otras técnicas psicodramáticas aplicadas en psicoterapia
Copyright © 1997 by Ediciones Paidós Ibérica, S.A.

Tradução:
Eliana Araújo Nogueira do Valle

Capa:
Luciano Pessoa

Editoração eletrônica e fotolitos:
JOIN Editoração Eletrônica

Proibida a reprodução total ou parcial
deste livro, por qualquer meio e sistema,
sem o prévio consentimento da Editora.

EDITORA AFILIADA

Todos os direitos reservados pela
Editora Ágora Ltda.
Rua Itapicuru, 613 – cj. 82
05006-000 – São Paulo, SP
Telefone: (011) 3871-4569
http://www.editoraagora.com.br
e-mail: agora@editoraagora.com.br

"Dedicamos este livro a nossos pacientes e alunos que nos permitem crescer e aprender dia a dia."

SUMÁRIO

Prefácio 9
Introdução 13

1. PSICODRAMA: GRUPOS E AÇÃO 19

   Nasce uma nova linguagem 19
   A terapia de ação. 28

2. UTILIZAÇÃO DAS TÉCNICAS ATIVAS 54

   Definição das técnicas ativas 55
   Classificação das técnicas ativas 59
   Os passos na aplicação de uma técnica 67

3. DESCRIÇÃO DAS TÉCNICAS PSICODRAMÁTICAS
   (EXCETO A DA ESCULTURA I) 74

   Dramatizações 74
   Jogos 86
   Exercícios 89
   O teste sociométrico 92
   Sociodrama 97
   Onirodrama 102
   Idéia geral do desempenho de papel (*role-playing*) 109

4. DESCRIÇÃO DAS TÉCNICAS PSICODRAMÁTICAS
   (EXCETO A DA ESCULTURA II). 114

   Técnicas elementares 114
   Técnica de ingerência no sistema. 134
   Técnicas que incidem no processo comunicacional
   com o uso de objetos intermediários 135

5. A ESCULTURA: PRIMEIRA APROXIMAÇÃO 142

Antecedentes 142
Definição 144
Escultura *versus* topologia e proxenia 149
Outras especificações sobre a escultura 152

6. TEORIA DA TÉCNICA DA ESCULTURA 161

À procura de uma compreensão teórica do fato técnico.... 161
A criação do texto escultural 162
A gramática do texto escultural 167
Lingüística do texto escultural 172

7. APLICAÇÃO TÉCNICA DA ESCULTURA 179

Metodologia. 179

8. DIFERENTES TIPOS DE ESCULTURA 196

Esculturas "real", desejada e temida 197
Escultura a partir do "é que você", ou "o que você me faz" .. 203
Escultura a partir do "é que eu" ou do "o que eu
faço a você(s)". 205
Esculturas múltiplas a partir do ponto de vista tradicional.. 206
Escultura em espelho a partir do terapeuta 209
Escultura com inclusão de papéis ausentes-presentes 212
Esculturas em tempo passado e futuro. 213
Escultura intrapsíquica com presença do eu metapsicológico
como observador 217
Escultura com papéis simbólicos antropomorfos do
contexto (não-humanos) 219
Esculturas de "o que deveria ser" 222

9. A ESCULTURA NOS DIFERENTES GRUPOS TERAPÊUTICOS ... 224

A escultura na terapia bipessoal. 225
A escultura em terapia de casal e de família. 229
A escultura em outros grupos de psicoterapia. 240
A escultura no *role-playing* pedagógico 245
A escultura em sociodrama. 249

Bibliografia 255

PREFÁCIO

É uma evidência incontestável que o campo da psicoterapia está organizado por modelos. Não por arbitrariedade ou capricho dos psicoterapeutas, mas por um imperativo da complexidade. De fato, em nenhuma outra área fica mais claro o seu império do que no das relações humanas, funcionais e disfuncionais, e em seu correlato individual, o mundo psíquico.

Os modelos psicoterapêuticos representam caminhos de exploração de uma realidade complexa e inalcançável, empreendidos com a ajuda dos mais variados instrumentos conceituais e à luz de apriorismos diversos que, conseqüentemente, desenvolvem metodologias congruentes, embora diferentes entre si. A partir dessa perspectiva, e embora nem todos os processos exploratórios da realidade psicorrelacional mereçam tal denominação, acabam sendo patéticas as lutas pelo predomínio de certos modelos sobre outros, em que a suposta confrontação científica oculta a duras penas a luta territorial.

Por outro lado, acaba sendo estimulante descobrir que a confluência integradora é possível e que as explorações realizadas a partir de distintos modelos podem ser compartilhadas. O lugar-comum das descobertas singulares permite que cheguemos a mistérios maiores e mais recônditos e converte as tarefas clínica e investigadora em aventuras duplamente fascinantes.

O presente livro constitui uma sólida tentativa de conjunção de propostas, partindo de um modelo concreto, indubitavelmente o psicodrama, e incorporando idéias, termos e, sobretudo, sensibilidade, de estirpe sistêmica. Isso não deve soar estranho para quem conhece os autores, uma vez que esse é o signo de sua trajetória profissional e do conjunto de sua obra. Población e López Barberá são um exemplo vivo de integração psicoterapêutica, com uma penetrante dimensão emocional que, além do anedótico, potencializa a validade de suas sugestões teóricas. Mas, apesar disso, e sobretudo, a prática terapêutica é o que os fascina, como demonstra sem rodeios o título do livro, e também aqui é fecundo o casamento de ambos os modelos.

De fato, são consideráveis as ressonâncias entre o universo psicodramático e o da terapia familiar sistêmica, começando por algumas características da obra de suas figuras emblemáticas, Moreno e Bateson. Ambos expressaram o que caberia descrever como uma notável preocupação política que, no caso de Bateson, deu origem a sua conhecida atitude de rejeição, quase impeditiva, dos temas relacionados com o poder. Sua elegante e britânica repugnância pelos autoritarismos conduziu-o à polêmica com Haley, que o fez defender a causa vencedora: a óbvia importância das metáforas hierárquicas no campo das relações familiares e terapêuticas. Na condição de judeu de cultura centro-européia, Moreno tinha motivos para abominar o autoritarismo, uma vez que conhecia a necessidade de se comprometer com ele de modo explícito e direto. A partir daí, talvez, venha sua proposta de um poder psicoterapêutico como alternativa aos poderes comunista e democrático que, em seu tempo, e até em épocas muito recentes, disputavam o domínio do mundo. São óbvias as ressonâncias platônicas do governo de sábios:

> Por modesto que seja o trabalho do psicoterapeuta de grupo, por reduzido que seja o número de seus partidários, e por penosa que seja a tarefa de prosseguir sua obra sem a bênção de nenhuma instituição oficial, sua responsabilidade diante da humanidade é tão grave quanto as das ideologias todo-poderosas da política e da religião[1].

Outro traço comum entre o psicodrama de Moreno e a terapia familiar sistêmica é a ênfase na ação como eixo do processo terapêutico. Não em vão, Watzlawick chamou de "pragmática da comunicação humana" sua obra mais representativa (inefavelmente traduzida como *Teoria da comunicação humana*, em castelhano) e, não em vão, Minuchin construiu a identidade de seu modelo estrutural sobre técnicas ativas sobejamente conhecidas e sobre a "priorização" do respeito ao pensar e ao sentir. De fato, o mesmo interesse

---

1. MORENO, J. L. *Psicoterapia de grupo y psicodrama*. México, FCE, 1966, 1ª ed. alemã, 1959.

pelas técnicas constitui outro elemento de união entre ambos os modelos. Claro está que, para o psicodrama, o dito interesse é paixão, não superada por modelo algum, mas também é certo que, nos fundamentos da terapia familiar, as técnicas de intervenção ocupam um lugar privilegiado.

Estava, pois, aberto o caminho para que se escrevesse um livro sobre escultura e outras técnicas ativas em psicoterapia que, a partir de um psicodrama sistematicamente enriquecido, oferecesse à terapia familiar e aos demais modelos psicoterapêuticos o tesouro de seu patrimônio técnico. E posto que tenho o privilégio de estar escrevendo o prólogo deste livro, quero destacar duas de suas qualidades que mais me chamaram a atenção. A primeira é que seus autores não se limitam a fazer um compêndio do já importantíssimo acervo de técnicas tridimensionais existente, como também o reelaboram criativamente, realizando interessantes contribuições próprias. Aquele que, além de lê-los, já os tenha visto trabalhar, pode testemunhar a originalidade com que associam suas propostas à frondosa árvore do psicodrama. A segunda qualidade advém da riqueza e da variedade de seus referenciais teóricos, que convertem este livro em algo muito diferente de um receituário terapêutico *ad usum delphini*. Por isso, embora o corpo esteja muito presente, não há o menor viés corporalista e, embora se dê prioridade à ação, isso é feito a partir de sólidos apoios no cognitivo e no emocional: um equilíbrio raramente observável na literatura terapêutica.

Juan L. Linares

INTRODUÇÃO

Quando decidimos escrever este livro, queríamos fazer um "pequeno tratadozinho" sobre a técnica da escultura, a qual temos utilizado com freqüência há muitos anos, por isso pensávamos poder contribuir de algum modo com os psicoterapeutas, nosso colegas de ofício.

Pouco a pouco, fomos nos aquecendo e nos inclinamos a falar também de outras técnicas ativas ou psicodramáticas, embora o foco se mantivesse na escultura. Não apenas porque a escultura é uma via terapêutica muito promissora e generosa em seus frutos, como também porque podemos considerá-la paradigmática entre as técnicas corporais, já que propicia, até o limite extremo, o modo analógico de comunicação. A escultura é, de fato, um modelo arquetípico do que chamamos de terapia tridimensional.

Como poderá observar quem se decide a ler o livro, este não se dirige aos profissionais de nenhum campo concreto da terapia, seja individual, grupal ou familiar, nem ao trabalho a partir de um modelo terapêutico específico. As técnicas ativas podem ser instrumentadas, e o são, de fato, há muitos anos, por meio dos mais variados marcos teóricos, e assim vemos como o desempenho de papel, a dramatização, a escultura, e outras técnicas, são usadas habitualmente por comportamentalistas, psicanalistas, terapeutas sistêmicos familiares, analistas transacionais e muitos outros.

A ação (drama) introduzida por Moreno no mundo da psicossociologia e das artes "curativas" ou da sociatria, como ele preferia dizer, vai ocupando um espaço cada vez maior. Este fenômeno não se deve apenas ao pragmatismo e ao sentido comum de muitos terapeutas, mas, também, a algo que não se costuma levar em consideração,

13

ou ao menos explicitar-se, e o fato é que a essas técnicas subjaz um modo de conceber a vida, um modelo epistemológico que se entrelaça com todos os outros e, nos atrevemos a opinar, de fato os abarca.

Quando alguém se dá ao trabalho de conhecer o modelo teórico psicodramático a partir de suas fontes originais, ou seja, lendo Moreno com uma mentalidade aberta e moderna, percebe que, por detrás de uma linguagem por vezes poética – o que o levou a ser mal-entendido pelos rígidos de coração e cabeça – e sempre enormemente sintética, condensa de modo genial um acervo de conceitos que, por sua modernidade, só começou a ser aceito por muitos autores mais recentemente.

A surpresa para esses leitores é que Moreno tinha uma mentalidade sistêmica, embora utilizasse uma linguagem diferente da atual. Timidamente, foram sendo publicados trabalhos nessa linha de encontro entre psicodrama e epistemologia sistêmica.

Tão óbvia e evidente nos parece a similitude de posições e postulados teóricos entre psicodrama e [terapia] sistêmica, que nos atrevemos a falar em isomorfismo. Lendo um trabalho qualquer sobre terapia sistêmica, nós, enquanto psicodramatistas *morenianos*, e sublinhamos morenianos porque configuramos muitas e diversas tribos de psicodramatistas, fazemos uma leitura simultânea em psicodrama, como ocorre quando conhecemos bem outro idioma e nos damos conta de que o estamos traduzindo automaticamente para o espanhol.

Antes de continuar, queremos esclarecer que chamamos de morenianos aos psicodramatistas não-morenianos. Moreno postulou a criatividade, o ser espontâneo e a busca por novas respostas mais adequadas, em vez de ficarmos aprisionados na cultura em conserva, no já terminado, que é preciso revisar. (Ele teria se dado bem com Popper e suas posições.) Se seguirmos o caminho moreniano da espontaneidade, teremos que revisar Moreno; daí nossa expressão paradoxal de que "ser moreniano é não ser moreniano", não ser fanático por Moreno. De fato, temos nos atrevido a tratar de ir um pouco mais adiante em alguns pontos, como nas teorias da cena e do jogo, no conceito da espontaneidade, na colocação das fantasias e outros temas, e, sobretudo, em proclamar o isomorfismo psicodrama-sistêmico, atrevendo-nos a propô-lo – já o fizemos há anos – como paradigma de encontro e compreensão dos diversos modelos terapêuticos, que podem ser percebidos e entendidos a partir do psicodrama enquanto se constitui como um nível lógico superior que integra os demais. Trata-se de uma posição "tridimensional".

Se depois dessas considerações gerais retomarmos a escultura como foco de nosso interesse, veremos que se destaca como uma técnica de grande impacto devido à sua relação e expressão direta e imediata com o esquema vincular do grupo em jogo, já que dispõe de uma capacidade de mostrar num tempo e espaço muito concretos o que, por outros caminhos, exigiria um processo mais dilatado de análise e síntese.

A escultura se evidencia como uma ferramenta eficaz para o diagnóstico, a compreensão e a reconstrução do sistema em terapia, em que o escultor se converte em protagonista.

A compreensão mais profunda que provoca a escultura, o *insight* emocional dos componentes do sistema em terapia do que "acontece" entre "nós", a partir "do que vemos igual e diferente", parece-nos um salto qualitativo que ultrapassa um primeiro entendimento racional da dinâmica estrutural do sistema.

Como assinalávamos em outra publicação[1], o trânsito que supõe a passagem do diagnóstico para "o propriamente terapêutico, para uma reconstrução por meio de uma mudança costuma exigir a utilização das 'técnicas elementares' auxiliares (duplo, inversão de papéis e espelho), e o que denominamos 'passos' ou técnicas de transição de uma a outra escultura podem levar ao que se denomina em psicodrama como uma 'catarse de integração total'"[2]. Esta implica explicação ou tomada de consciência racional, compreensão emocional que costuma ser acompanhada dos fenômenos emocionais da ab-reação e de um reajuste ou mudança profunda da estrutura de tipo qualitativo, melhor dizendo, uma reconstrução do sistema.

---

1. POBLACIÓN, P. e LÓPEZ BARBERÁ, E. "La escultura en terapia familiar". *Vínculos*, nº 3, Madri, ITGP, outono de 1991, p. 95.
2. Moreno, J. L. *Psicodrama*. 4ª ed. Buenos Aires, Hormé-Paidós, 1961.

Não existem esculturas boas ou más. Podemos, sim, confirmar, a partir da experiência clínica cotidiana, a relação existente entre a eficácia da escultura com a situação de um aquecimento prévio à realização da mesma. A informação que se obtém na escultura nos leva a perguntar quem aprende e vê mais, se o terapeuta ou os pacientes, e a conclusão a que chegamos é, como assinalava Moreno, que paciente e terapeuta são "co-experimentadores" da realidade vivida e construída. Os exemplos utilizados foram tratados de modo a que seus personagens pudessem permanecer no anonimato.

A partir dessa premissa fundamental, estabelecemos o desenvolvimento do livro como um percurso para introduzir o leitor no uso da escultura terapêutica, porém situando-a dentro de um panorama mais amplo de técnicas ativas.

No Capítulo I procuramos resumir os aspectos da teoria do modelo psicodramático que acreditamos ser imprescindíveis para a compreensão dos conteúdos dos capítulos seguintes. Pensamos, em especial, nos profissionais não psicodramatistas e que não conhecem, portanto, nem as construções nem a linguagem do psicodrama. Acrescidos aos fundamentos de J. L. Moreno, aparecem contribuições posteriores de outros autores e, por último, as dos que assinam esta obra.

No Capítulo II passamos a nos ocupar das técnicas ativas. Baseamo-nos em nossa própria classificação e definimos cada um de seus elementos. Completa esse capítulo a formulação de nossa concepção sobre os passos do terapeuta ao introduzir uma técnica em qualquer momento do processo terapêutico, passos que, em nossa opinião, transcendem o modelo psicodramático.

Os Capítulos III e IV destinam-se à descrição das técnicas psicodramáticas mais importantes e à sua aplicação, com exceção da escultura, que é objeto do restante da obra.

No Capítulo V falamos em geral da técnica da escultura, o que é e o que não é, e aspectos gerais de seu uso em terapia. Os aspectos técnicos se concretizam mais numa metodologia específica que aparece no Capítulo VII, uma vez que no capítulo VI abrimos um parêntese para tentar uma aproximação teórica da escultura a partir de certas coordenadas lingüísticas.

Há muitas formas ou modelos de esculturas, grande parte delas criada pelos autores, e das quais podemos fazer uso em diferentes áreas da psicoterapia. Nos dois últimos capítulos falamos dessas técnicas.

Finalmente, queremos comentar que este livro se constituiu um desafio, pelo fato de tentarmos transmitir uma técnica que tem suas origens no psicodrama, mas que é paradigmática dos modelos terapêuticos inscritos na epistemologia sistêmica.

PSICODRAMA: GRUPOS E AÇÃO

Nasce uma nova linguagem

Data: 1921
Lugar: cenário do teatro Impromptu de Viena. Espaço de investigação de novos modos de expressão teatral, existencial e social.

Ação: a representação protagonizada por uma mulher, que improvisa uma cena dilacerante, dura: seu personagem é o de uma prostituta que se debate num mundo primário, com linguagem vulgar e atitude cruel. Está mostrando ao público, de modo simbólico, aspectos de sua personalidade, de um mundo oculto sob uma aparência doce, mas que coloca em risco a intimidade de seu casamento.

Situações e personagens dessa índole se repetem sobre o cenário, dia após dia e, num breve período de tempo, Bárbara, nossa protagonista, consegue gracejar com seu marido sobre aquelas condutas que haviam envenenado a vida privada do casal.

O promotor do drama: J. L. Moreno, um jovem médico romeno, judeu sefardita, rebelde, revolucionário, amigo de Alfred Adler, Martin Buber, F. Lehar, J. Wasserman e de muitos outros personagens da vida intelectual da Viena do primeiro quarto de século.

Moreno, que havia proposto ao casal essa experiência, tem a intuição genial das enormes possibilidades que se abrem a partir da mesma, e a toma como ponto de partida de um sólido caminho de investigação que, nos decênios seguintes, dará lugar à cristalização dos enunciados da psicoterapia de grupo, do sociodrama e do psicodrama, a tríade que fundamenta sua idéia de uma sociatria ou tratamento dos grupos sociais. De modo inadequado, essas três áreas de investigação e de intervenção se unificam sob a denominação genérica de psicodrama. Inadequadamente, porque, a partir dessa inclusão, fica óbvio o dado, geralmente não reconhecido, de que Moreno criou também o termo e o conceito de "psicoterapia de grupo", definindo-o e descrevendo-o pela primeira vez na história da psicologia e da psiquiatria, no Congresso da APA (American Psychiatric Association), ocorrido em Filadélfia, em 1932.

Por outro lado, o campo da sociatria, o sociodrama, não trabalha com aspectos interpessoais individuais da relação, mas apenas com os aspectos coletivos, oferecendo ao profissional um instrumento de investigação e de tratamento das relações entre os grupos. Aqui, o objeto de atenção não são os grupos de pessoas, mas os grupos de grupos. Isso permite abordar os conflitos entre diversos coletivos, como, por exemplo, as dificuldades inter-raciais ou a análise e o tratamento das relações entre os diferentes coletivos de uma instituição.

Como respaldo teórico de suas propostas técnicas, Moreno desenvolve, a partir dos anos 30, uma frutífera atividade investigadora no campo das regras e leis pelas quais se conduzem as relações interpessoais intragrupais e intergrupais, bem como nos modos de medição dessas relações. Constitui-se no mais importante — embora não seja o único — criador da sociometria. Moreno coloca a ênfase por vezes no *metrum*, a medida, e outras no *socium*, o outro. Interessando-se profundamente por todos os aspectos que dizem respeito aos fundamentos científicos das relações nos grupos e dos grupos, ele surge na arena internacional da psicologia como o introdutor do então revolucionário conceito do "homem em relação", o que alguns autores como Sarró[1] denominaram de a terceira grande evolução psiquiátrica.

Deparamo-nos, assim, com um conjunto em que aparece uma figura, o psicodrama, sobre um fundo, uma nova teoria sobre o homem.

O psicodrama nos interessa de modo mais concreto neste livro, uma vez que a escultura é uma técnica psicodramática. No fundo, necessitamos da teoria como construção conceitual de apoio, compreensão e justificativa dessa técnica.

O psicodrama como instrumento terapêutico foi a primeira terapia por meio da ação. Não nos esqueçamos de que, etimologicamente, drama quer dizer ação. Foi a primeira terapia que não apenas rejeitou a ação como *acting* patológico, mas também a pôs a serviço

---

1. SARRÓ, R. "Prólogo a la obra de A. A. Schützenberger". *Introducción al psicodrama*. Madri, Aguilar, 1970.

da terapia na mesma condição que a palavra. Antes mesmo desta, pois "no princípio havia a ação", como assinala Moreno. Esta frase não supõe uma justificativa extrema de uma postura, mas uma constatação da realidade ontogênica do homem. Veremos adiante as idéias desenvolvidas por Marina[2], apoiadas nas investigações de Piaget e Sperry, com uma idéia central em sua obra: "A vida intelectual do homem funda-se em ações reais, executadas pelo sujeito", e da ação organizada sintaticamente "como linguagem"[3]. Isso nos leva ao telão de fundo das construções teóricas do psicodrama.

Moreno desenvolve uma antropologia que poderíamos considerar social e psíquica, com duas dimensões de estudo: uma longitudinal ou diacrônica e outra transversal ou sincrônica. À primeira pertence sua visão pessoal da psicologia evolutiva por sucessivas matrizes, nas quais o indivíduo aprende seus papéis e constitui seu eu operativo e, à segunda, conceitos que apenas na atualidade se revalidam, a partir de modernas posições epistemológicas, como o momento, o aqui-e-agora, a espontaneidade, a cena, a catarse ou a reestruturação dos sistemas, entre outras.

A psicologia evolutiva de Moreno está fundada na investigação com sujeitos "sãos", fugindo da construção de uma metapsicologia deduzida da análise do homem "enfermo". Considera que o parto é o primeiro ato espontâneo da vida do indivíduo, o qual, a partir deste momento, passará por outra série de matrizes ou espaços de crescimento, nos quais aprenderá seus papéis ou modos vinculares que constituirão e condicionarão, em parte, sua idiossincrasia relacional pessoal. A primeira matriz, ou matriz de identidade[4], dura aproximadamente até os três anos de idade. Nesse período, sobretudo em sua primeira parte, de matriz de identidade indiferenciada, o bebê apreende "organismicamente"[5] os modos de vinculação específicos a partir de sua relação de unicidade, de coexistência e de co-ação com a mãe. Porém, a mãe é a portadora da cultura ou do dote cultural[6] de

---

2. MARINA, J. A. *Elogio y refutación del ingenio*. Barcelona, Anagrama, 1922, e *Teoría de la inteligencia creadora*. Barcelona, Anagrama, 1993.

3. *Idem, opus cit.*, 1993, p. 295.

4. Moreno, J. L. *Psicodrama*. Buenos Aires, Hormé-Paidós, 1961, pp. 86-207.

5. FONSECA FILHO, J. S. *Psicodrama da loucura. Correlações entre Buber e Moreno*. São Paulo, Ágora, 1980.

6. Em nosso sentir, o dote cultural compreende modos, costumes, regras, mitos, tanto da família imediata quanto do contexto cultural que os rodeia.

sua própria família, de sua família de origem e de seu meio. A criança introjeta tudo isso e reage pela única via ao seu alcance, ou seja, biologicamente. Seu organismo forma modos de relação e de reação somáticos, que constituem seu modo primário específico de vinculação por meio do corpo e da ação, que irão se consolidar e condicionarão seus aprendizados relacionais. São os papéis psicossomáticos (respirador, ingeridor, excretor etc.), de enorme importância no surgimento do que se costuma chamar de adoecer psicossomático e, também, a partir daquilo que descrevemos como cena originária e diabólica[7], a base vincular que comprometerá a cadeia de cenas que venha introjetar no futuro a partir das matrizes seguintes, uma vez que constitui a base da identidade do indivíduo. Nessa etapa da vida, mais do que em nenhuma outra, torna-se evidente que a história se transforma em biologia e vice-versa, como corroboram posteriormente Maturana e Varela[8] a partir de seu conceito de acoplamento estrutural.

Entre a matriz de identidade diferenciada e indiferenciada, Moreno situa a "brecha entre fantasia e realidade", período em que a criança começa a distinguir entre o real e o que imagina: "O jacaré embaixo da cama não é verdade, eu é que imagino". Desenvolvimento de substancial transcendência para a vida psíquica do indivíduo.

A partir das matrizes seguintes, familiar e social, continua o processo de aprendizagem de novos papéis, sobretudo a partir do jogo de inversão de papéis e sua interiorização sob a forma de cenas, redes (ou sistemas) vinculares, como as descritas por Martínez Bouquet[9] e por nós mesmos[10], e que parece coincidir com a tese de modelo de Marina, à medida que:

---

7. PÓBLACION, P. "La escena primigenia y el proceso diabólico". Segunda Reunião Nacional da Associación Española de Psicodrama. *Informaciones Psiquiátricas,* 115, 1º trimestre de 1989.

8. MATURANA, H. e VARELA, F. "Las bases biológicas del entendimiento humano. El árbol del conocimiento — Al pie del árbol". Programa de Comunicação Transcultural, Santiago do Chile, OEA, 1984

9. BOUQUET, C. M. *Fundamentos para una teoría del psicodrama.* México, Siglo XXI, 1977.

10. POBLACIÓN, P. "El sistema escena-en el psicodrama". *Psicopatología,* v. 10, nº 3, 1990.

Um modelo é um programa de ação, um conjunto de ingerências associadas, o esquema de um comportamento. Temos modelos de situações, de sentimentos, de papéis sociais para solucionar problemas. Cada vez que dispomos de um esquema que justifique dados e relações dinâmicas entre esses dados, teremos um modelo. Trata-se de programas narrativos condensados[11].

Esses modelos ou cenas, que denominamos de sistemas-cenas[12], são constructos que nos ajudam a compreender o modo de reação do indivíduo em seus grupos, dos grupos como totalidade e, certamente, são os modelos a partir dos quais se construirão as esculturas e, por sua vez, da narrativa interna do sujeito.

Sem dúvida, cada momento da biografia incide nessas cenas internas, reforçando ou mudando sua estrutura. O habitual é que, na dialética indivíduo-sociedade, o primeiro tenda a moldar as reações de seu meio imediato para conseguir ajustá-las a seu esquema pessoal, conseguindo quase sempre um modo de resposta que o reforça. Ao contrário, momentos-chave, que provocam crises, podem fazer oscilar, reajustar e mudar inclusive sua estrutura.

O conjunto de papéis internos, segundo Moreno (de cenas internas ou de redes de papéis, segundo nós), constitui o eu tangível ou operativo de cada ser humano, ou seja, o modo pelo qual cada eu pode atuar e relacionar-se, embora admitindo que sempre existe uma abertura para o novo a partir da espontaneidade.

Assim, aproximamo-nos da construção de Moreno de uma teoria biopsicossocial. Os conceitos que abordaremos a seguir nos ajudarão a completar o modelo moreniano.

Embora nos situemos numa visão transversal ou sincrônica sobre o homem, os conceitos de espontaneidade-criatividade, momento, aqui-e-agora, catarse e outros não deixam de estar relacionados aos aspectos diacrônicos da vida dos indivíduos e de grupos humanos.

O conceito de espontaneidade tem sofrido inúmeras críticas e tem sido considerado metapsicológico diante da posição de Moreno, que a considera um fator biológico capaz de ser submetido à medida e à avaliação. Moreno coloca a espontaneidade como uma condição ou disposição do indivíduo para atuar livremente, como catalisador da criatividade. A nosso ver, relaciona-se a outros conceitos, tais como: a fome por atos, por transformação e por liberdade. Encontra-

---

11. MARINA, J. A. *Teoría de la inteligencia creadora*, *op. cit.*, 1993, p. 171.
12. POBLACIÓN, *op. cit.*, 1990.

se em posição polar à conserva cultural ou à obra terminada[13], à rigidez, à estase, ao universo fechado ou ao sistema fechado. Podemos defini-la como o fator que permite a adequação das respostas ao meio, e se expressa de duas formas, como diz Moreno: "À resposta de um indivíduo diante de uma situação nova, e à nova resposta a uma situação velha, chamamos de espontaneidade"[14], sempre com as qualidades de originalidade, vivacidade e adequação. Como assinala Moreno em sua obra *Psicodrama*, "trata-se de uma atitude plástica de adaptação, uma mobilidade e flexibilidade do eu, que acaba sendo indispensável para um organismo que se desenvolve com rapidez num meio ambiente que muda com rapidez"[15]. Schützenberger[16], retomando este conceito de Moreno, coloca que: "a espontaneidade não consiste em fazer qualquer coisa, em qualquer momento, em qualquer lugar, de qualquer maneira, e com quem quer que seja, o que seria uma espontaneidade patológica". Em psicodrama, ser espontâneo significa fazer o que é oportuno no momento necessário. Significa proporcionar "a resposta boa" a uma situação geralmente nova e, por isso mesmo, difícil. Deve ser uma resposta própria, integrada, não como uma repetição ou uma citação inerte, separada de sua origem e de seu contexto. Para Moreno, cada um de nós tem possibilidades mais ou menos significativas de espontaneidade, que permitem que nos adaptemos a nós mesmos e ao mundo.

A espontaneidade encontra-se em função inversa dos condicionamentos culturais, e podemos aumentar sua quantidade na medida em que esses se rompem, como por exemplo por meio da aprendizagem. Paradoxo da espontaneidade que se pode cultivar. A forma privilegiada que Moreno usa para facilitar a espontaneidade é a técnica do aquecimento, que facilita a aparição de um estado psicobiológico especial, no qual nos situamos num tempo emocional, não-cronológico, o momento em que é possível a ação do fator *e* (espontaneidade) em direção a uma mudança estrutural ou catarse do sistema. G. Leutz[17], assim como nós, relaciona esse movimento com

---

13. Tanto uma obra de arte como um modo vincular fixado.
14. MORENO, J. L. *Psicodrama*, *op. cit.*, 1961, p. 89.
15. MORENO, J. L., *op. cit.*, 1978, pp. 140-1.
16. SCHÜTZENBERGER, A. *Introducción al psicodrama*, 1970.
17. LEUTZ, G. *Mettre sa vie en scène: le psychodrame*. Paris, Hommes et Groupes, Epi, 1985.

estados alterados de consciência, ou estados hipnóides, que toleram uma passagem do predomínio momentâneo do hemisfério direito sobre o esquerdo.

Esse processo é fundamental numa concepção psicodramática da intervenção terapêutica e é análogo ao que segue a intervenção terapêutica de Erickson[18] e de alguns grupos de terapia familiar[19].

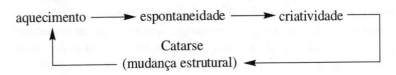

O fator *e* não é exclusividade do indivíduo, mas, sim, de todos os seres psicossociais que se movem sempre na dialética espontaneidade/conserva. No estudo desses sistemas, utilizam-se as expressões morfostase/morfogênese, que consideramos análogas às de conserva/espontaneidade. Consideramos que esse fator *e* está presente, inevitavelmente, no que, em terminologia sistêmica, se denomina de processo de adaptabilidade dos sistemas. A ausência de espontaneidade num sistema vivo provoca uma rigidez que conduz à perpetuação reiterativa de pautas disfuncionais. Como assinala Von Bertalanffy: "A perturbação da espontaneidade é sintoma de doença mental"[20].

A intervenção terapêutica por meio do processo aquecimento-espontaneidade-catarse cria uma possibilidade de mudança significativa no sistema aqui-e-agora. Podemos intervir sempre no presente, no *hic et nunc*. Um organismo está sempre temporalmente no presente; o passado, a história, pode ou não ter deixado seqüelas, porém não podemos conectar com o passado, exceto com o passado feito presente, ou o produto presente do passado. Dizer que "intervimos no passado" não deixa de ser uma metáfora. Por outro lado, o futuro se reduz a uma projeção da fantasia, importante como projeto que ten-

---

18. ZEIG, J. *Un seminario didáctico com Milton Erickson*. Buenos Aires, Amorrortu, 1985, e HALEY, J. *Terapia no convencional. Las técnicas psiquiátricas de Milton H. Erickson*. Buenos Aires, Amorrortu, 1988.
19. RITTERMAN, M. *Empleo de la hipnosis en terapia familiar*. Buenos Aires, Amorrortu, 1988.
20. VON BERTALANFFY, L. *Teoría general de sistemas*. Madri, FCE, 1976, p. 215.

derá a receber forma e confirmação, mas não existente no agora mais do que como "irrealidade" interna.

Ainda que pudéssemos abordar outros pontos da teoria psicodramática e sociométrica, preferimos nos remeter a Moreno para uma ampliação desses temas e nos limitarmos a expor um resumo que abranja as idéias principais do paradigma psicodramático. Moreno propôs, em sua época, uma nova visão de homem que salta do individual e intrapsíquico para o relacional. Ele passou a ver o homem como parte dos grupos a que pertence, sem se esquecer do intrapsíquico: inaugurou a era da psicologia relacional, a visão dos indivíduos e dos grupos como universos ou sistemas e os conjuntos de grupos como sistemas hierarquicamente superiores, até incluir a sociedade inteira. Nessa biopsicossociologia, contemplamos a relação dialética entre todos os níveis citados e, por outro lado, a importância de atender a fatores cognitivos, emocionais e axiológicos como partes integradas sempre, em qualquer comunicação que se realiza por vias verbais ou digitais e não-verbais ou analógicas. Todos esses fatores fazem parte do mundo relacional.

No contexto da terapia, Moreno fala pela primeira vez em integração ou reestruturação por meio do conceito de catarse de integração que: "em razão de sua natureza primária, inclui todas as outras expressões cunhadas, psíquicas, somáticas, conscientes, inconscientes etc."[21], ocorrendo em termos pessoais e grupais, e também se refere ao papel de terapeuta como co-autor e co-experimentador do processo terapêutico.

Como filosofia existencial de caráter humanístico, que subjaz à construção de Moreno, remetemo-nos aqui exclusivamente à capacidade que reconhece no homem de criar e de recriar-se a si mesmo a partir de sua espontaneidade. Sua criação fundamental é a vida, a relação por meio do encontro com os outros, num caminho do eu ao tu e ao nós. Em sua linguagem metafórico-poética, "todo homem é um gênio em potencial", uma vez que pode desenvolver o germe de criatividade do qual é portador, sua capacidade de mudar a si mesmo e de mudar o mundo.

Moreno não esquece a relevância dos grupos naturais, atribuindo desde 1922 uma ênfase especial à família como um todo

---

21. MORENO, J. L. *Psicoterapia de grupo y psicodrama*. México, FCE, 1966, p. 113.

que se deve tratar como uma unidade (e o terapeuta como parte do sistema). Em 1933, publica *Psychological organizations of groups in the community*, em que descreve, pela primeira vez, os princípios da terapia familiar:

A estrutura dinâmica da família só havia sido valorizada até então do ponto de vista do indivíduo, como é habitual na psicanálise. Não se levou em conta o ponto de vista do grupo total. Um exemplo clássico é o complexo de Édipo, a psicanálise de Édipo-rei, que se limita à pessoa de Édipo. Mas, para compreender o drama real de Édipo, em sua totalidade, Freud deveria ter analisado toda a família de Édipo e ter realizado uma análise total de todas as pessoas do drama e de suas relações recíprocas; a análise de seu pai Laio, de sua mãe Jocasta, Édipo e Laio, Édipo e Jocasta, Laio e Antígona. No enredo, que existe entre essas três pessoas, reflete-se a situação edípica de forma diferente em cada uma delas, e se prevê a constelação de toda a família edípica. O que se chama de "complexo de Édipo", e o que se poderia chamar de "complexo da família edípica" são coisas distintas. Porém, na psicoterapia de grupo o importante é justamente o complexo da família edípica como grupo[22].

Essa concepção se cristaliza decisivamente em seu trabalho de 1937, "Terapia de um triângulo matrimonial", na revista *Sociometry*, sob a denominação de *terapia interpessoal*:

Existe uma área intermediária entre a dos indivíduos e a dos agrupamentos promíscuos de indivíduos, na qual reina uma intimidade peculiar; trata-se de conjuntos altamente estruturados de pessoas, unidas por laços tradicionais ou emocionais de longa duração, tais como os casamentos, os membros de uma família, os casais de amantes, os amigos íntimos ou os associados em negócios. Quando se produzem conflitos entre os membros de tais grupos, sentimos falta de formas de tratamento capazes de alcançar as síndromes interpessoais de uma maneira tão profunda ou, ainda mais, do que no caso de pessoas isoladas. A "terapia interpessoal" representa uma categoria especial de terapia; poderíamos bem classificá-la separadamente da psicoterapia individual e da de grupo[23].

Moreno surge como pioneiro da terapia familiar desde as coordenadas assimiláveis ou isomórficas até as da terapia sistêmica[24].

---

22. MORENO, J. L. *Psicoterapia de grupo y psicodrama, op. cit.*, p. 84.
23. MORENO, J. L. *Las bases de la psicoterapia*. Buenos Aires, Hormé, 1977, p. 85.
24. LÓPEZ BARBERÁ, E. "Integración de la terapia estrutural y el psicodrama como modelos de comprensión de los sistemas psicosociales". *Vínculos*, Madri, ITGP, v. 1, 1990-91.

Entrando agora no campo prático da terapia, vamos nos deter nos elementos que Moreno introduz no âmbito da psicoterapia que, em sua época, foram revolucionários e hoje mostram vigência total. Podemos integrá-los ao que denominamos, com Moreno, de terapia de ação.

A terapia de ação

Vamos agora nos aprofundar nas características do psicodrama ou terapia de ação, por meio de uma série de pontos pelos quais já passamos, mas de modo superficial:

a) *O uso da ação*
b) *A noção de grupo e de "teràpia interpessoal"*
c) *O conceito de cena*
d) *A catarse como meio de mudança*

a) O uso da ação

Historicamente, nas psicoterapias anteriores a Moreno, havia se privilegiado a utilização da comunicação verbal, até a rejeição de toda relação ativa como elemento indesejável e perturbador do discurso terapêutico. Ela foi considerada como a intromissão de um fenômeno patológico, de uma resistência, e foi chamada de *acting* patológico. Moreno inicia e promove a inclusão da ação no âmbito terapêutico. Como fundamento da ação, sustenta a contemplação da comunicação total, que inclui o digital e o analógico. Em sua obra *Psicoterapia de grupo y psicodrama*, coloca:

> Os signos corporais ou simbólicos são indicadores muito valiosos para a evocação solidária de episódios decisivos [...] esses signos físicos e objetivos desempenham um importante papel em toda sessão de psicoterapia de grupo, tal e como se manifestam *hic et nunc* diante dos olhos do terapeuta[25].

E ele vai além da observação, defendendo a ação na medida em que se produz como *acting out* terapêutico:

---

25. MORENO, J. L. *Psicoterapia de grupo y psicodrama, op. cit.*, p.76.

Nas sessões de grupo típicas verbais e interativas, ocorre, com freqüência, que um membro do grupo vive seu problema com tal intensidade que as palavras acabam sendo insuficientes. Essa pessoa sente a necessidade de viver a situação, construir um episódio e eventualmente estruturá-lo cuidadosamente, mais do que o permitiria o mundo externo real, fora da sessão. O problema do indivíduo, com freqüência, é compartilhado por outros membros do grupo. O indivíduo transforma-se, assim, num representante em ação. Em tais situações, o grupo oferece lugar espontaneamente, pois sua primeira necessidade é "espaço" para se mover e se desenvolver. Ele dirige-se para o centro ou fica diante do grupo, de maneira que possa comunicar-se com todos. Uma ou mais pessoas do grupo se sentirão provocadas e também entrarão em cena para representar papéis antagônicos.

Esta é a transformação natural e espontânea de uma sessão de psicoterapia de grupo num psicodrama[26].

Assim, Moreno aproveita esse movimento natural, *o princípio da ação*, cultiva-o e converte-o num instrumento terapêutico privilegiado, abrindo caminho para o "atuar terapêutico", num meio controlado, como medida preventiva contra o "atuar irracional" na própria vida[27]. Moreno justifica esta decisão do uso da comunicação ativa. Diz-nos com serenidade que "No princípio, havia a ação", parafraseando "No princípio, havia o Verbo".

Antes, comentávamos como o bebê, durante um tempo precioso de cunhagem, como assinala Rof Carballo, apenas pode responder ao meio, vincular-se a ele e apreendê-lo a partir de seus movimentos corporais.

Chama-se cunhagem uma forma extremamente rápida de aprendizagem que ocorre durante um período muito breve da vida de alguns organismos. É, portanto, um "condicionamento" da conduta do animal jovem a partir da conduta dos progenitores, que acontece nos primeiros momentos da vida, em especial nos chamados períodos críticos[28].

Porém, pouco depois, quando começa a ser espectador de si mesmo, uma vez que tenha podido discriminar entre o eu e o não-eu,

---

26. MORENO, J. L. *Psicoterapia de grupo y psicodrama, op. cit.*, p. 108.
27. *Idem, ibidem*, p. 90.
28. ROF CARBALLO, J. *Urdimbre afectiva y enfermedad*. Barcelona, Labor, 1961, p. 45.

"começa a se reconhecer como origem de seus atos"[29] por meio de seus próprios papéis, e com isso vai se tornando consciente dos aspectos tangíveis de seu eu ou de seu eu operativo (Moreno). Concordamos com Sperry quando ele defende que a inteligência humana é uma inteligência encarnada: "a ação seria a primeira manifestação da inteligência" ou, dito de outro modo, "a atividade mental é a atividade física que se interiorizou"[30]. Também a psicologia evolutiva, de Baldwin a Piaget, tem demonstrado que a primeira "manifestação da inteligência ocorre por meio dos sentidos e da ação" no período sensório-motor.

Moreno destaca a presença, na criança, do que denomina de "fome por atos", referindo-se à sua necessidade de atuar com relação a seu meio, que se transforma, no adulto, em "fome de transformação", cuja base continua sendo essa necessidade de atuar, mas já com a intenção de mudar o meio. Recorremos de novo a Marina, que sustenta a mesma tese, expressando que: "Na origem de todas as ocorrências projetivas há um desejo de atuar"[31] e reproduz a seguir, nas palavras de T. Mann:

> É um fato altamente curioso o modo como se desenvolve a vontade própria de uma obra que deve ser, que existe na forma ideal, e em cuja modelagem seu autor se vê obrigado a passar por todo o tipo de surpresas. Inteirei-me de tudo enquanto estava escrevendo e, ao mesmo tempo, experienciei que o homem só consegue se conhecer tendo como base o atuar[32].

A ação aparece como princípio e fim de toda atividade mental humana, filo e ontogeneticamente; é anterior à palavra, que aparece como um modo de atuar, que se articula num círculo de recriação mão-palavra-mão, recorrendo aqui à mão como instrumento paradigmático da ação. A palavra se constitui assim em ação, de modo muito especial em suas funções expressiva e apelativa, e de um modo mais tangencial, em sua função representativa, própria e exclusiva do animal humano, palavra criadora de teorias[33]. Porém, uma teoria é algo

---

29. MARINA, J. A. *Teoría de la inteligencia creadora, op. cit.,* p. 76.
30. SPERRY, in: MARINA, *Teoría de la inteligencia creadora, op. cit.,* p. 159.
31. MARINA, *op. cit.,* p. 159.
32. *Idem, ibidem,* pp. 179-80.
33. BÜHLE, in: POPPER, K. *El porvenir está abierto.* Barcelona, Tusquets, 1992.

que também compreendemos e apreendemos, e não é por acaso que essas palavras tenham sua raiz em prender, preensão, como forma de relação por meio das mãos[34].

Em psicodrama, introduz-se a ação, base do jogo existencial pelo qual o homem se recria e muda o meio como via terapêutica, e se proclama a importância de manejar, também em terapia, todas as formas de comunicação: palavra e ação. Insistimos em que não se trata apenas de recorrer à leitura das mensagens analógicas, mas sim à aceitação da instrumentalização da ação como parte do processo dialógico terapêutico.

Do material docente recebido na formação que compartilhamos em psicodrama, pinçamos os seguintes parágrafos, referentes à importância da ação em terapia, que mais adiante comentaremos mais detalhadamente.

Durante o desempenho dramático:

1. Soma-se a linguagem corporal e gestual à linguagem verbal

Talvez o enunciado deste trecho possa ser objeto de crítica, na medida em que podemos alegar que, inevitavelmente, a linguagem corporal sempre acompanha a verbal. O que queremos ressaltar aqui é o uso da ação, instrumentalizando-a no ato terapêutico.

Com relação à ação em psicoterapia, podemos manter quatro posturas: a) rejeitá-la, interpretando-a como um *acting* patológico; b) considerar os gestos e movimentos do paciente deitado ou sentado como um correlato complementar do discurso verbal; c) aceitar a ação como "permissão" para expressar-se um modo mais completo, enfocado na obtenção de um material mais amplo, que será interpretado posteriormente; d) fazer uso instrumental da ação como uma forma de intervenção terapêutica, que pode levar diretamente, por meio da catarse, ao término do conflito. As duas últimas posturas pertencem ao âmbito do psicodrama, mas a terceira mostra o modo pela qual ela é utilizada por determinados psicanalistas psicodramáticos e lacanianos, enquanto a última pertence à posição metodológica do psicodramatista moreniano triádico.

---

34. Com essas frases, achamos que fica claro que não identificamos ação, necessariamente, com o externo e o corporal, pois falamos também de atos ou de ação interna, mental.

Triádica, segundo Moreno, "é a terapia que inclui as estratégias e os instrumentos da terapia grupal, do psicodrama e da sociometria".

2. O sujeito não relata algo sobre si mesmo, mas todo o seu ser fala por ele

Com base na aceitação do uso consciente e voluntário de todos os meios de comunicação humana, o que a partir do relato oral se reduz necessariamente a uma história que alguém relata sobre si mesmo, quase como se se tratasse de uma terceira pessoa, passa a ser uma expressão imediata, real, viva, do acontecer do sujeito. Não conta a história do que aconteceu ou fantasiou, mas atua seu drama no aqui-e-agora imediato. Não é apenas a sua palavra, mas todo o seu corpo, músculos, articulações, vísceras, enfim, todos os seus sistemas, são articulados para "falar", não de si mesmo, mas a partir de si mesmo. Por isso, dizemos que é a pessoa inteira que fala.

3. Surge uma integração

"Pessoa inteira", à medida que o jogo dramático é oposto em funcionamento pelo aquecimento, se estabelece um estado de consciência diferente do "estado de consciência alterado" em vigília ou estado hipnóide, como enuncia Erickson, que permite uma integração mais total dos elementos racionais, emocionais, axiológicos e corporais, podendo-se dizer, metaforicamente, que o sujeito está "funcionando de forma sistêmica" em vez de linear, ou seja, parece capaz de mobilizar seus blocos ou esquemas internos de informação, de modo mais global e integrado em sistemas de relação em vez de análises lógicas.

Isso favorece o poder situar-se nesse "tempo não cronológico" ou "momento", que significa o viver o *hic et nunc*, o presente imediato que compreende inevitavelmente os resíduos do passado e as fantasias do futuro. O tempo não cronológico dá lugar ao atemporal do psiquismo em jogo. De um momento caótico utópico e acrônico, não-espacial e atemporal, dá-se abertura para o encontro existencial com todos os espaços e todos os tempos do sujeito, indivíduo ou grupo.

Tudo o que ocorreu anteriormente permite e facilita passar de um relato longitudinal para o relato tridimensional da cena representada; de uma sintaxe da palavra, da linguagem, a uma sintaxe da ação. A relação entre os indivíduos da situação em questão deixa de ser uma história narrada linearmente para passar a ser algo vivido, revivido, observado e compartilhado no aqui-e-agora, o que permite — ou melhor, obriga —: uma reformulação pelo *input* que significa, inevitavelmente, nova informação. Como diz Moreno, toda situação representada significa necessariamente uma mudança, já que:

> E, sem dúvida, essa louca paixão, esse desdobramento da vida na aparência, não dá a impressão de um calvário, mas confirma o dito: toda verdadeira segunda vez é uma liberação da primeira. Liberação é uma denominação idealizante, porque uma repetição exaustiva torna seu objeto ridículo. A pessoa obtém a respeito de sua própria vida, de tudo o que fez e faz, o aspecto de um criador — a sensação da verdadeira liberdade, da liberdade de sua natureza. A segunda faz com que a gente se ria da primeira. Também, nesta segunda vez, na cena — no ato aparente — fala-se, come-se, bebe-se, procria-se, dorme-se, vela-se, escreve-se, discute-se, luta-se, conquista-se, perde-se, morre-se[35].

Nessa revivescência do "como se" da atuação dramática, há um encontro entre o que o sujeito considera real, a partir de seu próprio modelo perceptivo, imaginado e simbólico. Desse encontro surge uma nova narrativa ou "história" do sistema. Falamos aqui, de acordo com M. Eliade, de história no sentido de modelo preceptivo ou "história sagrada"[36], não da história profana constituída pela sucessão de fatos filmados. Essa história sagrada emerge com o nascimento do indivíduo ou grupo e forma-se a partir da participação das normas e mitos, ou seja, a partir dos elementos culturais conscientes e inconscientes que modelam aquele sistema.

Uma conseqüência imediata da dramatização é que ela dificulta a utilização da palavra como defesa, ocultação ou deformação da própria "verdade", já que deve se estabelecer o compasso entre a palavra e a ação, e essa a atraiçoa nas formas pervertidas de expressão. Outro aspecto que vem à tona, da necessidade de manter uma

---

35. MORENO, J. L. *Psicoterapia de grupo y psicodrama, op. cit.*
36. "A história sagrada está carregada de significado e compreende mitos culturais e familiares, normas, acontecimentos significativos, em suma, tudo aquilo que dá seu caráter específico ao indivíduo ou grupo produtor e aos produtos de sua história." ELIADE, M. *Mito y realidade*. Madri, Guadarrama, 1968, p. 21.

congruência entre a palavra e a ação, é o uso defensivo das técnicas corporais que se tornam evidentes a partir da dissociação entre o discurso e a expressão emocional inscrita na ação corporal. Se o indivíduo ou o grupo em tratamento dramatizam seus conteúdos internos, convertem-se automaticamente em protagonistas do seu drama. Como autor, faz seu relato, doloroso ou não, e desempenhando-o converte-se em protagonista também de seu processo de mudança. Isso é facilitado porque a atuação terapêutica comporta uma mobilização do fator *e* (espontaneidade) e, com isso, dos potenciais criativos. Trata-se da espontaneidade criadora que favorece o desempenho não-estereotipado; trata-se do lúdico como realização existencial.

A seguir, reproduzimos um esquema resumido do já exposto.

DURANTE O JOGO DRAMÁTICO

- Somam-se a linguagem corporal e gestual à verbal.
- O indivíduo não relata algo sobre si mesmo, mas todo o seu ser fala por ele.
- Estabelece-se uma comunicação entre os planos racionais, emocionais e corporais que se conectam no aqui-e-agora.
- Passado, presente e futuro se fundem num presente imediato — o momento terapêutico — que elimina o tempo cronológico e faz surgir o momento atemporal do psiquismo.
- O espaço deixa de ser longitudinal, do relato, para passar a ser o tridimensional da cena vivida.
- A relação do protagonista com os outros membros de seu átomo social é revivida e observada no aqui-e-agora.
- O "como se" da ação psicodramática estabelece um nexo fluido entre o imaginário, o real e o simbólico, suprime as barreiras que os separam, e os unifica numa nova realidade mais completa.
- A defesa desmorona, por meio da palavra, pois é obrigada a entrar no compasso da linguagem do corpo.
- As tensões corporais defensivas vêm à tona e são traduzidas em emoções e palavras.
- O indivíduo se converte no verdadeiro e inevitável protagonista de seu trabalho terapêutico.

- A ação em si produz uma mobilização dos potenciais criativos do indivíduo. É o desenvolvimento da espontaneidade criadora pelo desempenho não-estereotipado, do lúdico como criativo.

b) A noção de grupo e de "terapia interpessoal"

Moreno é o primeiro investigador da psique humana que explora, de forma experimental, os aspectos relacionais do homem sadio/doente, criando uma psicossociologia prática — num momento em que o interesse pela sociologia era universal, mas plasmado quase sempre de trabalhos essencialmente teóricos e especulativos. A sociometria supõe uma cristalização que descreve, define e mede o homem como ser social. Sua influência se estende a outras disciplinas, como a antropologia, a sociologia, a psiquiatria e a psicologia. "Temos adotado uma terapêutica que se propõe a contemplar a mudança do indivíduo pela reorganização dos grupos de que faz parte."[37] Moreno assinala que os fatores sociais têm tanta importância quanto os intrapsíquicos e, inclusive, que não pode haver uma compreensão cabal desses últimos sem contar com a compreensão relacional, estabelecendo pela primeira vez, de forma explícita, a circularidade que se cria por meio da dialética mundo interno/mundo externo. O grupal irá ajustar o intrapsíquico, pois, como assinala ele em sua obra *Psicodrama*, "Qualquer que seja a psique, originariamente, foi formada pelo grupo", ou seja, a criança, por meio da relação com seus progenitores e, muito especialmente com a mãe, nasce e cresce "numa placenta social"[38].

Como assinalávamos anteriormente, as primeiras experiências do bebê, no seio de sua família, levam-no a aprender "organismicamente", na expressão de Fonseca Filho, os modos vinculares especiais que se estabelecem na díade mãe/filho, de "co-ação e de co-experiência": porém, por sua vez, a mãe é a portadora da cultura de sua família de origem, de sua família atual, do meio cultural e do contexto geral. A criança interioriza, por meio da relação de unicidade com

---

37. MORENO, J. L. *Fundamentos de la sociometría*. Buenos Aires, Paidós, 1962, p. 41.
38. MORENO, J. L., *op. cit.*, p. 105.

a figura materna, tanto os modos vinculares mais diretos e concretos com essa, como tangencial ou indiretamente todos os modelos relacionais que essa traz a ela, com suas normas, regras e mitos, nos quais e com os quais se move[39].

Nessa primeira etapa, a criança irá interiorizando cenas e aprendendo papéis a partir de sua passagem pelos diversos espaços dos grupos humanos em que irá vivendo que, em psicodrama, denominam-se matrizes de crescimento ou de identidade. Porém, também se vincula com esses grupos, a partir de suas experiências grupais prévias, por meio de um processo vital de influenciar e receber influências, que recria constantemente seu mundo interno e seu meio.

Antes, havíamos dito que o bebê aprende e interioriza sua relação com o meio por via "organísmica", ou seja, "gravando" e respondendo com as únicas formas de que dispõe nessa idade, que são as que têm a ver com seu organismo. A criança pequena vive a partir de uma ação orgânica; só mais tarde é que inclui a simbolização e a palavra. Essa aprendizagem que recebe e sua resposta a toda comunicação a partir do corpo faz com que se formem, em cada indivíduo, seus modos concretos e pessoais de resposta biológica, os papéis psicossomáticos. Essas pautas biológicas de relação serão as bases de todos os esquemas vinculares que vão constituindo os modelos de condutas intrapsíquicas e sociais do indivíduo ao longo de sua história. Como assinalávamos num outro item, a biologia torna-se história e a história torna-se biologia. Porém, também o social torna-se pessoal e o pessoal torna-se social.

O homem nasce numa placenta social, desenvolve-se e adquire sentido e identidade por meio dos grupos em que se move, e que contribui para constituir. Por isso, a essência do homem é ser sociável. Moreno tem uma visão mais ampla: "A pessoa humana é resultado de forças hereditárias, espontâneas, sociais e ambientais"[40]. Nesta frase, Moreno sintetiza seu conceito biopsicossociológico do ser humano e, inclusive, vai além, apontando a importância dos sistemas "ambientais" em que se cresce e se está imerso.

Diante das posições que defendem o grupo como um agregado de indivíduos, como encontramos em Bion, que nos diz explicita-

---

39. FONSECA FILHO, J. S. *Psicodrama da loucura, op. cit.*, p. 104.
40. MORENO, J. L., *op. cit.*, 1978, p. 128.

mente, a respeito dos membros do grupo: "Uma parte essencial de sua regressão consiste na crença de que um grupo existe como algo distinto de um agregado de indivíduos e também são partes de sua regressão as características que o indivíduo atribui ao suposto grupo"[41], Moreno defende o grupo como entidade unitária, com estrutura e processo próprios. Estrutura que pode ser compreendida como uma rede sociométrica ou uma rede de inter-relações grupais e processos como a evolução dinâmica que os grupos sofrem em sua história, tanto na estrutura interna quanto na relação com outros grupos humanos.

Tanto nos grupos naturais quanto nos artificiais podemos observar e estudar por meios experimentais, como o teste sociométrico, o teste perceptual e outros, as redes sociais que formam a trama de sua estrutura. "Já no momento do nascimento do grupo se estabelecem certas pautas específicas de relação e certos valores, fins, modelos ou normas em função das quais parece constituir-se."[42]

Aquele esquema relacional somado a essas normas e mitos atribuirá sua idiossincrasia a cada grupo, que só mudará se sofrer um processo reestruturante, ou seja, uma catarse grupal. Por outro lado, a rede sociométrica, que já devemos chamar de modo mais apropriado de rede sociológica do grupo, é a resultante do encontro das redes sociais de cada um dos membros que compõem o grupo, que remete, por sua vez, a seus átomos sociais ou ao conjunto de todos os indivíduos com os quais uma pessoa está relacionada sentimentalmente. O átomo social nos leva tanto ao conjunto de pessoas com as quais o indivíduo se vincula quanto ao esquema interno que o indivíduo tem de suas disposições emocionais com relação a esses indivíduos de seu átomo.

Na rede social que forma as relações intragrupais conscientes e inconscientes, e também manifestas e ocultas, termos que não podem ser totalmente superpostos aos anteriores, poderemos encontrar atrações e rejeições fundados numa "percepção real" do outro, e atrações e rejeições condicionadas pelos conteúdos inconscientes das redes intrapsíquicas, ou seja, de tipo transferencial, no sentido psicanalítico do termo. A partir desses diferentes modos de relação, podemos classificar os grupos em télicos, se predominarem os encontros

---

41. BION, W. R. *Experiencias en grupos*. Barcelona, Paidós, 1985, p. 115.
42. MORENO, J. L. *Fundamentos de la sociometría*, 1962, pp. 87-8.

"reais", e grupos transferenciais, se predominarem as transferências. Quanto maior for o número de relações transferenciais encontradas em sua estrutura, mais patológico será o grupo. Como conseqüência, ele será mais "fechado", ou seja, com menos espontaneidade e menos capacidade de mudança. Recordemos que, quando Moreno descreveu, em 1937, o conceito de neurose interpessoal que citamos em outro item deste capítulo, ele estava falando dos casos patológicos do sistema grupal, independentemente da saúde ou da patologia de seus membros.

O grupo patológico ou disfuncional caracteriza-se, para Moreno, por uma tendência em transformar-se num "universo fechado"[43]. Ou seja, o grupo não segue nem a evolução de amadurecimento interna, nem a evolução adaptativa em seu encontro com as ocorrências do meio. É um grupo em que seus membros estão imersos no sofrimento das histórias sem saída; e, como totalidade, sofre a paralisia do eterno retorno. Falta a espontaneidade criadora. Apenas a partir da constituição de um novo grupo, com o acréscimo de novos membros, será possível romper essa estase, essa "cultura em conserva"[44], e devolver a ele sua dinâmica adaptativa. É o caso da constituição de um sistema terapêutico ou de um grupo de pacientes mais o(s) terapeuta(s) que pode(m) co-criar uma nova estrutura e dar sustentação à abertura rumo a uma nova estrutura dramática ou narrativa grupal.

c) O conceito de cena

Consideramos a cena como um emaranhado de papéis relacionados, que possui um desenvolvimento dinâmico no tempo. Esse conjunto pode estar constituído por dois ou mais papéis e pode tratar de elementos (papéis) intrapsíquicos, constituindo o que denominamos de cenas internas, ou ainda, de papéis desempenhados pelos indivíduos que participam de determinadas situações, denominadas, nesse caso, de cenas externas. Assim, podemos falar de cenas internas, tanto de conteúdos mentais de um indivíduo quanto de latência ou de rede sociométrica inconsciente de um grupo, como assinala Moreno.

---

43. MORENO, J. L., *op. cit.*, 1978, p. 52.
44. *Idem, ibidem*, p. 55.

Não vemos as pessoas ou coisas isoladamente, mas, sim, como elementos de conjuntos em relação a eventos, encadeados que constituem uma história ou biografia. Esses eventos são o que chamamos de acontecimentos, situações ou cenas. Para podermos perceber deste modo "precisamos ter esquemas de assimilação e de reconhecimento — conceitos perceptivos — de acontecimentos...". Trata-se de "esquemas narrativos que organizam uma seqüência de informação perceptiva"[45], constituindo-se o nosso mundo mediante esses significados, já que "a memória vai se organizar como uma rede conceitual, semântica ou narrativa..." que devemos considerar como "esquemas de ação". Ainda segundo esse autor, parece-nos muito sugestiva a sua afirmação de que não se trata tanto de uma "metáfora cartográfica", algo assim como um "livro de instruções para construir algo", mas, sim, de uma "memória criadora"[46]. Esse "conhecimento tácito se encontra formando blocos integrados"[47] ou "esquemas psicológicos"[48], que permitem reconhecer, compreender e inferir a partir do que conhecemos. É uma espécie de "modelo neuronial das experiências vividas"[49].

Essa posição aproxima-se extraordinariamente de nossa hipótese sobre a cena interna do indivíduo. No caso do grupo, é preciso recorrer ao conceito moreniano de co-inconsciente, apoiado na rede télica sociométrica para nos aproximarmos de uma compreensão da cena grupal.

Embora Freud já tivesse, em 1897, uma primeira referência às *Urszenen* ou cenas originárias, o conceito de cena entra, por direito próprio, para constituir-se num ponto nodal de uma teoria do homem e da prática da psicoterapia a partir de seu uso por Moreno, quando faz referência às cenas no referencial do psicodrama, tanto a partir das cenas internas do indivíduo e do grupo quanto, sem dúvida, das representadas. Por intermédio de Moreno, a cena se constitui no centro de uma dramaturgia existencial e não apenas de um teatro em conserva que tem seu programa escrito antecipadamente.

---

45. MARINA, J. A. *Teoría de la inteligencia creadora*, 1993, *op. cit.*, p. 58.
46. *Idem, ibidem*, pp. 121-9.
47. *Idem, ibidem*, p. 143.
48. *Idem, ibidem*, p. 276.
49. SOLOKOV, in: MARINA, *op. cit.*, 1993, p. 321.

Se consultarmos o *Dicionário da língua espanhola*[50], verificaremos que, em sua terceira acepção, a cena é definida como: "Cada uma das partes em que se divide o ato da obra dramática e em que estão presentes os mesmos personagens" e, ainda, como "Ocorrência ou manifestação da vida real que se considera como espetáculo digno de atenção". É curioso como passamos do conceito originário de *squene* que, em grego, referia-se a uma "cobertura de palha", num interessante transitar semântico para o que ocorre no [espaço] coberto onde se representa uma obra de teatro e daí ao que ocorre entre as pessoas na vida real. A partir daqui, nós o retomamos para reformular a cena como aquela parte de um texto dramático ou do drama existencial, que encerra uma seqüência de dois ou mais seres humanos em interação em qualquer meio de comunicação.

Embora para fins práticos possamos ficar com a definição anterior, não devemos deixar de especificar que, na cena, pode existir apenas um ator, mas como é imprescindível o fato de que "algo aconteça", que exista um fenômeno comunicacional que constitui a cena em drama (ação), deve existir "o outro", ou seja, um objeto a quem se comunica a mensagem e que aparece como um interlocutor humano virtual. Essa concepção é análoga à visão estruturalista ao colocar que muitas funções tradicionalmente consideradas em psicologia como pertencentes aos sujeitos e estudadas como acontecimentos intrapessoais são geralmente levadas a cabo dentro de um contexto interpessoal e dele deriva seu significado funcional. Feita essa especificação, voltemos à definição anterior.

Dissemos que a cena é ou encerra uma seqüência, que aqui consideramos em sua acepção cinematográfica: "sucessão não interrompida de planos que integram uma etapa descritiva", e se constituem como um "degrau coerente e concreto do argumento". Ou seja, a cena não é um fato pontual como um instantâneo fotográfico, mas possui um desenvolvimento temporal com princípio, meio e fim representando uma unidade dramática inseparável das cenas que a antecedem e a sucedem. Trata-se de uma frase do texto vital do ser biopsicossocial. A sucessão de cenas entrelaçadas compõe a narração da sua biografia.

---

50. *Diccionario de la lengua española.* 21ª ed., Madri, Espasa Calpe, 1992.

Espacialmente, é preciso situar a cena num meio físico ou cenário (em seu "espaço coberto") e, ainda, dentro de um contexto mais amplo ("ambiente" ou contexto) que a molde e a defina socioculturalmente. Em resumo, os elementos da cena são: os personagens e a ação que se estabelece entre eles, o tempo ou desenvolvimento e o espaço/contexto que os encerra e delimita. Consideramos quaisquer outros elementos como secundários e não-constitutivos da essência da cena. A partir desse enfoque conceitual, nossa definição de cena pode aplicar-se a vários níveis ou estratos da relação humana: de um lado, ao que transcorre de nossa percepção e que passa diante de nós e daquilo que não podemos filmar e gravar — é o que chamamos de cena manifesta —, mas, por outro lado, o que supostamente está ocorrendo nas "entrelinhas", o que subjaz ao manifesto e que chamamos de cenas em níveis ocultos. Pluralizamos, porque podemos "ler" vários estratos superpostos. O mais superficial, que flutua sobre o mais distante e obscuro, e ao qual temos acesso com certa facilidade, chamamos de nível latente da cena, ou cena latente, que estabelece um fluxo de vaivém, um diálogo constante com a cena patente ou manifesta. Trata-se da dialética interno/externo, que vai construindo o fluxo sempre escuro e às vezes críptico da comunicação interpessoal. Os níveis mais profundos das cenas ocultas remetem aos resíduos no presente das cenas primordial e diabólica[51]. Outros, intermediários, remetem a diversas metamoforses do ciclo vital.

Podemos falar também das cenas internas de cada um dos indivíduos que fazem parte da situação e da cena do conjunto formado por aqueles mais observadores e da "cena" no contexto que oferece a possibilidade de que transcorra aquela cena e não outra, e que receba influência da mesma. E tudo isso de forma sincrônica, ou seja, o que ocorre ao mesmo tempo ou no mesmo espaço e tempo.

Se considerarmos a cena em seu aspecto evolutivo, no que vai ocorrendo ao longo do tempo ou dimensão diacrônica, temos a possibilidade de nos colocar suas mudanças estruturais em função de sua relação com o meio e enquanto terapeutas: portanto, em relação às estratégias e intervenções terapêuticas.

---

51. Diabólica no sentido definido anteriormente neste texto.

Ao estender o campo do conceito de cena, como acabamos de fazer, damo-nos conta de que já não podemos falar de seres humanos em relação, uma vez que os elementos realmente em relação são aspectos parciais daqueles seres humanos, os modos elementares de vinculação que estão sendo utilizados em cada cena, ou seja, os *papéis*, que definimos com Moreno como os menores elementos da relação. Deparamo-nos com a necessidade de redefinir a cena para poder ampliar seu campo, e fazêmo-lo como "trama de relações interpapéis", que remete diretamente à sua constituição, por meio de certos papéis ou modos vinculares que formam a rede relacional na qual se movem, nesse tempo ou seqüência, os seres humanos. Recordemos que o papel, que nasce e se forma a partir da relação e que "provoca a relação", é um produto complexo do encontro de aspectos cognitivos, comportamentais, instintivos, emocionais, axiológicos etc., ou seja, um papel é um modo vincular em todas as suas dimensões.

Outra observação a ser feita sobre os papéis é que eles são portadores de elementos tanto individuais quanto coletivos ou, em linguagem moreniana, são tanto psicodramáticos quanto sociodramáticos. Vejamos um exemplo: Trini Heredia é um cigano que pode bater papo comigo como amigo, como vendedor ou como artesão... e aí estará se relacionando a partir de papéis que colocam, em primeiro lugar, o pessoal ou individual (papéis psicodramáticos), mas se fala comigo como representante do grupo étnico cigano — ou a partir de sua tribo de ciganos — e me vê como representante dos brancos, estamos nos relacionando a partir de elementos fundamentalmente coletivos (papéis sociodramáticos). São elementos que ele compartilha como denominadores comuns com seus companheiros de raça quando se relacionam com os brancos, e eu, branco, estou respondendo a partir das posições que compartilho com a maioria dos brancos em relação aos ciganos. É importante todo esse esclarecimento, na medida em que tornamos o conceito de cena extensivo a seres psicossociais amplos, como pode ser o caso de uma instituição. Nesse caso, a cena se constitui a partir da relação entre os papéis sociodramáticos correspondentes aos distintos coletivos de tal instituição, por exemplo, os médicos, os enfermeiros, o pessoal administrativo etc., que, representados por um ou vários de seus membros, seriam os portadores da expressão dos conteúdos de cada coletivo.

Insistimos, a cena constitui-se a partir dos papéis ou modos vinculares que formam a trama relacional dessas pessoas nesse momento.

Porque essas mesmas pessoas podem estruturar outra cena — a partir de outros papéis de seu eu operativo — em outro momento.

Agora podemos retomar também o tempo (T) e o espaço (E) ou meio, enquanto elementos que completam nosso conceito de cena. O tempo pode ser estudado como o aqui-e-agora do desenvolvimento exclusivo de uma cena ou tempo interno da cena, e também como o tempo histórico ao longo do qual se encadearam todas as cenas vividas por um ser biopsicossocial e que "constituem sua biografia em cenas". Abrange desde a cena primordial, primeira cena do curso vital do ser, e que começa a constituí-lo em seus modos vinculares fundamentais, até as cenas atuais, que surgem da dialética entre a cena que se constitui com o meio (*Umwelt*) ou cena externa, e a(s) cena(s) interna(s), que são os modos vinculares potenciais de que o sujeito dispõe como resultado de um progressivo "acoplamento estrutural", segundo os termos de Bateson[52].

Recuperemos agora nossa última definição de cena, a que a considera uma "trama vincular interpapéis", que mantemos porque encerra certas redundâncias se nos recordamos da definição de papel. Recorramos também à definição mais elementar proposta por Von Bertalanffy em sua obra *Teoría general de sistemas*, a respeito do que é um sistema: "Complexo de elementos interatuantes"[53]. Se compararmos as duas definições encontraremos uma clara analogia, na verdade, um evidente isomorfismo, que nos leva a considerar nossa construção do que denominamos de cena como um sistema. Daí a expressão sistema-cena, quando nos referimos à cena em sentido mais amplo, o de rede de interpapéis. A inclusão da dimensão temporal que fizemos anteriormente permite considerá-la como um sistema dinâmico.

Quando fazemos a redução-ampliação do conceito de cena para os papéis, em vez de para os indivíduos em sua totalidade, estamos nos remetendo a um esquema do que podemos chamar de cena total. Este esquema da cena é, na realidade, um modelo entendido, a partir da definição de Aracil[54]: "Um modelo constitui uma representação abstrata de um certo aspecto da realidade, tem uma estrutura que está formada pelos elementos que caracterizam o aspecto modelado da

---

52. BATESON, G. *El árbol del conocimiento*. Madri, Debate, 1990.
53. VON BERTALANFFY, L. *Teoría general de sistemas, op. cit.*, 1976.
54. *Idem, ibidem*.

realidade e pelas relações entre esses elementos. Um modelo se representa por um sistema". Vamos nos aproximando no sentido de poder ver o sistema-cena como modelo ou como metáfora da realidade. Trata-se de um modelo que nos mostra ou nos aproxima metaforicamente da trama íntima de relações que são os significados dos quais a cena manifesta ou perceptual é o significante; e de um modelo mental do mundo relacional, de índole subjetiva, pois "a visão do mundo de cada um nada mais é do que um modelo mental de si mesmo".

A utilização de nossa construção do sistema-cena converte-se numa ferramenta, que nos permite uma forma de compreender, ver e pontuar o mundo da relação e da comunicação humanas. Instaura-se como um instrumento útil de uma "antropologia cultural" ou biopsicossocial, segundo assinala Morin[55], que se encadeia, por um lado, com a criação teórica antropológica existencial de Moreno e, por outro, com a cibernética e a sistêmica de segunda ordem.

Começamos a ver a possível utilidade do conceito de sistema-cena, pois, enquanto modelo, contribui com uma simplificação esclarecedora, como o quer Aracil, do esquema primordial do sistema em estudo e que, também, inevitavelmente, como todo modelo ou metáfora, facilita o acesso a mais informações, como coloca Bateson. Trata-se de um modo de leitura simplificado, que permite chegar a uma maior complexidade, como uma lente de aumento para observar e compartilhar as experiências interpessoais ou intrapessoais (intrapsíquicas).

O modelo mental representado pelo sistema-cena permite uma leitura tridimensional, não exclusivamente linear do que está ocorrendo numa situação em dado momento e da evolução das situações ao longo do tempo. Facilita de modo considerável a leitura do diacrônico e do sincrônico, da estrutura e do desenvolvimento dos sistemas humanos.

Abordamos superficialmente a possibilidade de dar um passo a mais, que se plasma na expressão gráfica (modelo gráfico) do modelo mental sistema-cena. Desenvolvemos atualmente, com uma equipe de colaboradores, um código que permite a troca emissor/receptor de tais modelos gráficos.

---

55. MORIN, E. *El hombre y la muerte*. Barcelona, Kairós, 1994.

No início deste item, apontávamos na direção de uma aproximação do sincrônico e do diacrônico. Achamos conveniente nos estendermos um pouco mais com relação a esses temas:

- A leitura diacrônica dos sistemas-cenas.

Segundo a teoria evolutiva de Moreno, o indivíduo nasce, cresce e se modela em seu transcurso, por meio de sucessivas matrizes ou de espaços de crescimento. Na primeira matriz ou matriz de identidade, o bebê está imerso no mundo pessoal e social da mãe, com a qual estabelece uma verdadeira "unicidade" por um fenômeno de co-existência, co-experiência e co-ação. Nessa época, formam-se os papéis psicossomáticos de ingeridor, respirador, excretor etc., conforme as pautas de relação concretas que funcionam no espaço virtual mãe-filho, cedendo lugar a modos individuais de modular as respostas com relação ao meio, a partir desses papéis.

Segundo nossas hipóteses de trabalho, podemos ampliar a compreensão desses mecanismos de construção das bases da identidade, somando à ótica anterior, a da leitura em cenas, que inclui a leitura em papéis. Essas cenas dos primeiros anos da vida representam o mais primário substrato ontogenético em termos de cunhagem biológica ou biopsicossociológica. Tais cenas atuarão como alicerce não apenas no sentido de manter o edifício da futura personalidade, como também o condicionará em seus aspectos estruturais, pois cada cena interiorizada interfere nas possibilidades perceptivas e elaborativas das cenas posteriores na cadeia biográfica.

A primeira cena que a criança vive na relação de unicidade é chamada de "cena primordial", uma vez que é a primeira engendrada. Ela institui uma estrutura basal da identidade, criando uma especificidade perceptual e de pauta relacional com as pessoas e coisas que a rodeiam, ou seja, seu modo de "estruturar-se com o meio", na expressão de Maturana. Trata-se da primeira cena inscrita no inconsciente ou o primeiro esquema interno de conduta do indivíduo. Com relação a cenas inscritas em idades posteriores, esta tem características *sui generis* pelo fato de haver nascido da situação de unicidade mãe-filho, razão pela qual a cena representa um sistema de relação mãe-filho, mas também mãe-mãe, filho-filho (eu mesmo-eu mesmo). Expressa, pois, a mais remota e primitiva relação do indivíduo consigo mesmo, o *da-sein* da mesmice, o estar consigo que é a autovinculação última latente da identidade. Esta cena ou esquema interno não apenas marcará as bases dos modos relacionais com o outro, mas também consigo mesmo, o que se percebe existencialmente como um modo basal de bem-estar, mal-estar ou des-estar dentro de uma autovinculação em que, como veremos a seguir, pode predominar o amor, a rejeição ou o vazio[56] sobre um telão de fundo de maior ou menor confiança em si mesmo e nos demais[57].

O que preenche com um ou outro sentido a cena primordial é o modo vincular específico, que atua como plasma no que se forja a unicidade. É o estado emocional que flutua de modo mais ou menos persistente e relevante no *locus* mãe-filho e que impregna a cena. Embora falemos de emoções, é algo mais amplo, implica dois seres, em sua totalidade psíquica/orgânica, e, portanto, é uma experiência da totalidade dos seres (mãe-filho) que a desempenham.

Em nome da simplificação, podemos reduzir o que apresentamos denominando três tipos básicos de *climas emocionais*:

* Amor (acolhimento, ternura, calor, confiança, aceitação, proteção).
* Agressão (rejeição, repugnância, crueldade, hostilidade, destrutividade).
* Vazio (indiferença, apatia, falta de afeto).

(Esses três tipos nos remetem àqueles que Moreno utilizou no teste sociométrico: atração, rejeição e indiferença, como três formas possíveis de expressar a relação télica.)

Não é preciso ressaltar que não costuma — talvez não possa — existir uma dessas três modalidades em estado puro. Sempre nos encontramos com uma combinação dos três fatores em distintas proporções, às vezes com claro predomínio de um deles. O que nos importa destacar é que a cena primordial se estabelece com determinada estrutura vincular, nascida do entrejogo dos três fatores emocionais citados, em que pode predominar o "amor", a "agressão" ou o

---

56. POBLACIÓN KNAPPE, P. *Informaciones psiquiátricas, op. cit.,* 1989.

57. BOWLBY, J. *Vínculos afectivos: formación, desarollo y pérdida.* Madri, Morata, 1989.

"vazio" e, sempre, tanto na relação intrapsíquica, ou seja, no sentimento consigo mesmo, quanto na relação com os demais.

A cena primordial do indivíduo[58] é criada na etapa da matriz de identidade indiferenciada. Mais adiante, sempre dentro da matriz de identidade e seguindo o processo de amadurecimento natural, que conduz a uma progressiva diferenciação mãe-filho, fala-se da matriz de identidade diferenciada, ou seja, a primeira cena em que não se vinculam esses dois indivíduos a partir da fusão ou da unicidade, mas, sim, de um encontro progressivo eu/não-eu, possível apenas a partir da separação e da diferenciação. Nós a chamamos de "cena diabólica"[59], em função da etimologia grega de *diábolos*, "o que separa", antônimo de *símbolo*, "o que une". Essa denominação leva também a uma aproximação do significado que encerra o qualificativo dado a Satanás, do diabo, isto é, "o separador de Deus", uma vez que a criança começa a se separar de "deus-mãe". A percepção da criança sobre si mesma e do outro como eu e não-eu, que mais tarde dará lugar ao eu e ao você como entidades separadas, permite que ela cristalize sua identidade como algo próprio e diferenciado do meio. É um processo simultâneo de prazer e dor. Se, como é habitual, persiste a atitude emocional que a mãe tinha na etapa anterior, reforça-se o modo vincular basal da cena primordial, facilitando-se uma separação satisfatória, se predominar o amor, e reforçando uma situação de mal-estar, se prevalecer a rejeição ou o vazio. Depois dessas etapas, surge outro marco na evolução da criatura humana. Aquela em que ela começa a poder distinguir entre o outro real e o outro fantasiado, que Moreno denomina de "brecha entre fantasia e realidade". Quando começou a distinção entre eu e não-eu, sendo este último tudo o que fosse externo ao sujeito, o externo se constituía como um magma indiferenciado em que se fundiam pessoas, objetos, seres animados, fossem reais ou produto da fantasia. Agora começa a poder separar seu cachorro de seu irmãozinho como seres "reais", do "jacaré embaixo da cama", ou do "monstro do armário", como seres fantasiados. Muitas vezes, este processo dura anos, ou não termina nunca, caso em que ocorrem duas situações patológicas distintas nascidas da confusão realidade/fantasia. Se o processo se coroa com

---

58. Também falamos da cena primordial do casal e de outros grupos.
59. POBLACIÓN, *op. cit.*, 1989.

certo êxito, o indivíduo penetra num "novo universo", ou seja, estrutura-se intrapsiquicamente de outro modo. A patologia que surge de uma resolução inadequada dessa fase evolutiva incide nas cenas primordial e diabólica prévias, criando maior ou menor confusão na rede de disponibilidade relacional.

Como já dissemos, toda a biografia pode e deve estar condicionada, e pelas características pessoais dessas cenas primeiras, que tecerão os modos relacionais, aparecerão como cenas ocultas finais e se mostrarão sempre nas esculturas como matriz fundamental de sua expressão textual, na medida em que a escultura mostra os esquemas profundos da relação.

As cenas, ou melhor, os sistemas-cenas internos e externos atuais são o resultado último de uma cadeia de interações entre a cena interna e o meio, ou da dialética da cena interna com a externa. Na trajetória vital, podem manter-se até hoje os modos estruturais basais das primeiras cenas, ou ter desaparecido por um processo de profunda reestruturação, inusitada, porém possível, fora de uma intervenção mediante terapias ativas profundas.

A persistência de uma cena primordial inadequada facilita uma cadeia de inadaptações a novas situações. Em qualquer momento da vida, esses modos de se vincular chegam a ser qualificados como algo doentio, centrando o foco da patologia no indivíduo portador de sistemas-cenas internos disfuncionais, ou nos grupos, como o casal ou a família de que faz parte e que formou a partir de tais cenas. Em certas ocasiões, a evolução interna especial do sistema-cena possibilita ao próprio indivíduo, ao grupo ou ao seu meio, que o qualifiquem como patológico pela situação de sofrimento a que chegou. Em outros casos, há circunstâncias do meio que criam uma cena interna de maior disfuncionalidade, que levará à vivência de doença. Em todos os casos, falamos de uma cena patógena, reservando a expressão criada por Menegazzo de "cena fundante do adoecer" para o último caso. A falta de espontaneidade do sistema-cena leva a uma deterioração progressiva ou a uma crise[60]. O mais habitual é que se

---

60. MENEGAZZO, C. M. *Magia, mito y psicodrama*. Buenos Aires, Paidós, 1981. (Publicado no Brasil sob o título: *Magia, mito e psicodrama*. São Paulo, Ágora, 1994.)

somem os dois fatores: arrasta-se um sistema-cena disfuncional e uma circunstância externa acaba por provocar a crise vital.

No processo terapêutico, vamos lidar com um sistema-cena patogênico oculto que se expressa naquele manifesto pelos signos que chamamos de sintomas. A cena manifesta, com seus sintomas patológicos, deve ser considerada como significante, que pode conduzir ao encontro com o "patogênico real", os sistemas-cenas internos patogênicos como significados. Em psicodrama, a dramatização e as demais técnicas, como a escultura, tentam trazer à tona e desvelar tais cenas ocultas para encontrar-se por meio da intervenção terapêutica desestruturadora e posterior reestruturação reparadora, que ajuda aquela cena a retomar funcionalidade, a adaptabilidade e a flexibilidade por intermédio de maior fator *e* (espontaneidade).

De modo muito esquemático, poderíamos resumir o processo terapêutico psicodramático a partir de uma leitura de cenas como: extrojeção do sistema-cena oculto patogênico → intervenção técnica → catarse ou reestruturação → reintrojeção da cena reestruturada. A reestruturação total num único ato terapêutico é rara; o habitual é que se precise de uma quantidade maior de informação com sucessivas intervenções terapêuticas. Na dramatização seguinte, a pessoa em terapia (o indivíduo, o casal etc.) trará uma cena que, de modo inevitável, evidente ou não, inclui a modificação introduzida pela primeira dramatização. Trata-se de um modelo que inclui num outro nível lógico aquele que foi dado na intervenção: um metamodelo ou dramatização, que denominamos de metadrama[61]. A sucessão de dramatizações dos sistemas-cenas que vão se criando constitui-se num processo terapêutico recursivo ou, melhor dizendo, numa espiral terapêutica. Uma das técnicas que se pode utilizar para percorrer esse caminho é a escultura.

Até aqui, falamos do diacrônico. Agora, vamos verificar as cenas sob uma perspectiva sincrônica. Assinalemos que, para nós, o sincrônico é sempre um artifício, pois significa a retenção do tempo, uma leitura atemporal, impossível na prática. Feita essa ressalva, vamos enumerar as cenas que poderíamos verificar simultaneamente em cada momento do processo terapêutico psicodramático. Certa-

---

61. POBLACIÓN, P. "Metadrama: el metamodelo en psicodrama." *Cuadernos Larda*, n⁰ 32, Argentina, 1992.

mente, aceitamos que, na realidade, não sejamos capazes de perceber e processar, ao mesmo tempo, mais do que alguns sistemas-cenas essenciais, razão pela qual nossa percepção é sempre limitada.

Durante o aquecimento geral, podemos ir tomando contato com a cena latente por meio do discurso verbal e analógico da cena manifesta. Temos de insistir que a percepção da cena não ocorre ou não deve ocorrer por uma análise racional dos dados que percebemos, pois, partindo de um pensamento linear, não teríamos uma percepção gestáltica da cena, nem conseguiríamos captar o sistema como um todo. Chegamos a isso por intermédio de instrumentos distintos dos da análise e temos acesso a eles com um treinamento da percepção de totalidades. (É preciso acrescentar a percepção da cena com o terapeuta.)

Em dado momento surge o protagonista (indivíduo ou subgrupo) que simboliza o conflito grupal ou, melhor dizendo, apresenta sua visão inconsciente do conflito latente. O protagonista expõe e representa sua cena com a ajuda do terapeuta e, se for o caso, com os egos-auxiliares. No aqui-e-agora da representação coexistem:

- A cena representada.
- A cena representada mais o terapeuta.
- A cena grupal (a família e/ou os outros grupos).
- A cena a partir do ponto de vista de cada um.
- A cena da totalidade, incluindo o terapeuta.

Em todos os casos, é preciso distinguir entre a cena manifesta e os sistemas-cenas ocultos, assim como a evolução das cenas ao longo do processo terapêutico.

No processo terapêutico e durante os comentários, como uma das três fases de toda sessão terapêutica, deve-se voltar a uma situação análoga à da fase de aquecimento, contando, porém, com a reestruturação das cenas geral e particulares. A modificação das cenas em grupo ou individuais trazem uma ressonância cognitivo-emocional aos participantes, que constituem a constelação grupal.

d) A catarse como meio de mudança

As origens do conceito de catarse remontam às técnicas de purificação da primitiva ciência médica, que eram seguidas nos templos de Esculápio, herdeira, por sua vez, das cerimônias iniciáticas de purificação dos mistérios de Elêusis. Aristóteles o retoma para significar a purificação espiritual que sofre o espectador de teatro. Em tempos modernos, retorna à linguagem médica da direção da psicanálise com um sentido análogo ao aristotélico, de purificação ou de descarga emocional. Realmente, o termo que se utiliza habitualmente a partir desse enquadre é o de ab-reação, até o ponto em que a palavra catarse nem sequer consta do clássico *Diccionario de psicoanálisis* de Laplanche e Pontalis, ao menos na edição de 1968[62].

Moreno retomou o termo a partir de uma conceitualização distinta, complexa o bastante para ter sido pouco entendida pelos nãopsicodramatistas e, inclusive, por alguns deles. Para facilitar a tarefa, comecemos pela definição mais simples, dentre as várias que Moreno nos oferece ao longo de sua obra, esclarecendo que elas não são contraditórias, mas complementares. A definição a que nos referimos nos remete mais aos efeitos do que ao seu modo de operar. É "a sensação ou a vivência de saúde" que o paciente experimenta após uma intervenção terapêutica que tenha tido êxito. Garrido[63], resumindo diversos parágrafos de Moreno, condensa o conceito do seguinte modo: "A catarse, pois, se obtém quando o paciente conseguiu conquistar os sentimentos de alívio, relaxamento, liberdade, poder, equilíbrio e integração na realidade e no grupo por meio de uma compreensão de sua situação real". Moreno coloca:

> Uma vez que é próprio de toda atividade implicar algum grau de catarse, teremos que determinar em que consiste a catarse; em que se distingue, por exemplo, da felicidade, da satisfação, da ab-reação etc., se há uma fonte de catarse superior a outra e se há um elemento comum a todas as formas de catarse... descobrir esse princípio comum que provoca a catarse na espontaneidade criadora; em razão de sua universalidade e de sua natureza primária, inclui todas as outras expressões (psíquico, somático, consciente, inconsciente etc.). Nessa corrente da ação geral desembocam todos os pequenos afluentes das catarses específicas[64].

---

62. LAPLANCHE, J. e PONTALIS, J. B. *Diccionario de psicoanálisis*. Barcelona, Labor, 1968.
63. GARRIDO, M. E. *Jacob Leví Moreno: psicología del encuentro*. Madri, Atenas, 1978. (No Brasil, traduzido sob o título: *Psicologia do encontro: J. L. Moreno*. São Paulo, Ágora, 1996.)
64. MORENO, J. L. *Psicoterapia de grupo y psicodrama, op. cit.*, pp. 112-3.

Aqui, prossegue colocando a ênfase nos efeitos e no indivíduo. E, de fato, os aspectos imediatos no indivíduo podem ser de alívio, de relaxamento e outros, mas também de desconcerto, já que este não percebe necessariamente o processo nem compreende as conseqüências da mudança ocorrida, porque em numerosas ocasiões essa mudança continua fazendo parte do oculto ou do inconsciente, sem perda, por isso, de seus profundos efeitos estruturais. Por outro lado, Moreno coloca que "a catarse de uma pessoa depende da catarse de outra pessoa. A catarse tem de ser interpessoal"[65]. Considera-se claramente aceita a catarse tanto do indivíduo quanto de qualquer grupo. E o fato é que o foco central no processo catártico não é a vivência, que pode surgir de forma suave ou explosiva, sempre como um efeito secundário, mas, sim, a mudança que introduz no sistema em que vive. Trata-se de um processo de destruição e de reconstrução em que os elementos que formam o sistema-cena se modificam, mudam de posição, perdem-se ou integram-se (vem daí "catarse de integração"), ou seja, de desestruturação e de reestruturação. Como coloca Moreno, o sistema em tratamento deixa de ser um "universo fechado", em que não ocorre a espontaneidade, e passa a constituir-se em "universo aberto", flexível, adaptativo, com espontaneidade.

> A categoria do momento só tem significado num universo aberto, ou seja, num universo em que existam a mudança e a novidade. Num universo fechado, ao contrário, não há momento e, com sua ausência, não há crescimento, espontaneidade, criatividade [...] A diferença entre universo aberto e fechado pode ser expressa [respectivamente] segundo a seguinte fórmula: a) o universo no momento A é diferente do universo no momento B; b) o universo no momento A é o mesmo do momento B[66].

Como vemos, o conceito de catarse nos leva ao conceito de mudança 2 de Watzlawick[67].

Ainda falta acrescentar que, novamente segundo Moreno, a catarse não é algo que se produza unilateralmente, pois "... resulta da interação entre os membros do grupo [...] das ações espontâneas de

---

65. *Idem, ibidem*, p. 249.
66. *Idem, ibidem*, p. 152.
67. WATZLAWICK, P. *El Lenguage del cambio*. Barcelona, Herder, 1981.

um ou de vários membros do grupo"[68], o que inclui o terapeuta, ou seja, trata-se de uma catarse do sistema terapêutico, a criação conjunta de uma nova narrativa.

Assinalemos que, na maioria dos casos, chega-se à catarse por meio de um aquecimento adequado, como dissemos anteriormente. Dada a complexidade e a riqueza do tema, remetemos o leitor à obra *La catharsis dans le thèatre, la psychoanalyse et la psychothèrapie de groupe*, em que D. Barrucand faz um estudo histórico e minucioso do conceito, falhando apenas, em nossa opinião, em não ter captado o sentido último de Moreno[69].

Neste capítulo, procuramos apresentar uma panorâmica geral do desenvolvimento da teoria psicodramática, tanto a partir do modelo de Moreno quanto de nossas próprias construções. Com essa síntese, nossa intenção é oferecer um suporte teórico para a leitura e para a compreensão dos próximos capítulos.

---

68. MORENO, J. L. *Jacob Levi Moreno: Psicologia del encuentro*, op. cit., 1966, pp. 85-6.

69. BARRUCAND, D. *La catharsis dans le thèatre, la psychoanalyse et la psychothèrapie de groupe*. Paris, Epi, 1970.

UTILIZAÇÃO DAS TÉCNICAS ATIVAS

Desde que Moreno estabeleceu a aplicação instrumental da ação no campo da psicoterapia, muitas outras técnicas fundamentadas foram surgindo. Schützenberger, em sua obra *Introducción al psicodrama*[1], nos recorda que Moreno descreveu 350 técnicas distintas de psicodrama. A partir do momento em que Moreno se atreveu a romper com o tabu da ação conotada como resistência, uma corrente inesgotável de experimentação nessa via recém-aberta começou a se desenvolver. Schützenberger, no livro *Nuevas terapias de grupo*[2], utiliza o corpo e os jogos corporais nos grupos de encontro — promovidos sobretudo por W. Schütz. Jogos de confronto, massagem, conscientização corporal e postural (Laban, Rolf), terapias por meio da dança (Reich), a "couraça do caráter" (Lowen) e a "leitura aberta do corpo e de suas tensões" a partir da "análise bioenergética" (Wallon, que funda o psiquismo na postura corporal)[3]. Místicos e pensadores orientais centram a atenção na tomada de consciência postural, da respiração, do movimento natural. Os estudos sobre a comunicação não-verbal destacam as investigações de Bateson a respeito da linguagem analógica e digital[4]. Hall e seus estudos sobre a distância social, e tantos outros[5]. O corpo em ação vai abrangendo os mais variados espaços terapêuticos e, assim, simplesmente, o desem-

---

1. SCHÜTZENBERGER, A. A. *Introducción al psicodrama*. Madri, Aguilar, 1970.
2. SCHÜTZENBERGER, A. A. e SAURET, M. J. *Nuevas terapias de grupo*. Madri, Pirámide, 1980.
3. LABAN, ROLF, WALLON REICH. In: SCHÜTZENBERGER, *Nuevas terapias em grupo*, op. cit., 1980; LOWEN, A. *Bioenergética*. México, Diana, 1975.
4. BATESON, G. *El árbol del conocimiento*. Madri, Debate, 1990.
5. HALL, E. T. *La dimensión oculta*. México, Siglo XXI, 1972.

penho de papel ou o desempenho ativo de papéis criado por Moreno passa a fazer parte das mais diversas terapias, tais como: a gestalt-terapia, a análise transacional, algumas formas de aplicação da psicanálise, os modelos sistêmicos e as técnicas ativas do psicodrama no referencial da terapia familiar.

O grande repertório de técnicas ativas e, sem dúvida, sua utilidade criam simultaneamente alguns problemas. A variedade e a abundância produzem confusão, e sua eficácia para a mobilização conduz às vezes a um manejo selvagem, com o risco de desestruturações difíceis de recompor, já que, a partir da aparente facilidade de aplicação, pode levar a seu emprego em momentos e formas inadequados.

Tudo o que dissemos anteriormente levou-nos uma vez mais a que, precisamente devido à sua capacidade incisiva de mobilizar os conteúdos que alcança, insistamos em que, juntamente com sua extraordinária eficácia, trata-se de armas que trazem um risco potencial em sua utilização por parte de profissionais indevidamente preparados.

O perigo de uso inadequado e a confusão que nasce da leitura de "catálogos" técnicos levam-nos a fazer três advertências:

- A conveniência de conhecer os mecanismos de ação das técnicas ativas, o substrato teórico em que se apóiam, ou seja, a teoria da técnica.
- A recomendação de que sejam aplicadas a partir de uma metodologia ajustada a certos passos que, sem diminuir a espontaneidade, adaptem essa ou aquela técnica às condições concretas do momento do processo terapêutico.
- Partir de um conhecimento suficiente dos campos em que sua aplicação seja útil e adequada.

No presente capítulo, tentamos responder às questões intrínsecas a essas considerações por meio de três itens:

Definição das técnicas ativas

A partir de nosso modelo teórico da cena, definimos as técnicas psicodramáticas como "aqueles meios técnicos que, incidindo sobre um sistema-cena, facilitam ou promovem sua mudança estrutural.

Enquanto técnicas psicodramáticas, trata-se de técnicas ativas que incidem na dinâmica do sistema"[6].

Quando falamos do sistema-cena, referimo-nos tanto àquele formado pelas pessoas, que são objeto último da terapia, no sentido de uma cibernética de primeira ordem, quanto à cena do sistema terapêutico ou cibernética de segunda ordem, cujo movimento implica nova narrativa. Essa mudança pode ser imediata, crítica e, por sua vez, pode conduzir a duas resultantes: uma desestruturação conveniente para o processo de posterior reestruturação, ou uma modificação pontual, imediata, o que, em psicodrama, se denomina uma catarse de integração. Como vimos no Capítulo 1, responde a uma mudança estrutural *hic et nunc*, paulatina, ou a catarses parciais sob a forma de introdução de um movimento, que gerará a possibilidade de chegar a uma flexibilidade no sistema, que lhe permita uma remodelação e readaptação em função de suas necessidades ecológicas.

Se retomarmos a definição, veremos que procuramos acentuar dois aspectos dessas técnicas:

a) *O que são técnicas ativas*

b) *O que incide no sistema à procura de algum tipo de mudança*

a) O que são técnicas ativas

A ação, postergada na terapia durante muitos anos pela influência das terapias verbais e, especialmente, pela psicanálise, desde o temor latente de Freud em relação ao *acting out* ou à utilização da ação como resistência à análise, foi revalidada por Moreno e sublinhada por sua frase lapidar: "No princípio, havia a ação". O tempo, em sua evolução, no sentido de novos modelos teóricos, recupera a posição moreniana a partir do novo cognitivismo, que poderia ser representado, entre outros, por Marina[7], até os modelos ecossistêmicos representados por Von Foerster, Maturana, Varela[8] e outros.

---

6. POBLACIÓN KNAPPE, P. e LÓPEZ BARBERÁ, E. "Técnicas psicodramáticas". *Vínculos*, nº 6, Madri, ITGP, 1992b.

7. MARINA, *op. cit.*, 1993.

8. MATURANA e VARELA. "Las bases biológicas del entendimiento humano", *op. cit.*, 1984; VON FOERSTER, H. *Las semillas de la cibernética*. Barcelona, Gedisa, 1991.

A ação se revalida como base de todos os movimentos biopsicossociológicos e seus resultantes, "até os pensamentos mais sublimes", em termos de Laín Entralgo[9].

O homem é corpo, e o corpo é ação, até na imobilidade, na palavra e no silêncio. O uso controlado da ação é reconhecido como o instrumento privilegiado para incidir na mudança dos sistemas, e quanto mais parecem "doentes", mais imóveis e, portanto, mais incapazes de adaptar-se com flexibilidade aos acontecimentos históricos, tanto internos quanto externos. História interna ligada à dinâmica mutante pela evolução biopsicossocial do sistema, do indivíduo ou do grupo; ou história externa, formada pelas metamorfoses constantes que incidem no sistema a partir do meio. A incapacidade ou a dificuldade de amadurecimento e de adaptação de um ser que se mantém parcialmente estático. O freio encontra-se quase sempre relacionado às cenas primordiais do indivíduo, que ocorrem na infância ou àquelas das etapas de criação de um sistema, como, por exemplo, de um casal. São casos em que essas cenas remetem a situações conflitivas, que tenham exigido formas de adaptação muito especiais, que modelam esquemas de respostas inadequadas e ineficazes para a evolução histórica, razão pela qual condicionam certas funções relacionais num círculo vicioso ou em curto-circuito, que impedem o processo de integração progressiva e flexível a cada nova experiência vital.

Nas técnicas psicodramáticas, a ação adquire significado terapêutico, a partir do momento em que o terapeuta se insere no sistema como co-experimentador, constituindo o sistema terapêutico. Além disso, ele também participa ativamente do aquecimento, da dramatização, da preparação para o jogo dramático (drama = ação); e de qualquer técnica usada: de representação, do espelho, de um jogo simbólico sofisticado ou de alguns tipos complexos de escultura.

O corpo, portador e criador de nossas experiências internas e externas, está inevitavelmente presente no drama, corpo às vezes esquecido e relegado a um segundo plano; corpo, sempre, inevitavelmente, ator ou ato. Extraímos o seguinte esquema de um de nossos trabalhos, que usamos no processo didático em nosso instituto, relativo ao corpo em terapia:

---

9. LAÍN ENTRALGO, P. *El cuerpo humano.* Madri, Espasa Calpe, 1989.

O CORPO SEGUNDO O TIPO DE TERAPIA

Terapias verbais

{ Fantasia dos corpos
Topologia
Proxenia
Postura e mudanças corporais
Reações fisiológicas
Comunicação analógica a distância
Vivências corporais

Terapias ativas

{ Atuação corporal
Contato intercorporal

A nosso ver, as terapias ativas, assim como o psicodrama e, em parte, algumas das correntes atuais da terapia familiar, atrevem-se a utilizar todo o leque de possibilidades que permitem a observação e a utilização do corpo. Não apenas aquelas funções que se contemplam a partir das terapias verbais, como também as do corpo em ação, em movimento, só ou em relação e em contato com outros corpos. A partir dessa posição mais sofisticada, torna-se mais complexo, sem dúvida, o trabalho do terapeuta, porém com a contrapartida de um enriquecimento máximo de informação.

b) O que incide no sistema à procura de algum tipo de mudança

Sua utilização durante o processo terapêutico procura, de modo óbvio, que sua incidência modifique algo, altere sua dinâmica. Persegui-la é um *a priori* de qualquer intervenção em psicoterapia, e nossa insistência em repetir deve-se ao fato de que essa mudança requer uma mobilização do sistema terapêutico, modificando a história do sistema em tratamento, iniciando-se uma nova história. Aqui, referimo-nos à renovação da história significativa ou sagrada, que, como assinala Mircea Eliade[10], trata-se da HISTÓRIA, com maiúsculas, uma vez que sua torrente foi escrita com a matéria que modela e modula aquilo que está entranhado no indivíduo e seu modo de se relacionar, ser e estar, como são as regras, normas e mitos que compreendem os espaços cognitivos, emocionais e axiológicos. Essa história sagrada

---

10. ELIADE, M. *Mito y realidad*. Madri, Guadarrama, 1968.

encerra os significados de uma biografia diante do material da assim chamada história profana, cujos conteúdos são vistos como irrelevantes no processo biográfico geral, pois não trazem nada de significativo nem na estrutura nem no desenvolvimento dinâmico do sistema. Os fatos da história sagrada abrem a porta para uma nova história, que a faz biologia, e a uma biologia que a faz história. Todas as técnicas que incluímos agora em nosso esquema de classificação podem iniciar uma nova história biopsicossocial, atuando com mecanismos diversos em termos formais.

Classificação das técnicas ativas

O psicodrama costuma ser criticado por não ter um corpo teórico consistente. Este é um erro de interpretação de algumas pessoas que não conseguem entender a complexidade e a inovação das construções de Moreno. Atualmente, podemos verificar seu isomorfismo com as últimas contribuições do construtivismo[11] e, dentre elas, podemos destacar a colocação do contexto interpessoal derivado do significado de muitas funções consideradas tradicionalmente como pertencentes ao universo intrapsíquico, até considerar o terapeuta conectado ao sistema observado e a recuperação do passado não como algo intransponível, mas, sim, que pode ser modificado ou "reescrito" a partir de uma revisão. Estas são algumas, dentre as inúmeras colocações renovadoras de Moreno, com uma visão e um enfoque alternativos para a compreensão dos fatos. Sem dúvida, na área da teorização sobre as técnicas encontramos algumas lacunas. Moreno nos deixou uma teoria geral da técnica, estudou os fenômenos inerentes à dramatização e alguns claros conceitos sobre o sentido das técnicas fundamentais: duplo, espelho, inversão de papéis e solilóquio. Como a multiplicidade de instrumentos técnicos é muito grande, talvez seja preciso ordená-la.

De nossa parte, realizamos, já há alguns anos (1980), uma primeira tentativa de classificação que incluía, dentro de determinados parâmetros, numerosas técnicas[12]. Os instrumentos eram agrupados em:

---

11. GÓMEZ, E. A. "Constructivismo radical". *Psicopatología*, nº 14, 1994, pp. 51-4.
12. POBLACIÓN, P. "Psicopatología dinámica grupal". *Fundamentos*, nº 115, 1980.

Dramatizações
Jogos
Exercícios
Role-playing pedagógico
Esculturas
Sociograma

Com o passar do tempo, essa classificação tornou-se insuficiente. Em 1992, publicamos um novo trabalho, partindo das coordenadas de seu modo concreto de incidir nas cenas-sistema internas e externas[13]. Nós o utilizamos na prática terapêutica e em trabalhos realizados a partir de nossas hipóteses teóricas. O esquema e as descrições a seguir são uma ampliação e correção do referido artigo. Descrevemos quatro modos de influência das técnicas sobre o sistema-cena:

a) *Técnicas que colocam em jogo a dinâmica do sistema, levando-o a uma evolução ou a uma revolução.*
b) *Técnicas de aprendizagem de novos vínculos.*
c) *Técnicas de ingerência no sistema.*
d) *Técnicas que incidem no processo de comunicação mediante objetos intermediários.*

É preciso esclarecer que esses itens referem-se à qualidade e destacam-se em relação aos outros ao considerarmos cada técnica, mas isso não significa que não se possam encontrar traços de outros modos de atuação em uma ou outra técnica concreta.

Por exemplo: no primeiro grupo, agrupamos a maioria das técnicas classificadas sob o item "colocar em jogo a dinâmica do sistema". Poderíamos acrescentar que todas as técnicas, quaisquer que sejam, colocam em jogo a dinâmica do sistema sobre o qual incidem e, de um modo ou de outro, podem levar à aprendizagem de novas vinculações, que implicam ingerência no sistema... E, então, faz algum sentido nos aborrecermos para chegar a tal classificação? Insistimos em que nos interessa destacar o aspecto que mais diferencie

---

13. POBLACIÓN e LÓPEZ BARBERÁ. *Vínculos, op. cit.*, 1992.

cada técnica e que a função última é começar a ensaiar um grupo, com a finalidade de termos um ponto de apoio nas áreas docentes, na prática clínica e no trabalho de investigação.

O esquema geral de nossa classificação parte da seguinte definição: trata-se daqueles meios que, incidindo sobre um sistema-cena, facilitam uma mudança estrutural.

CLASSIFICAÇÃO SEGUNDO SUA FINALIDADE

a) *Técnicas que colocam em jogo a dinâmica do sistema, levando-a a uma evolução ou revolução*

Evolução: mudança paulatina
Revolução: crise

1. Técnicas gerais

Dramatizações
Esculturas
Jogos
Exercícios
Testes sociométricos e sociograma
Role-playing pedagógico
Sociodrama
Onirodrama

2. Técnicas elementares que se introduzem na prática das anteriores

Técnicas fundamentais
{ duplo espelho
inversão de papéis

Outras técnicas elementares
{ auto-apresentação
solilóquio
apartes
comunicação não-verbal
comunicação oral não-verbal
multiplicação dramática
interpolação de resistências

b) *Técnicas de aprendizagem de novos vínculos*
— *Role-playing* pedagógico vincular

c) *Técnicas de ingerência no sistema*
— Introdução do terapeuta ou dos egos-auxiliares no sistema a partir de papéis simbólicos

d) *Técnicas que incidem no processo de comunicação mediante objetos intermediários*

a) Técnicas que colocam em jogo a dinâmica do sistema, levando-a a uma evolução ou revolução

Qualquer técnica terapêutica incide na dinâmica do sistema supondo um processo de mudança. Insistimos neste aspecto porque, nos outros três grupos, o mecanismo de ação predominante difere de modo significativo; poderíamos dizer que, nos quatro grupos designados, coloca-se em jogo a dinâmica do sistema, mas, nos três últimos, acrescentam-se certas formas terapêuticas muito específicas.

Uma característica desse grupo é que, de modo muito evidente, todo o sistema terapêutico fica imerso num processo de geração de mudança, a partir do momento em que o terapeuta introduz a opção técnica. Assim inicia-se uma dinâmica de co-criação, de intercâmbio num processo comunicativo digital e analógico, que compreende necessariamente a rede total, embora a técnica de entrada fique centrada num indivíduo, como acontece no caso duplo.

Qualquer dessas técnicas pode fazer com que o processo de mudança tenha uma evolução suave e paulatina ou, ao contrário, que faça surgir uma crise no sistema e irrompa uma revolução. Ambos resultam, em parte, de fatores imprevisíveis, mas dependem também de fatores "controláveis", como o momento evolutivo do sistema em seu processo dinâmico, o tipo de técnica utilizado, o matiz com que é introduzido, o grau de implicação em função do grau correspondente de aquecimento e outros.

Em geral, o processo desencadeado pela técnica depende do aquecimento, que se desenvolve *sub especie momenti*, de modo espontâneo. Quando isso ocorre, vive-se um momento mágico, uma força de improviso criadora e uma riquíssima harmonia estética. Ao terminar o processo dramático, vivido em espaço e tempo imaginários, os participantes costumam comentar que sabem que ocorreu algo importante, mas há detalhes de que não se recordam e, sobretudo, não estão conscientes do tempo transcorrido. Nesses casos, costuma haver, como conseqüência final, o que nós, psicodramatistas, denominamos de catarse de integração.

Esse primeiro grupo engloba a maioria das grandes técnicas utilizadas com mais freqüência pelos psicodramatistas e, também, as mais aproveitadas por outros modelos terapêuticos. Costumamos organizar dois subgrupos. O primeiro, de técnicas gerais, soma todas aquelas que conduzem a uma entrada mais complexa no desempenho dramático e que costuma envolver todos os membros do sistema: dramatização ou "cenificação", jogos, exercícios, testes sociométricos, onirodrama e, o mais importante para nós, neste livro, a escultura. O segundo subgrupo compreende todas as técnicas elementares, que podemos utilizar isoladamente, mas que, com grande freqüência, incorporam-se no decorrer do desenvolvimento das técnicas do subgrupo anterior para enriquecer sua produtividade. Por exemplo, ao longo da realização de uma escultura, costumamos propor solilóquios, espelhos, inversão de papéis etc. Por isso, vamos nos deter em algumas delas no capítulo geral da técnica da escultura.

b) Técnicas de aprendizagem de novos vínculos

Reservamos este item para o desempenho de papel pedagógico e, mais especificamente, da aprendizagem de papéis.

Toda dramatização, em sentido estrito, é um *role-playing*, mas Moreno faz distinção entre o *role-playing* pedagógico e o terapêutico. O primeiro caso é o da dramatização, com todos os seus possíveis desenvolvimentos e finalidades parciais; o segundo é o do desempenho de papéis, em que se busca uma aprendizagem nessa área. Trata-se não apenas de aprender um papel que determinada pessoa possa necessitar em seu eu pragmático, mas, sim, com maior freqüência, melhorar, adequar ou desenvolver um papel inadequado ou insuficiente. Sem dúvida, como conseqüência secundária, o desempenho de papel pedagógico tem efeito terapêutico.

c) Técnicas de ingerência no sistema

Moreno insistiu em que o terapeuta ou diretor psicodramático é sempre um co-experimentador no processo terapêutico, mas também chamou a atenção para o fato de que, em algum momento, pode e deve ser co-ator. Há diversas formas de ser co-ator, assumindo talvez explicitamente um papel num jogo simbólico e participando dele a partir de tal papel ou, de modo mais sutil, não-explícito, a partir de um papel simbólico, quase sempre parental, por meio de um comportamento analógico em correlação com determinados momentos da sessão terapêutica.

A essa técnica, que experimentamos, desenvolvemos e descrevemos pessoalmente, demos o nome de "ingerência no sistema".

Ingerência consciente, já que o terapeuta instrumentaliza seu comportamento para "construir", com algum indivíduo ou subsistema, outro novo subsistema que recondicione toda a rede sociométrica. Para exemplificar, veja a seguir uma seqüência com o conteúdo e o significado das técnicas de ingerência no sistema.

Encontramo-nos na sexta sessão de terapia familiar, com uma paciente de 16 anos, com diagnóstico de bulimia e com anorexia prévia. O momento evolutivo familiar é o do início de individuação da paciente em relação aos seus pais. As emoções e os sentimentos contraditórios, atuando em todos os elementos do sistema familiar, se refletem na primeira dramatização de um episódio ocorrido uns dias antes da sessão, quando, na hora do almoço, a paciente diz que vai sair no sábado à noite e pede permissão aos pais para que a deixem voltar para casa uma hora mais tarde que a de costume, porém dentro dos limites de horário de chegada de seu grupo de amigos nos fins de semana.

Por meio da cena manifesta — representada — mostra-se a dificuldade de a família encarar e lidar adequadamente com as mudanças ocorridas nessa etapa do ciclo vital. Partindo do aspecto conflitivo emocional surgido, propõe-se uma nova dramatização. Nesse caso, a proposta se realiza a partir da forma simbólica.

Depois de prepararmos o espaço cênico, solicitamos que os pais se coloquem juntos, observando "imaginariamente" por uma janela, por meio da qual irão contemplar sua filha que está passeando "pelo mundo". Simultaneamente, sugere-se que a paciente passeie e explore o mundo.

A cena vincular latente é de tensão e de angústia diante da separação, que está presente em cada um dos membros. A cena se desenvolve, também, com a participação de um dos terapeutas. Sugerimos aos pais que estabeleçam um diálogo em que possam compartilhar suas dúvidas, temores, inquietações, enquanto observam a filha pela janela. Pedimos que detenham o olhar sobre a filha. Por sua vez, a paciente é acompanhada pela terapeuta, para entrar no espaço imaginário do mundo. Levada suavemente pela cintura, a terapeuta a convence a passear e explorar o mundo juntas. Aqui, a terapeuta assumiu simbolicamente, sem fazê-lo de forma explícita, o papel de uma mãe mais compreensiva e firme. Pouco a pouco, ela vai deixando a paciente caminhar sozinha, à medida que vai se reassegurando, a partir da expressão de seus medos e desejos em relação a uma nova etapa do ciclo evolutivo, na qual vai desenvolver uma série de novos papéis. Tudo isso no espaço cênico simbólico do mundo. No momento em que a paciente expressa seu desejo de continuar passeando e explorando sozinha "o mundo", a terapeuta se aproxima do espaço em que se encontram os pais. Toma-os suavemente pelos ombros e propõe-lhes que os três olhem juntos pela janela, compartilhando as vivências que vão surgindo.

Quando a cena termina, passam aos comentários, a partir da afluência de emoções experimentadas na dramatização, uma nova visão compartilhada. A separação começa a não significar uma dissolução perigosa da relação, mas uma mudança da mesma e, como tal, custosa para todos, mas não ameaçadora para a sobrevivência.

A forma estratégica e corporal que a terapeuta usou para entrar em cena foi com o intuito de introduzir simbolicamente uma alternativa de relacionamento mais funcional para o momento do sistema. Isso permite vivenciar em ambos os subsistemas uma continência, na qual podem sentir-se compreendidos em sua contradição e reforçados em suas tentativas de adaptar-se a uma situação de novidade e de incerteza.

O emprego dessa técnica no decorrer da dramatização possibilitou uma modificação da experiência por meio da mudança seqüencial dentro da cena, passando de um sistema em que prevaleciam as vivências de angústia diante da separação e da mudança para um sistema em que se introduziu a vivência de continência e de confiança em si mesmos.

Como vemos, essa velha posição moreniana, que aproveitamos e sofisticamos, encontra-se muito próxima daquela de alguns terapeutas familiares como Elkain, ou Andolfi, quando promovem a intervenção a partir da utilização do *self* do terapeuta[14].

d) Técnicas que incidem no processo de comunicação mediante objetos intermediários

Referimo-nos aqui ao extenso grupo de técnicas com objetos intermediários para facilitar, ampliar ou modificar a comunicação tanto intrapsíquica quanto interpessoal. Também podemos dizer que

---

14. ELKAIN, *Formaciones y prácticas en terapia familiar*. Buenos Aires, Nueva Visión, 1988; e ANDOLFI, M. e ZWERLING, I. *Dimensiones de la terapia familiar*. Buenos Aires, Paidós, 1985.

qualquer objeto que facilita, amplia ou modifica a comunicação, se torna um objeto intermediário. Rojas Bermúdez[15] realizou uma série de trabalhos com objetos intermediários, e nós, num artigo publicado anteriormente, desenvolvemos extensamente suas características, metodologia de aplicação, classificação, descrições técnicas etc.[16].

Partindo de nossa experiência com objetos intermediários aplicados em diversas áreas clínicas, realizamos a seguinte classificação:

- Objetos intermediários de papel   Títeres
  Máscara
  Bonecos e brinquedos
  Lenços

• Como linguagem simbólica	Pintura	Giz de cera
		Aquarela
		Pintura a dedo
		Lápis
	Colagem	Argila
	Modelagem	Barro
	"Quatro elementos"	
	Som/música improvisada	

• Instrumentos intermediários	Cordas	
	Almofadas	
	"Golpeadores"	
	Fundo sonoro	
	Iluminação	
	Reprodutor de áudio	
	Reprodutor de imagem	Vídeo
		Cinema

---

15. ROJAS BERMÚDEZ, J. "El objeto intermediario". *Cuadernos de Psicoterapia*, v. II, nº 2, Genitor, Buenos Aires, 1967 e "Objeto intermediario e intermediarios en psicodrama". *Vínculos*, nº 4, ITGP, Madri, 1992.

16. POBLACIÓN KNAPPE, P., e LÓPEZ BARBERÁ, E., *op. cit.*, 1992a.

Insistimos em que os traços que diferenciam os objetos intermediários têm em comum a facilitação de formas de obtenção distintas do encontro interpessoal, ou seja, a criação de um sistema relacional. Um caminho proporcionado pelos objetos intermediários de desempenho de papéis é o de ser depositário de um papel. Todo papel exige do interlocutor a colocação do contrapapel ou do papel complementar. Aqui, portanto, o que caracteriza o objeto intermediário é o papel do que é depositário, e que "obrigará" o outro na relação a desempenhar um papel complementar.

O segundo caminho, o dos objetos intermediários responsáveis pela linguagem simbólica, promove a criação de uma nova linguagem, que serve de canal original de comunicação, substituindo os canais habituais.

Os instrumentos intermediários supõem a utilização de objetos como formas intermediárias de comunicação.

Os passos na aplicação de uma técnica

Quando aprendemos a dirigir um automóvel, indicam-nos cuidadosamente a metodologia correspondente: verificar se a marcha não está engatada, dar a partida no motor, esquentá-lo, soltar o freio de mão, apertar a embreagem, engatar a primeira marcha, pisar suavemente no acelerador enquanto se retira o pé da embreagem... No início repetimos mentalmente para nós mesmos esses passos; com o tempo, eles vão se automatizando e não precisamos nos deter neles, exceto ocasionalmente. Com a mesma finalidade, propomos a organização de uma metodologia de aplicação das técnicas, no período de aprendizagem da condução de casos com técnicas ativas, seguindo o seguinte esquema:

PASSOS NA APLICAÇÃO DE UMA TÉCNICA

a) Avaliação do momento do sistema em tratamento	Percepção manifesta/latente Captação do sistema como totalidade
b) Decisão sobre a introdução (ou não) de uma técnica	Será o momento oportuno? Avaliação do risco

c) Escolha de uma técnica concreta	O que se busca? Saber como atua em todo o sistema ou parte dele
d) Proposta técnica	De surpresa?Avisando Pedindo licença A quem se propõe
e) Instruções ou ordens	Precisas, claras Em palavras No momento No sistema concreto
f) Desenvolvimento	Escalonamento e/ou relação com outras técnicas Tempo Aquecimento?
g) Comentário	Em solilóquio Em grupo

a) Avaliação do momento do sistema em tratamento

Como base de todos os passos posteriores, é conveniente, quando não imprescindível, que o terapeuta tenha uma percepção muito clara do que está acontecendo naquele momento no sistema terapêutico. Quando falamos em perceber claramente, referimo-nos ao fato de que, a partir de sua ótica subjetiva, tenha feito sua própria construção mental da rede relacional, da função que cumpre o sintoma no sistema, do sistema a ser tratado e do sistema terapêutico em sua totalidade, ou seja, o que e qual é a vinculação entre os outros e ele mesmo, ou entre o paciente e ele, em caso de terapia bipessoal. Captação sob a forma de esquema mental tridimensional do que está ocorrendo no aqui-e-agora. Em seguida, terá de se ocupar também da dimensão tempo.

Porém, procurará acrescentar uma hipótese do que está subjacente ao que ocorre de forma manifesta, ou seja, a rede relacional nos níveis ou cenas ocultas que, às vezes, diferem consideravelmente do que propõe o drama visível ou expressado. Isso nem sempre é possível, e, a partir do momento em que construímos tais hipóteses, devem permanecer como opções ou caminhos que só os passos seguintes confirmarão ou negarão, e nunca como um guia rígido da atuação. Essa construção mental geral será acrescida de cada um dos elementos em jogo, incluindo o próprio terapeuta, que deve considerar os fatores pessoais, emocionais, axiológicos, cognitivos etc. que estejam se mobilizando naquela relação.

Essa primeira avaliação, que impregna o terapeuta, indica o mapa do território no qual ele irá desenvolver o drama terapêutico que se inicia.

b) Decisão sobre a introdução (ou não) de uma técnica

Logo após termos feito a avaliação de um casal, de uma família ou de um sistema, que estão em tratamento, devemos verificar se o momento é oportuno para iniciar o processo de comunicação e inserir uma técnica, ou se é preferível esperar outra oportunidade.

A introdução de uma técnica geralmente modifica o que está ocorrendo e, nesse momento, nem sempre é bom correr riscos. De imediato, o fluxo natural de acontecimentos é interrompido, a atenção concentra-se no terapeuta e surge uma expectativa diante do que se coloca ou se exige, pois a proposta é interpretada de ambas as formas. Podemos acabar criando uma nova história. Ou, melhor dizendo, tornar-se evidente, já que o começo se produz sempre a partir do instante do encontro e, inclusive, das fantasias das partes sobre o encontro antes que ele ocorra. Incidir ou não nessa história, e em seu desenvolvimento mediante o ato terapêutico, significa mudar a história, que não sabemos como se desenvolverá.

Portanto, corremos um risco imediato ao interromper a afluência possível de um material interessante e, ainda, em estado latente. Será que a técnica que sugerimos enriquecerá a produção terapêutica, ou o material que está surgindo é suficientemente valioso e não convém interromper?

c) Escolha de uma técnica concreta

Se a partir da avaliação geral e das circunstâncias do momento decidirmos aplicar uma técnica, teremos de escolher a mais adequada e, para isso, devemos responder, para nós mesmos, quatro questões:

1. O que buscamos conseguir?
2. Como atua a técnica a ser aplicada?
3. Agiremos sobre todo o sistema ou parte dele?
4. Finalmente, que técnica concreta escolheremos?

1. O que estamos procurando?

Podemos querer explorar alguma área desconhecida, obter mais dados, conhecer mais profundamente o que temos diante de nós, ou nosso interesse está em mostrar ou demonstrar às pessoas em conflito o que elas não conseguem ver; ou provocar uma crise, chegar a uma situação catártica, preparar ou aquecer a situação para a posterior aplicação de outra técnica. Para cada caso vamos incidir na recondução do drama, e essa incidência não pressupõe uma resposta segura; temos de admitir os imprevistos, mesmo quando persigamos a linha de recondução que havíamos pressuposto e desejado.

2. Como atuam as técnicas que elegemos?

A capacidade profundamente incisiva de uma técnica de duplo bem realizada dista muito em sua ação de um duplo superficial ou de um solilóquio que, inclusive, pode servir para ocultar a latência emocional. É mais ou menos como admitir que, embora cada técnica designe uma forma de atuar, não podemos nunca estar certos, pois a norma geral de atuação se modificará em função de inúmeras variáveis, das quais só podemos controlar algumas. Essas variáveis vão desde a convicção do terapeuta na efetividade de tal técnica, até o tom e a intensidade de voz, o momento preciso em que se intervém, a quem se dirige etc.

3. O todo ou parte do sistema?

Por onde começar? Podemos atuar sobre uma díade, por exemplo os pais, como maneira de ressituar as posições relativas parentais-filiais ou, no mesmo caso, com igual finalidade, atuar com os filhos ou com toda a família. Teremos de perceber qual o subgrupo que está mais aberto ou mais motivado à intervenção, com uma atitude mais negativa, ou se atuar num subgrupo pode provocar um hiato indesejado na comunicação. Qualquer ponto da estrutura em que nos centrarmos repercutirá na totalidade da mesma, mas não da maneira idêntica.

4. Escolha final de determinada técnica

Mesmo depois de ter considerado os pontos anteriores, o terapeuta pode se encontrar diante de várias técnicas de possível aplicação. Não vacile, aplique a mais simples; as técnicas complicadas costumam ser uma alternativa para que o terapeuta brilhe, mas sua sofisticação não costuma corresponder à sua utilidade. Ainda voltaremos a este assunto, mas podemos antecipar que a dramatização simples, a escultura e as técnicas fundamentais — duplo, espelho, inversão de papéis e solilóquio — são as mais utilizadas. Sua aplicação adequada implica certa complexidade, mas um bom aprendizado deve convertê-las nas mais simples, úteis, freqüentes e imediatas.

d) Proposta técnica

Podemos escolher entre várias formas:

Sem aviso prévio: os casos típicos são o espelho, que realizamos para um psicótico (veja-se definição de espelho mais adiante), ou a interpolação de resistências, quando se introduz uma resposta que conduz a um contrapapel inesperado, diferente daquele que a pessoa esperava e que, portanto, a obriga a romper o círculo repetitivo de inter-relação, provocando a necessidade de uma nova resposta e de criar uma nova narrativa.

Anunciando: como na condução topológica, em que o terapeuta avisa: "Vou me sentar agora ao lado dos seus filhos...", ou com objetos intermediários: "Vou jogar essa almofada em vocês..." etc.

Pedindo permissão: é normalmente a mais utilizada: Faz-se uma proposta, mas obtém-se a aceitação e a colaboração de todos.

De modo diretivo: inevitavelmente, criará uma nova dinâmica na estrutura do sistema terapêutico, de dependência ou de rebeldia, pois modifica a estrutura hierárquica.

Devemos levar em conta, também, a quem se propõe algo assim. Por exemplo: a que determinado membro da família solicitamos para que faça uma escultura da família, ou que a faça em primeiro lugar? Não é uma questão irrelevante: estamos atribuindo significado a essa pessoa; sua escultura interferirá na dos demais.

e) Instruções ou ordens

Não nos cansaremos de repetir que as instruções ou as ordens dadas às pessoas devem ser claras, precisas e compreensíveis. Para tanto, devemos adequar sempre nossa linguagem em função das diferenças culturais entre as pessoas e, também, escolher o momento oportuno para que elas "possam ouvir". Portanto, devemos nos dirigir de forma clara ao grupo, sem provocar confusão entre os membros.

Em muitos casos, é preciso não dramatizar ao dar as ordens, sobretudo quando quem vai recebê-las não tem experiência com as técnicas ativas. Em nossa cultura, sobretudo a da cidade, estereotipada, em que até o lúdico perdeu seu caráter como tal devido à falta de espontaneidade, propor a dramatização de uma cena familiar, a realização de uma escultura, para não dizer desenvolver um jogo simbólico de assumir papéis de animais, pode provocar certas resistências. O pudor, o sentido de ridículo, o ficar exposto em formas de condutas não-habituais reflete-se em justificativas tais como "não sei representar", "não consigo imaginar como fazer isso", "sou crescido demais para essas brincadeirinhas" etc. Às vezes, basta reassegurá-los, explicar claramente o que se pretende obter, dar a tranqüilidade que as pessoas podem negar a si próprias, que nada será obrigatório. Porém, a melhor receita é o humor, a risada. Sabemos, pelos etólogos, que o riso é uma forma de ritualização da agressividade dos primatas, incluído aí o *Homo sapiens* (Lorentz). E a insegurança e o temor que provocam as propostas de jogo desencadeiam uma agressividade soterrada ou expressa. Fazer piada, rir, "brincar de teatrinho" é uma das formas para facilitar o caminho de aceitação das técnicas ativas.

f) Desenvolvimento

Já falamos sobre o aquecimento. Podemos supor que, quando chega o momento de se propor uma técnica, o sistema terapêutico tenha seguido um processo de *warming up* [aquecimento] geral, desde que se tenha conversado ou abordado um assunto para "quebrar" o gelo, o que colabora também com o processo de dar instruções. Porém, ainda assim, é possível que tenhamos de nos aprofundar no aquecimento, se estivermos tentando, por exemplo, reproduzir uma situação familiar carregada de tensões. Nesse caso, é preciso reforçar o aquecimento específico, como o descrevemos no Capítulo 3. É preciso diminuir as resistências, motivar o sistema, criar maior contato emocional e facilitar a entrada na dramatização para conseguirmos trabalhar de forma a produzir uma opção de contato e de mobilização das estruturas profundas.

Determinada técnica pode ser a continuação ou a preparação de outra, ou a base para intervenções parciais mais incisivas. Podemos propor uma mudança topológica e, a partir da reflexão que se segue, continuar com um jogo ou com uma escultura. Ou, durante um jogo, sugerir uma inversão de papéis; ou, depois de uma clara tomada de consciência do esgotamento de um modo relacional fixo, propor um desempenho de papéis de busca de alternativas etc.

Outro ponto que introduzimos neste item é que, uma vez iniciada uma técnica, por exemplo, a construção de uma escultura, devemos respeitar o ritmo e o tempo de cada pessoa, que podem diferir do de outras pessoas, de um casal, do grupo ou da família. Não devemos pressionar, mas deixar que termine a tarefa a seu modo e com sua cadência pessoal.

g) Comentário

Na terceira fase da sessão, o partilhar, procede-se ao comentário sobre o ocorrido no decorrer da aplicação da técnica. Promove-se a troca de contribuições emocionais e se desencoraja o comentário racional-analítico, que costuma ser uma desqualificação dissimulada sob o disfarce de um bom desejo. Com freqüência, costumamos ouvir: "Sinto que você está repetindo a forma de atuar que aprendeu quando era pequeno e, por isso, mostra o seu ódio para as pessoas que...". Não, por favor! Evitem esse tipo de intervenção! Para uma ampliação deste tema, veja a fase de comentários que descrevemos no Capítulo 3.

Ao longo deste capítulo, descrevemos e desenvolvemos o procedimento de utilização das técnicas ativas. Queremos insistir que a adequação para conseguir as técnicas está sempre associada tanto à experiência quanto a uma posição de flexibilidade por parte do terapeuta, que permite que ele intervenha a partir de sua espontaneidade. Dessa forma, dispomos de mais possibilidades para exercer certo controle sobre o sistema.

DESCRIÇÃO DAS TÉCNICAS PSICODRAMÁTICAS (EXCETO A DA ESCULTURA I)

Como já assinalamos, foram descritas centenas de técnicas ativas aplicadas à terapia, tanto as criadas por psicodramatistas quanto as oriundas de outros modelos de terapias ativas, como os grupos de encontro de Schütz, a terapia corporal e outras.

Neste capítulo, pretendemos mostrar as modalidades técnicas mais importantes por seu impacto no processo terapêutico e pela freqüência de uso, exemplificando-as. Remetemo-nos ao esquema de classificação do capítulo anterior para situar cada uma das técnicas, que passamos a detalhar.

Dramatizações

Em sentido amplo, a dramatização abrange a maioria das técnicas que iremos descrever neste capítulo, desde os jogos até o onirodrama, a auto-apresentação e a comunicação não-verbal que, com certeza, engloba a escultura. Em sentido estrito, chamamos de dramatização a encenação de uma situação do protagonista.

Quando falamos em "encenação" *puesta en juego** referimo-nos ao sentido "teatral" que a palavra *jogar* tem em inglês (*to play*), em francês (*jeux dramatiques*), em alemão (*spielen*) e em tantos outros idiomas; talvez em espanhol, precisamente, tenha menos ressonância a palavra "jogo" com esse sentido. Teatral, do teatro da vida, do drama pessoal do protagonista, obra não-escrita da qual se é autor; trata-se de pôr em cena uma situação de sua vida, o que o converterá

---

* Em espanhol, nesse contexto, a expressão *puesta en juego* tem o significado de *encenação* ou *representação* no sentido teatral. (N. da T.)

em ator além de autor, em protagonista de sua obra existencial. É preciso esclarecer que o protagonista pode ser um indivíduo ou um grupo, seja um grupo terapêutico artificial ou natural, como o casal ou a família. A situação pode remeter ao presente, ao passado ou ao futuro, desde que estejamos nós sempre conscientes de que tudo é presente, na medida em que falar de situações passadas é uma metáfora para nos referirmos a algo ocorrido num momento da biografia, mas que faz parte de nosso presente; e falar do futuro nos remete sempre às fantasias e projetos que fazemos hoje com relação ao futuro próximo ou remoto.

Também podemos representar situações "reais", imaginárias ou simbólicas, considerando como reais aquelas que o protagonista qualifica desse modo a partir de sua vivência, e, por isso, incluímos inclusive como reais as representações das alucinações e os delírios dos psicóticos. São imaginárias as situações alternativas possíveis, tanto no presente quanto no futuro, incluindo as fantasias mais irreais, como poderia ser um encontro na terceira fase com seres intergalácticos. As simbólicas são as que se expressam como representação de situações e papéis simbólicos, como o assumir papéis de animais, plantas, objetos ou personagens que expressem valores, como quando, nos autos sacramentais, aparecem personificados a fé, a caridade, o ódio etc.

Contando com essa amplitude de possibilidades, a dramatização é sempre uma representação, ou seja, uma ação dramática sobre o cenário terapêutico e, também, uma representação, na medida em que se apresenta de novo algo que já se viveu anteriormente, seja na experiência interpessoal (situações reais), ou no mundo intrapsíquico (situações imaginárias, simbólicas), embora o dramatizado, a partir desse nível, possa apresentar um aspecto formal diferente do vivido ou do fantasiado.

A dramatização é regida por certas pautas que procuramos tornar flexíveis, mas que são convenientes, para não dizer necessárias, para um bom resultado terapêutico. Começamos pelo aquecimento, seguido da dramatização e finalizamos com a fase dos comentários.

Embora ainda devamos nos deter nessas fases, queremos expor o processo geral de aquecimento, extensível, com variantes, a todo tipo de dramatização em sentido amplo.

Inicia-se o aquecimento com qualquer tipo de conversa que vá se desenrolando no espaço terapêutico. Ajuda a passar do contexto social de onde se vem, para o contexto terapêutico ou grupal, centrando-se pouco a pouco no tema do interesse do protagonista. O diálogo de aquecimento protagonista/terapeuta inicia a constituição de um jogo de co-criação do processo e do sistema terapêuticos.

Um segundo passo consiste em preparar a cena concreta que vai ser representada, seja uma dramatização, seja um jogo ou uma escultura. Suponhamos que se trata de uma cena real; o protagonista a relata. O terapeuta, como aquecimento específico, pedirá a ele que fale no presente, que a situe no aqui-e-agora, que descreva os personagens, sua posição no espaço, o espaço ou cenário em que ocorreu a situação... Se se trata de um indivíduo que faz parte de um grupo terapêutico, ele mesmo escolherá aqueles que farão os papéis necessários ao drama (ego-auxiliar) entre seus companheiros de grupo e, talvez, na equipe terapêutica, ficando excluído o terapeuta que dirige a dramatização. Em terapia familiar e de casal, os próprios membros de grupo natural são os que atuam no drama, desempenhando seus próprios papéis.

Preparam-se, então, os egos-auxiliares, que são as pessoas que ajudam na dramatização, interpretando os papéis. No caso de um grupo terapêutico, o protagonista expõe ao grupo sua personalidade, seu modo de se comportar, de falar e de gesticular; para exemplificar melhor, ele pode interpretar sucessivamente os papéis dos personagens e atuar brevemente a partir deles. Quando os egos-auxiliares sentem-se capazes de interpretar os personagens, monta-se a cena e dá-se início à representação. No grupo familiar, essa preparação não é necessária, embora seja sempre útil designar para cada membro uma série de matizes que favoreçam uma representação adequada.

Se nossa meta fundamental é a exploração da cena, podemos ficar com essa simples representação. Como assinala Moreno, toda nova experiência modifica inevitavelmente a primeira, ou seja, a simples representação já é, em si, terapêutica. Isso porque conduz a uma recolocação, a uma nova contribuição e uma co-construção do sistema terapêutico de uma nova história.

Mas também podemos, e é o que fazemos com mais freqüência em psicodrama, aproveitar a representação para intervir com uma série de técnicas que ampliam extraordinariamente as possibilidades terapêuticas. Aqui ocupam seu lugar o duplo, o espelho, a inversão de papéis e o solilóquio, as técnicas fundamentais que explicamos neste mesmo capítulo, mas também a multiplicação dramática, a interpolação de resistências, a comunicação não-verbal e muitas outras.

A introdução ou não dessas técnicas, em que número, quais, como e onde, não tem — como pode-se supor — regras fixas e dependerão da preparação do terapeuta, de sua sensibilidade, de sua habilidade e até mesmo da sua capacidade estética. Uma cena harmônica, bela, costuma ser uma dramatização produtiva, eficaz. E sem cair na exigência de exprimir toda a essência da cena, que pode converter a dramatização numa confusão de técnicas lançadas e amontoadas, que impedem o acompanhamento da ação de fundo. Pode chegar o momento em que o protagonista pára e diz para si mesmo: "Sim!", "Claro!", "É isso!", que indicam quase sempre que se chegou a uma cristalização, à chamada catarse de integração, em que se produz o encontro com novas formas de organização de conteúdos cognitivos, emocionais, físicos e comportamentais, como assinala Moreno: "A catarse total incorpora a catarse somática, mental, individual e de grupo"[1]. Também podemos concluir quando parecer que foi mobilizada suficiente informação racional e emocional. É o momento de cada um voltar ao seu lugar e passar para o partilhamento.

Aqui, todos os participantes — se o protagonista desejar — comentam suas impressões sobre a dramatização. É conveniente estimular a expressão emocional e desencorajar as análises racionais. Nesse comentário geral, o do terapeuta é um a mais, não o veículo da "suprema sabedoria" daquele que interpreta e transmite a verdade, já que existe uma história que se está procurando reconstruir entre todos. Isto significa que, a partir da admissão de uma diferenciação de papéis no sistema terapêutico, a opinião do terapeuta não se impõe como única. Trata-se de, por meio de seu comentário, promover a expressão das ressonâncias emocionais e a reflexão geradora de alternativas mais funcionais daquilo que foi vivenciado.

Como assinalamos, falamos em dramatização sempre que, no processo terapêutico, utilizamos a técnica da representação do material de vivência que o paciente nos comunica, uma vez que drama quer dizer ação. Embora não se rejeite a palavra, o processo não se apóia meramente nela. Queremos dizer que o drama terapêutico aproveita simultaneamente todas as formas de comunicação. Trata-se do *acting* terapêutico. Essa representação da situação relatada significa a

---

1. MORENO, J. L. *Psicoterapia de grupo y psicodrama*. México, FCE, 1966.

ação de todos os personagens do sistema, possibilitando viver ou reviver essa cena na totalidade da sua rede vincular. Já assinalamos que, a partir dessa perspectiva ampla, a dramatização incluiria os jogos, os exercícios e outras técnicas complementares da cenografia que contribuem para a consecução do efeito terapêutico desejado, mas, aqui, vamos nos limitar a um conceito mais restrito da dramatização. A partir dessa ótica mais concreta, concebemos a dramatização de uma cena trazida por um protagonista, que pode ser um indivíduo, um casal, uma família ou um grupo.

Em relação ao fator temporal da dramatização, o mais freqüente é começarmos explorando "o que está acontecendo" por intermédio da representação, em tom real, de uma situação atual. Menegazzo empregou matizes com relação ao fator temporal na dramatização e distingue entre passado imediato, mediato e remoto e, igualmente, com relação ao futuro, destacando seus aspectos diferenciais enquanto fato vivencial[2].

Uma dramatização pode ter diversas finalidades. Podemos obter simplesmente um diagnóstico, no sentido de constatar o esquema do sistema atual ou entrar em contato com o que ocorre no fundo, com a cena latente. Na dramatização demonstrativa, queremos principalmente ajudar a ver mais claramente qualquer aspecto da rede vincular que até então era desconhecido ou inconsciente. De forma substancial, a terapêutica tenta obter a reestruturação ou a catarse. De todo modo, é preciso assinalar: qualquer tipo de dramatização é sempre de natureza terapêutica, embora esta não seja sua finalidade primordial. A seguir, mostramos um esquema que classifica as dramatizações, os jogos e os exercícios segundo a finalidade desejada.

Diagnóstico
mobilização ou ativação
confiança
vinculação
provocação de crise
conscientização
tomada de decisões
aprendizado
reestruturação (catarse de integração)

---

2. MENEGAZZO, *Magia, mito y psicodrama, op. cit.*, 1981.

A finalidade de toda classificação, bem como a desta, é estabelecer certas categorias que facilitem o agrupamento e a ordenação das várias opções. Nesse sentido, pode-se ampliar o tema dos tipos de dramatização colocados por Pavlovsky, Martínez Bouquet e Moccio[3]. Agora podemos ver em conjunto o desenvolvimento de uma dramatização:

- O primeiro passo é o aquecimento geral. O grupo se cumprimenta e conversa sobre a situação atual.

- A partir dessa conversa pode surgir um foco de interesse, uma situação que seja objeto de controvérsia, de desacordos, de discussão ou de tensão.

- A situação se concretiza numa cena, de um momento presente, passado ou futuro, tal como é percebida pelo protagonista (referimo-nos a isso quando estamos definindo o nível real) ou, então, a partir dos níveis simbólicos ou imaginários. A cena situa-se no *locus* onde se desenrola.

- A pessoa que vai fazer a dramatização se prepara (aquecimento específico) com a ajuda do terapeuta e vai aperfeiçoando a cena com seus elementos, com as personagens, o ambiente emocional, o contexto, a interação etc., de maneira a criar um texto básico de desenvolvimento cênico, que sirva de ponto de partida.

- A ação se inicia. Cada personagem desenvolve seu papel, seja improvisando a partir de sua própria vivência, seja seguindo as instruções do protagonista, que impulsionam tanto o processo cênico quanto a realização de algum dos objetivos terapêuticos presentes nas dramatizações, jogos e exercícios assinalados anteriormente. A diferença se apóia no matiz da instrução que se valoriza como sendo o mais adequado à situação que se deve dramatizar e que, habitualmente, é assinalado e combinado entre o protagonista e o terapeuta. Em ocasiões nas quais o desenvolvimento dos papéis parte das indicações do

---

3. PAVLOVSKY, E., MARTÍNEZ BOUQUET, C., e MOCCIO, F. "Cuando y por qué dramatizar". *Colección Ciencia*, Série Psicologia, nº 105, (1ª ed. 1979). Madri, Fundamentos, 1981.

protagonista, em determinado momento da dramatização, incorpora-se o rodízio da improvisação a partir dos papéis desempenhados pelos egos-auxiliares.

- O terapeuta pode deixar que a ação se desenvolva até que dê a cena por finalizada, ou pode se utilizar instrumentos técnicos que ajudem para uma melhor compreensão da dinâmica latente, numa catarse de integração, levando sempre em conta as possibilidades e as resistências do protagonista.

- O repertório técnico inclui desde o solilóquio e outras técnicas elementares até esculturas, jogos, uso de objetos intermediários, ingerência no sistema etc.

- Finalizada a dramatização, convém dedicar um tempo ao comentário geral sobre a vivência de cada um, sobre aquilo que foi dramatizado, sobre sua compreensão ou não das condutas dos outros, sentimentos e emoções durante o processo, conscientização etc. Insistimos no desencorajamento de comentários exclusivamente racionais, analíticos, que costumam ser mais defensivos.

Eis um exemplo:

Encontramo-nos numa segunda sessão. A família é composta pelos pais, duas filhas e um filho. A paciente, que tem 14 anos, é a mais nova das duas irmãs. A família foi encaminhada por profissionais de um serviço de emergências psiquiátricas, para onde a paciente foi levada devido a uma tentativa de autodestruição e o diagnóstico era o de portadora de graves transtornos de conduta.

Uma vez iniciada a sessão, transcorre um tempo em que a família descreve situações nas quais a paciente ameaça principalmente sua mãe com um possível suicídio. À medida que essas ameaças preocupam e centram a atenção familiar, tanto fora quanto dentro da sessão, propõe-se que se coloque em cena uma das situações descritas. A paciente e sua mãe resolvem selecionar a última cena ocorrida, pois ainda persiste a mobilização emocional desencadeada, um fator que serviu de aquecimento geral introdutório da ação.

Ela decide reproduzir a cena começando a situar no espaço cênico o lugar da casa onde transcorre o episódio. Descreve detalhes que facilitam a mudança do espaço real para o espaço cênico (aquecimento específico). Progressivamente, os personagens vão sendo incorporados ao cenário. Em nosso caso, são todos membros da família que encarnam o drama e estão dispostos e aquecidos para intervir.

Inicia-se a ação, com a interação simultânea entre os protagonistas da cena, nesse caso mãe e filha, e os demais membros da família. Trata-se de uma situação que provocou um grande confronto entre as duas, a partir da indignação demonstrada pela mãe pela recusa da filha em colaborar com uma atividade da casa na qual os demais irmãos participaram:

Mãe: *Você vê? Você é sempre a mesma, vai matar a gente de desgosto, ninguém consegue te agüentar... eu não agüento mais...*
Filha: *Eu é que não agüento mais você... isso é uma merda...*
Mãe: *Cale a boca!* (Faz menção de levantar um braço para ameaçá-la.)

A filha tenta, simultaneamente, defender-se do braço ameaçador e, por sua vez, ameaça a mãe levantando o braço. Começa a gritar e a chorar. A filha comenta:

Filha: *Você consegue me agüentar muito pouco... se a causa de todos os males da família sou eu... Você vai ver como vou resolver isso rapidamente...*

Nesse momento, a irmã intervém para separá-las:

Irmã A: *Acalmem-se!* (para a irmã) *Você vai matar a mamãe de desgosto!* (Muito assustada, chama o irmão.)
Irmã: *Vem!* (para o irmão) *Por favor, venha me ajudar!*

Como o irmão não veio acudi-la, a terapeuta lhe pergunta como se sente e pede que, caso possa, se expresse em voz alta (técnica de solilóquio):

Irmã: *Muito mal... sempre tenho que separá-las, e meu irmão nem toma conhecimento...*

Enquanto isso, o irmão menor se encurrala no espaço cênico que reproduz seu dormitório — entre a cama e a parede. Enquanto a ação prossegue, o co-terapeuta se aproxima e, ajoelhando-se junto a ele, lhe pergunta:

Terapeuta (ao irmão): *Como você está se sentindo agora, nessa situação?*

Irmão: *Assustado...*

Terapeuta: *Quando acontecem essas coisas e você está assustado... o que se passa dentro de você? Você poderia dizer em voz alta, agora?* (Sugestão de fazer um solilóquio.)

Irmão: *Não posso...*

Terapeuta (diante da expressão de sua incapacidade, ele lhe pergunta): *Posso falar por você como se eu fosse a sua voz?* (Técnica de duplo).

O irmão assente com a cabeça.

O terapeuta "dubla" o menino, ajoelhado junto a ele, pondo uma mão em seu ombro.

Terapeuta (no lugar do menino): *Tenho muito medo... de que ocorra algo mau... estou parado*[4]*... sinto-me sozinho.*

Simultaneamente, no desenvolvimento cênico, a mãe corre para telefonar ao pai, muito angustiada, pedindo-lhe que interrompa seu trabalho e venha para casa impor um pouco de ordem, já que a situação está escapando ao seu controle.

No caminho imaginário do lugar do trabalho até a casa, pede-se ao pai que expresse em voz alta tudo o que vai sentindo e pensando (técnica de solilóquio).

Pai (num tom que expressa uma grande irritação): *Essa menina... Controla a nós todos... Minha mulher, por outro lado, não sabe enquadrá-la... E eu tenho tantas coisas a fazer... quando eles menos esperam, vou arrebentar, vou ter um infarto. Estou cheio... e irritado.*

Quando chega em casa, o pai esbofeteia e grita com a filha, pedindo-lhe que deixe de "fazer cena". A filha chora e exclama: "Eu quero morrer!". A mãe comenta conosco que, embora se sinta muito angustiada, aos poucos, com a intervenção do pai, vai cessando o confronto entre ela e a filha, o que também tranqüiliza os irmãos.

---

4. Quer dizer "paralisado".

A dramatização é interrompida depois de ter sido demonstrado o ciclo das seqüências interativas de todo o sistema familiar.

Os terapeutas sugerem que se passe à fase dos comentários, para que todos exponham a representação da cena acontecida na família, dentro do referencial psicoterapêutico (comentário ou partilhamento).

Todos comentam que a situação representada é um reflexo do que ocorreu, tanto no comportamento quanto a partir das emoções suscitadas em cada um. A "diferença" em relação à situação real é o fator-surpresa de "ouvir-se" tudo a partir "do que havia por detrás" das manifestações externas de alguns membros da família. Pede-se, então, que se adie o comentário para propor uma segunda dramatização, em que se retoma a seqüência da cena, no momento em que o pai intervém para separar mãe e filha.

O co-terapeuta, que nesse momento funciona como diretor psicodramático, intervém, incorporando uma série de sugestões à dramatização. Ele aproxima-se da filha, segurando-a suavemente pelo braço:

Terapeuta: *Diga a seus pais o que você quer quando ameaça se matar.*
Filha: *Que me deixem em paz... que me dêem mais atenção...*

O pai exclama espontaneamente, num tom de cólera: "Prestamos atenção demais em você, filha! Você não faz outra coisa a não ser nos manter na palma da sua mão com suas cenas!".
O terapeuta dirige-se aos pais.

Terapeuta: *Parece que sim, que vocês prestam atenção nela.* (Os pais assentem.) Em seguida, diz à paciente: *Você sabe que enquanto fizer essas ameaças eles não vão deixar de prestar atenção, e não vão te deixar em paz... como acabaram de dizer.* (A paciente assente.)
Paciente: *Mas... eu não quero que vocês prestem esse tipo de atenção...*
Terapeuta: *Como é esse tipo de atenção?*
Paciente: *Muito angustiante.*
Terapeuta (aos pais): *Vocês podem ou sabem prestar atenção de outra maneira quando ela age assim?*
Mãe: *Eu não consigo fazer de outro jeito.*

O pai fica pensativo... Nesse momento, lhe pedimos para realizar a técnica de inversão de papéis com sua filha:

Pai (como filha): *Quero que vocês prestem atenção em mim não apenas quando me comporto mal... é como se eu só existisse quando vocês estão muito irritados ou muito preocupados porque estou fazendo minha ceninha... Vocês nunca me dizem nada quando me comporto de forma normal...*

Filha (no lugar do pai): *Estou cansado... enquanto vocês me deixarem assim, você tão assustada (à mãe) e você me provocando tanta tensão (à filha), eu não posso agir de forma diferente.*

Interrompe-se a inversão de papéis, voltando cada um a seu lugar. Há alguns instantes de auto-reflexão...

Paciente (para a mãe): *Eu te assusto muito...* (ficam ambas com os olhos cheios de água).

Mãe: *E eu também te angustio demais...*

Pergunta-se ao pai se ele quer fazer algum comentário:

Pai: *Não quero continuar.* (para a mãe) *Já chega que ela consuma todo o nosso tempo...* (para a filha) *... só te atendemos quando você nos dá problemas... e isso é muito pesado... para você também...* (Ficam todos pensativos.)

A partir desse momento, propõe-se interromper a cena e comentar o que aconteceu nas duas dramatizações, com a instrução de que podem se expressar livremente a partir da ressonância emocional provocada. A seguir, transcrevemos alguns dos comentários surgidos, com o objetivo de ilustrar a dinâmica e a finalidade dessa fase.

Comentário grupal

Após algum tempo de silêncio reflexivo, a irmã mais velha dirige-se ao irmão:

Irmã mais velha (para o irmão): *Eu não sabia que quando te peço ajuda e você não vem, é porque está mal. Como você nunca fala, eu pensei que você nem ligasse...*

Mãe (para a filha mais velha): *E eu estou te pedindo demais... creio que se estivesse em seu lugar estaria cheia por estar sempre protegendo sua mãe...*
Filha mais velha: *E eu que pensei que nada acontecesse comigo, e que eu só queria ajudar! Estou me dando conta de que é demais para mim... estou muito cansada...* (Chora.)
Filho: *Pois eu estou chateado... porque quem não vale nada nesta família sou eu; minha irmã passa o dia dando problemas... minha outra irmã é a melhor... a boa... e eu, o que sou?*
Paciente: *A verdade é que quando estava no lugar do meu pai... era como sentir que eu estico demais a corda... como continuo a esticar, vai arrebentar...* (para o pai) *Você nunca tinha dito as coisas que disse [hoje]...*
Pai (para sua mulher): *E o que acontece com a gente?* (referindo-se à relação do casal).

A primeira dramatização teve uma finalidade inicial demonstrativa, com o objetivo de criar uma forma de interação familiar redundante, sustentada por cada um de seus membros. A partir do modelo estrutural de Minuchin, uma das finalidades do uso da representação é a demonstração, no "aqui-e-agora" da sessão terapêutica da coreografia familiar[5]. No psicodrama ainda se vai mais longe, pois a cena que emerge do sistema e se fixa na representação remete-nos sempre a modos vinculares da história do grupo familiar e de cada um de seus membros. Por outro lado, a representação lhes permite um aumento de informações, com a captação simultânea das reações e vivências de outros elementos presentes no sistema relacional. O acesso a essa informação traz uma compreensão dos níveis subjacentes a uma conduta manifesta e a pautas concretas de interação.

A primeira dramatização serviu, por sua vez, como aquecimento para uma segunda, na qual, mediante a incorporação de diversas técnicas, produz-se uma tomada de contato com as ansiedades básicas individuais e com os fatos conflitivos relacionais, contribuindo para o esclarecimento cognitivo-emocional das relações. A partir desse momento, como se pôde verificar nos comentários, os

---

5. MINUCHIN, Salvador. *Familias y terapia familiar*. Barcelona, Granica, 1977.

membros da família iniciam uma forma de remanejamento da rede relacional, com uma nova visão.

Jogos

Estamos num grupo terapêutico. Este é o terceiro mês de seu andamento, numa freqüência de uma sessão semanal, com uma hora e meia de duração. Situamo-lo em nossa avaliação na fase familiar, final da subfase de dependência, segundo nossas hipóteses sobre as fases dos grupos[6].

Surgem comentários tímidos em subgrupos e em cadeias que logo se cortam:

Eu não sei como os outros me vêem.
Sim, temos de esclarecer mais as nossas relações.
J. sempre quer controlar tudo.
E as meninas estão muito caladas.
Isso está bom (risadas).

Eles continuam desse modo por minutos, sem que surja nenhuma proposta de dramatização. O psicodramatista percebe uma inquietude associada a vários temas: a individualização, a relação entre sexos, a hierarquia, a agressividade... Não se trata de centrar-se num membro do grupo; parece que tem mais importância a cena do momento grupal, para ajudar a evidenciar a cena latente. O terapeuta propõe:

Terapeuta: *Podemos fazer um jogo grupal.*

(Pode-se sugerir que ele seja construído por todos, ou recorrer a um daqueles conhecidos pelo terapeuta. A segunda opção é a escolhida.) O grupo aceita ouvir a proposta.

Terapeuta: *Trata-se do jogo da selva. Consiste em que cada um assuma um papel de qualquer "personagem" que possa ser encontrado na selva, animal, vegetal ou coisa, menos um ser humano.*

---

6. POBLACIÓN KNAPPE, P. "Las fases de los grupos. Apuntes de psicodrama didáctico". Madri, ITGP, 1990.

(O terapeuta percebe a aceitação do jogo, e continua)

Terapeuta: *Vamos deixar um espaço (delimitado) como cenário da selva. Todos nós nos colocamos fora e vamos entrando no cenário, já adotando os papéis. Expressamo-nos a partir do papel. Não podemos utilizar a linguagem humana; só a corporal, e todo tipo de sons correspondentes. Quando estivemos no espaço, cada qual deverá improvisar a partir do seu papel.*

O terapeuta pode ou não participar do jogo. Preferimos nos manter fora e só interferir, quando necessário para mobilizar aspectos que parecem paralisados.

Ao longo do jogo, o terapeuta pode intervir mediante técnicas subsidiárias, como no caso da dramatização, deixando que o grupo conclua naturalmente, só interrompendo quando verificar que o grupo já trabalhou o suficiente. Nesse momento, costumamos pedir que cada participante se expresse, por fim, em linguagem humana, num solilóquio, a partir do papel e do lugar ocupado no espaço dramático.

Finaliza-se com um comentário geral.

Como se vê, com esse exemplo podemos definir os jogos como "situações simbólicas propostas à totalidade do grupo — embora nem todos os membros participem — não centradas num protagonista". Novamente, referimo-nos tanto a grupos artificiais quanto naturais[7].

Os jogos desenvolvem-se a partir de papéis e, portanto, de cenas de caráter simbólico. Isto facilita uma aproximação mais indireta do conflito e, portanto, pode-se aplicá-los para começar a contatar situações que foram negadas, deslocadas, somatizadas ou, de qualquer maneira, "omitidas" em relação à conscientização, por trazerem uma grande carga emocional. Dessa forma, consegue-se dar os primeiros passos por intermédio de uma trajetória lúdica, que permite "desdramatizar" a situação, começando a flexibilizá-la, a romper sua rigidez, no sentido de dar-se conta da presença de conteúdos com os quais vale a pena entrar em contato e elaborar.

É importante que a escolha do tipo de jogo seja adequada ao momento e à situação presentes; ou melhor, que o jogo surja e seja elaborado de acordo com as necessidades que prevalecem no sistema.

---

7. POBLACIÓN KNAPPE, P. "Psicología dinámica grupal". *Fundamentos*, nº 115, 1980.

A proposta deve ser feita para motivar os participantes, com instruções ou ordens muito claras, e o jogo só deverá ser iniciado quando o terapeuta estiver convencido de que o grupo compreendeu suas orientações.

Como mencionamos, nos jogos utilizamos técnicas de expressão simbólica que facilitam a emergência de conteúdos inconscientes.

É enorme o número de jogos descritos em diferentes trabalhos de psicoterapia de grupo. Tanto a escolha quanto a criação de um novo jogo devem estar ligadas à facilitação de uma expressão mais direta da cena que subjaz ao sistema a ser tratado.

Em terapia familiar e de casal também incorporamos jogos. Vejamos alguns exemplos:

Trata-se de uma família composta por cinco membros: os pais e os três filhos (os dois mais velhos, de 24 e 26 anos, e o paciente, Juan, de 21 anos).

Tanto os pais quanto o filho precisam de recursos adequados para lidar com os conflitos inerentes ao processo rumo à independência. Essa dificuldade resulta numa situação disfuncional, que faz com que haja o encaminhamento para a terapia familiar. O filho havia abandonado os estudos e estava desmotivado. Os pais haviam adotado uma atitude complementar e viviam atrás do filho, recriminando suas atitudes e, ao mesmo tempo, proporcionando-lhe uma série de facilidades (ocupações fáceis e cômodas, como levá-lo ao trabalho e ir buscá-lo de carro; a mãe madrugava para acordá-lo pela manhã etc.). No decorrer da terapia, a dinâmica familiar foi se estruturando gradativamente. Num momento em que o paciente estava muito bloqueado pela ansiedade, que ocorria a partir da conexão emocional de sua dependência excessiva dos pais e de seu conflito com a autoridade, nós lhe propusemos o jogo denominado "Eu, meu amigo", que narramos a seguir:

Terapeuta (ordem): *Imagine que você tem diante de si um amigo, que gosta muito de você, que o valoriza, a quem você vai contar tudo o que está ocorrendo neste momento, e vai lhe pedir conselhos. Agora que você já contou ao seu amigo tudo o que está acontecendo, você vai se levantar e colocar na sua frente a cadeira na qual você está sentado. Nesse novo lugar, você vai ser "esse amigo", que vai dar a resposta a Juan.*

Desenvolvimento do jogo: em silêncio. Transcorrido um tempo razoável, o paciente volta a sentar-se em seu lugar e, a partir daí, sugere-se que ele compartilhe o que quiser sobre sua experiência.

O paciente sorri e comenta: *"Meu amigo me disse... E então, cara... Você não tem sete anos... Vê se fica esperto e começa a ser você mesmo... e vê se dá um toque nos seus pais para que eles parem de cuidar tanto de você". (Já como ele mesmo, acrescenta): "É que se eu levar isso a sério... vou melhorar, mas vou perder a moleza que tenho".*

O jogo serviu para desbloquear o paciente, rompendo a pauta redundante de dependência-superproteção-contradependência, achando ele mesmo uma resposta, gerada por si mesmo. Embora nesse jogo concreto a interação fosse consigo mesmo, somou-se a proposta indireta, com uma alternativa para os pais no relacionamento com o filho.

Exercícios

Estamos na segunda sessão semanal de um grupo. Na primeira sessão os participantes tomaram contato com seus temores em relação aos outros elementos do grupo, começaram a se descobrir, a se relacionar, a centrar-se no terapeuta e ser dirigidos por ele e, talvez, tenham conseguido se relacionar com suas ansiedades primárias, de encontro e de separação, ou seja, as ansiedades que persistem a partir das feridas das cenas primordial e diabólica[8].

Na segunda sessão os temores ainda persistem com relação ao encontro, ao contato físico, à realidade do outro. O terapeuta propõe que todos se levantem, formem um círculo, olhem-se e, depois de um certo tempo, expressem o que sentiram olhando e sendo olhados. A seguir, o terapeuta sugere que as pessoas se dêem as mãos, ainda em círculo, experimentem o contato, fechem e abram o círculo.

No comentário posterior, eles poderão compartilhar seus temores e começar a experimentar um início de encontro télico, numa primeira percepção da realidade dos outros.

---

8. POBLACIÓN, *op. cit.*, 1989.

Este exercício é muito utilizado em qualquer tipo de grupo ativo e se constitui num bom exemplo: "São dramatizações mais centradas no corporal, mais próximas do que se denomina como expressão corporal. Por meio delas busca-se a consciência do próprio corpo e do de outras pessoas, como ponto de partida para uma integração mais profunda de suas dificuldades e possibilidades"[9] e, acrescentaríamos, "como forma de entrar em contato com os fantasmas que escondem o contato corporal mais profundo". Na maioria dos exercícios costumamos suprimir o uso da palavra e favorecer os demais meios de comunicação: tato, movimento, olfato, som etc.

Os exercícios implicam sempre os sujeitos numa busca da expressão de seus sentimentos com relação aos outros no aqui-e-agora do ato dramático. O que se consegue, com a proposta de um exercício, é um meio para experimentar os sentimentos e, também, conseguir expressá-los.

Para esse tipo de experimentação costumamos usar algum tipo de encontro corporal, semelhante a alguns dos meios técnicos que utilizam a expressão corporal grupal. Esse encontro pode variar desde o olhar e a busca das "distâncias cômodas" — experiências de proxenia — até o contato das mãos, braços, rejeições etc. Nesse sentido, é muito importante deixar claro que cada um pode explorar ou negar-se a explorar o outro; não se trata somente de respeitar a liberdade e a espontaneidade dos participantes no exercício, mas também o fato de que, dessa maneira, entra-se num melhor contato pessoal com os desejos, temores, atrações e rejeições, que, insistimos, é o que tentamos explorar com os exercícios.

Devem ser praticados em silêncio, e é menos freqüente o emprego de técnicas subsidiárias, mas aqui vale também, como no caso dos jogos, insistir na adequação do momento da proposta, na motivação, na clareza de expressão das instruções, no solilóquio e nos comentários ao finalizar o exercício.

Pode-se elaborar, no caso dos jogos, verdadeiros catálogos de exercícios. Embora pareça conveniente que o terapeuta conheça uma série deles, também deve estar aberto à criação ou co-criação espontânea de novos jogos e exercícios adequados ao momento concreto do grupo.

---

9. POBLACIÓN e LÓPEZ BARBERÁ, *op. cit.*, 1992.

Exemplo:

Estamos numa sessão de casal. Eles estão numa fase de mudança estrutural, razão pela qual os dois se sentem simultaneamente muito motivados e mobilizados na relação. Num momento em que, no discurso verbal, estão numa discussão que expressa diferentes pontos de vista, mas que percebemos a presença de outros componentes emocionais, nós lhes propusemos um exercício. Delimitamos o espaço de atuação com um colchonete. Solicitamos que um deles se colocasse num extremo do mesmo e demos-lhe uma corda de uns três metros de comprimento.

A ordem do terapeuta é a seguinte: "Cada um vai segurar uma extremidade da corda, que nesse momento é o que os une. Durante alguns minutos, brinquem com a relação de vocês neste espaço". Para reforçar a eficácia do exercício, usamos recursos visuais (diminuiu-se a intensidade da luz) e auditivos (um fundo musical de percussão).

O exercício possibilitou que o casal explorasse de modo ativo e lúdico seus modos relacionais, com uma coreografia colorida pela experimentação de diversos sentimentos, atração, luta, separação, paixão, fusão, irritação etc. Além disso, contribuiu para o desenvolvimento de todos esses aspectos presentes na relação, potencializando a expressão dos mesmos de forma lúdica, desprovida de temores e de fantasmas provavelmente presentes em outro tipo de expressão.

A maioria dos autores que se ocupa deste tema não faz distinção entre jogos e exercícios: utiliza de forma indiscriminada ambos os termos, ou denomina como jogos todas essas atividades. Preferimos separá-los, pois pensamos que, embora tenham alguns elementos em comum, exploram dimensões diferentes e agem de outro modo.

a) Aspectos diferenciais dos jogos e exercícios

Nos exercícios, utilizamos técnicas de encontro corporal, buscando a expressão da relação "real" existente entre as pessoas, geralmente sem palavras. Corresponde ao que Moreno denomina de psicoterapia de grupo. Mobiliza-se mais a partir do consciente e do espontâneo.

Nos jogos, utilizamos técnicas de expressão simbólica. Pode-se utilizar palavras. Corresponde ao que Moreno incluiria no psicodrama. Mobiliza-se mais a partir do inconsciente.

b) Aspectos comuns entre jogos e exercícios

Implicam dois, vários membros ou todo o grupo. Exploram os modos vinculares de cada elemento do grupo, os subgrupos e a cena grupal. Em ambos exploram-se os aspectos transferenciais e télicos do grupo.

Finalmente, queremos insistir em que tanto os jogos como os exercícios são utilizados como elementos que favorecem o acesso a cenas latentes, retomando a capacidade de abertura para um espaço lúdico imaginário, espaço por sua vez "elaborativo" e gerador de novas matrizes vinculares.

O teste sociométrico

Não podemos nos aprofundar numa apresentação do teste sociométrico sem fazer uma brevíssima referência ao conceito de sociometria, cuja origem se inscreve em Moreno. Em 1916, ele usou pela primeira vez o termo e, a partir de 1925, já estabelecido em Nova York, inicia, com uma equipe de colaboradores, os primeiros passos da ciência sociométrica, cujo fluxo expansivo em disciplinas como sociologia, psicologia ou antropologia resultam em numerosas investigações, observações e achados, que constituem a teoria sociométrica. A sociometria tem sido considerada um método quantitativo para medir as relações interpessoais em um grupo há cinqüenta anos[10].

O teste sociométrico constitui uma importante contribuição de Moreno, retomado posteriormente por vários autores, para medir os fenômenos grupais. Moreno define o teste sociométrico como:

> um instrumento que serve para medir a importância da organização dos grupos sociais. Consiste expressamente em pedir que alguém escolha, no grupo a que pertence, ou ao que poderia pertencer, os indivíduos que gostaria de ter como companheiros... Esse teste foi realizado para estudar os grupos familiares, os grupos de trabalho, ds grupos escolares e outros. Permitiu determinar a posição de cada indivíduo num dos grupos em que ele exerce um papel, por exemplo,

---

10. TREADWELL, T. W. e LEACH, E. A. "An introduction to the COMPSOC system: A computerized approach to processing sociometric data". *Journal of Group Psychotherapy, Psychodrama and Sociometry*, v. 40, nº 3, outono de 1987.

aquele em que vive ou trabalha. Ele revelou que a estrutura psicológica subjacente a um grupo difere profundamente de suas manifestações sociais[11].

A aplicação desse teste permite conhecer a estrutura básica interrelacional de um grupo, ou seja, o desvelamento de suas redes sociométricas. Aplicado periodicamente, permite um estudo evolutivo grupal e uma avaliação dos resultados das intervenções terapêuticas utilizadas[12]. A expressão do teste pode ser gráfica ou por meio de cálculos matemáticos, em forma de relatório. Pode ser utilizado em qualquer tipo de grupo e, portanto, também no grupo familiar.

O teste sociométrico está baseado, entre outros, no conceito moreniano de "tele", definido como o sentimento e o conhecimento ou a percepção da situação real de outras pessoas, que pode gerar uma atração, uma rejeição, ou uma indiferença. A "tele" é considerada como o fundamento das relações humanas. Diferencia-se da transferência na medida em que é um encontro fundado numa percepção dos aspectos reais das pessoas. Na transferência, percebemos o outro por meio de papéis que nele depositamos. Por isso também a "tele" é bilateral, compartilhada, estrada de dois sentidos no encontro, enquanto que a transferência é unilateral, de uma só via.

O conceito de "tele" surgiu dos estudos sociométricos de Moreno, que encontrou resultados diferentes daqueles esperados na distribuição de escolhas, rejeições e indiferenças. Outros trabalhos paralelos deixaram evidente como essas relações mudavam nos grupos terapêuticos quando iam se resolvendo as situações transferenciais interpessoais, passando do que se denomina grupo transferencial para grupo télico.

Por intermédio do teste sociométrico, podemos valorizar a prevalência de um ou de outro fator na relação entre os membros do grupo. Ele é aplicado para medir a organização dos grupos sociais, tanto artificiais quanto naturais. Com isso, fica manifesto que as estruturas profundas são diferentes das "formas oficiais de manifestação social"[13], na mesma linha de nossas hipóteses de cena manifesta e cena oculta.

---

11. MORENO, J. L. *Fundamentos de la sociometría*. Buenos Aires, Paidós, 1962.
12. ESPINA BARRIO, J. A. "Evolución sociométrica de grupos psicodramáticos" (Tese de doutorado). Universidade de Valladolid, Faculdade de Medicina, Área de Psiquiatria, Valladolid, 1992.
13. MORENO J. L., *op. cit.*, 1962.

Neste item vamos nos limitar a mostrar como podemos aproveitar esse teste na terapia familiar, não sem antes examinar seus fundamentos teóricos.

Como assinalávamos, Moreno utiliza em suas obras o termo sociometria com duas acepções um tanto quanto diferentes: quando dá ênfase a *metrum* define-a como "a ciência que permite medir os fenômenos grupais"; no *socium*, lhe interessam mais os fenômenos relacionais intra e intergrupos, as redes vinculares e sua dinâmica na vida do grupo. Podemos relatar o episódio de sua primeira aplicação, em 1931, aos presidiários de Sing Sing, com a finalidade de obter uma reorganização das relações entre eles. O resultado foi uma espetacular diminuição dos conflitos interpessoais dentro do cárcere e, por outro lado, o enunciado científico no Congresso Americano de Psiquiatria, tanto dos princípios da sociometria quanto da psicoterapia de grupo.

Voltemos ao nosso interesse específico pela sociometria, que está centrado na rede sociométrica ou rede vincular, que define a estrutura relacional do grupo familiar e, sobretudo, embora não apenas no que se refere à sua expressão gráfica para sua posterior aplicação terapêutica.

A finalidade de uso na família destina-se a criar objetivamente num gráfico (sociograma) o momento vincular atual. É importante assinalar isso para o grupo familiar; o sociograma mostra exclusivamente esse momento, o que ocorre aqui-e-agora e em função dos critérios ou variáveis que se tenha conduzido no momento. Uma repetição do teste numa sessão posterior ou, ainda, a partir da elaboração da imediatamente aplicada, mostrará certos resultados com maior ou menor variação sobre a anterior. Isso é conseqüência natural da evolução dinâmica do grupo, sob a influência de diversas variáveis, entre elas as intervenções terapêuticas e, certamente, a mesma aplicação do teste sociométrico.

O teste mede atrações, rejeições e indiferença ou neutralidade dentro do grupo, em função do critério utilizado para expressar suas escolhas, da rejeição à indiferença. Pode-se acrescentar ao teste sociométrico o teste perceptual, no qual a pessoa expressa sua opinião sobre suas crenças com relação aos sentimentos dos outros para com ele, também avaliado em termos de atrações, rejeições e indiferença. O constraste entre os resultados dos dois testes, como assinala Espina Barrio[14], proporciona uma informação válida sobre o grau de concor-

---

14. Espina Barrio, *op. cit.*, 1992.

dância entre o que se escolhe e o que se espera e, em conseqüência, a medida em que o sujeito percebe sua situação no grupo. O critério utilizado depende do que se deseja medir. Bustos estabeleceu duas categorias que englobam os diferentes critérios possíveis[15]. Um de caráter operativo, que enfatiza a centralização numa tarefa em comum (como por exemplo: "Quem você escolhe para conversar numa tarde?" ou "que membro da sua família você escolheria para planejar uma excursão?"). O outro critério, denominado "socioafetivo", cujo eixo central é o vínculo afetivo (por exemplo: "A qual membro da minha família eu confiaria um problema muito importante para mim?"). O critério sociométrico não deve ser imposto, mas escolhido por todo o grupo, e em função da finalidade do teste.

Assim como uma sessão psicodramática, a aplicação do teste sociométrico segue as três fases: aquecimento, ação e fechamento ou comentário.

Reproduzimos os esquemas das três fases na administração do teste de Marisol Filgueira[16].

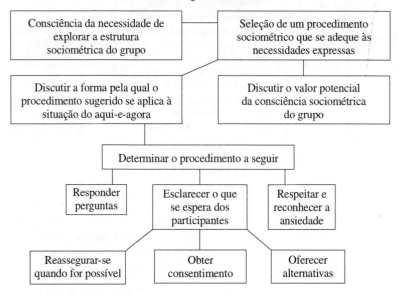

---

15. BUSTOS, D. "El test sociométrico". *Fundamento, técnicas y aplicación*. Buenos Aires, Vancu, 1980.
16. FILGUEIRA BOUZA, M. S. "Psicología grupal y psicodrama". *Siso Saude*, v. 4, 1992.

FASE DE AÇÃO

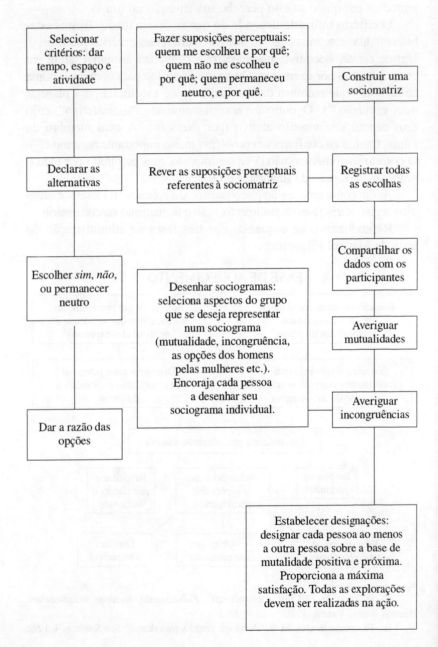

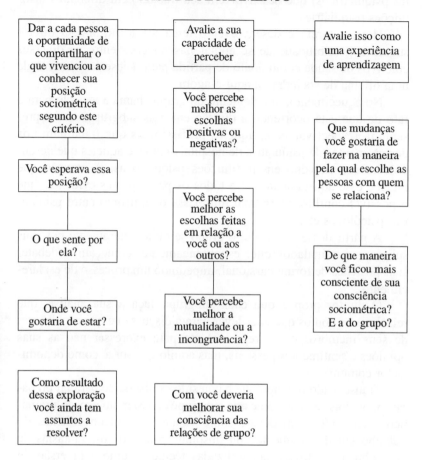

Os resultados, seja a partir da matriz ou do sociograma, podem ser utilizados pelo terapeuta para um estudo objetivo do grupo, para o acompanhamento de sua evolução e, também, trazendo os resultados para o grupo, podem constituir-se num rico material de reflexão grupal.

Sociodrama

Estamos começando a grande sessão — com seis horas de duração — para um grupo de formação em psicodrama de profissionais da saúde mental (psiquiatras, psicólogos, assistentes sociais, assistentes psiquiátricos) que desenvolvem seu trabalho em diferentes instituições psiquiátricas.

Hoje, a tarefa é desenvolver o tema SOCIODRAMA. O diretor sugere a possibilidade de se apoiar nas relações entre os diversos coletivos de saúde como ponto de partida para o desenvolvimento de uma oficina de sociodrama aqui-e-agora.

No aquecimento, um elemento do grupo chama a atenção para o fato de que está ocorrendo a divisão em dois subgrupos que representam, respectivamente, aqueles profissionais que trabalham nos departamentos de psiquiatria de hospitais-gerais e aqueles que desenvolvem seu trabalho em instituições psiquiátricas. A atenção que merece esse aquecimento entre todos os participantes evidencia que o possível conflito intergrupal ultrapassa o confronto entre psiquiatras/psicólogos etc.

A partir desse momento, o grupo se divide claramente nos dois subgrupos assinalados que, espontaneamente, começam a debater suas posições de forma passional, impedindo um processo de esclarecimento.

O diretor propõe que cada subgrupo faça a sua análise, que relacione os pontos que quer levar para a discussão e que escolha um de seus membros como representante para expressar não as suas opiniões e sentimentos pessoais, mas aquilo que surge como denominador comum.

Transcorrido o tempo que havia sido estabelecido para tal preparação, os dois representantes de subgrupos passam ao espaço dramático e tem início um debate sobre vantagens e inconvenientes do trabalho em departamentos ou hospitais psiquiátricos, fantasias de uns sobre os outros... São utilizadas técnicas como a inversão de papéis, o duplo, o solilóquio permitindo que o grupo se solte em seu confronto. Pouco a pouco, aparecem os traços em comum, diminuem os mal-entendidos, aumenta a compreensão... No partilhamento final, as posições são esclarecidas. O clima nesse momento é de encontro, não de "superconfraternização". Como insistiremos adiante, trata-se de uma "catarse coletiva".

Esse breve exemplo ilustra as diferenças fundamentais entre psicodrama e sociodrama:

- No psicodrama, o protagonista é um indivíduo; no sociodrama, o protagonista é o grupo.

- No psicodrama, o protagonista trata de resolver seus conflitos intrapsíquicos e relacionais; no sociodrama, trata-se de resolver os conflitos intergrupos.

- No psicodrama, o protagonista representa o drama a partir dos componentes individuais dos papéis, ou componentes psicodramáticos; no sociodrama, o ator é o portador dos componentes coletivos do papel, ou seja, é o portador de um papel sociodramático.

Comecemos pelo esclarecimento desses últimos conceitos. Segundo Moreno, em sua obra *Psicomúsica y sociodrama*:

> Todo indivíduo vive num mundo que lhe parece ser inteiramente privado e pessoal, no qual ele assume certo número de papéis privados. Porém, os milhões de mundos privados se superpõem em grandes partes. As grandes partes que se superpõem são realmente elementos coletivos [...] Assim, pois, todo papel é uma fusão de elementos privados e coletivos [...] Os papéis que representam idéias e experiências coletivas denominam-se sociodramáticos. Sabemos, todavia, baseados em nossos próprios experimentos, que essas duas formas de desempenhar os papéis nunca podem separar-se realmente. Sempre que uma pessoa tem que fazer seu próprio papel como esposa ou mãe, no sentido mais individual e íntimo, e no contexto de sua vida real, entram na imagem que proporciona, em grande medida, os papéis de esposa e mãe em geral. Desse modo, os espectadores do psicodrama vêem-se afetados simultaneamente por dois fenômenos: uma mãe e sua filha como problema pessoal, e a relação mãe-filho como padrão ideal de conduta. Tem-se definido o psicodrama como um método de ação profunda, relativo às relações interpessoais e às ideologias particulares, e ao sociodrama como um método de ação profunda, relativo às relações intergrupais e às ideologias coletivas.

Na mesma obra, Moreno relata sua intervenção como profissional nas disputas entre duas famílias vizinhas. As diferenças vão se compondo, até que surge um último reduto de profundo desacordo: os *pater familias* defendem posições sociopolíticas radicalmente opostas: "havia complicados fatores coletivos, cujas implicações iam muito além de sua boa vontade individual para entender-se mutuamente". Para tratar esses fatores "supra-individuais" era necessária uma forma de psicodrama que considerasse os fatores coletivos. Moreno termina o parágrafo dizendo: "Assim nasceu o sociodrama"[17].

---

17. MORENO, J. L. *Psicomúsica y sociodrama*. Buenos Aires, Paidós, 1977b.

Recapitulando:

- Os papéis constam de elementos privados e coletivos.
- Se o foco de atenção se encontra nos elementos privados, fala-se de papéis psicodramáticos; e quando nos elementos coletivos, fala-se de papéis sociodramáticos. Por exemplo, eu sou o médico X (papel psicodramático); e também sou membro da equipe de médicos de um hospital (papel sociodramático).
- As "imagens mentais" (Moreno) que se tem dos mesmos papéis em distintas culturas (etnias, nações, povos, famílias) podem ser muito diferentes ou podem existir numa cultura e estar ausentes em outra, em determinado papel.
- A posse de papéis coletivos diferentes dos de outros sujeitos pode criar dificuldades graves (coletivas, não privadas), como é o caso do encontro entre duas culturas (ciganos/não-ciganos, brancos/negros), ou de grave inadaptação (problemas de imigração).
- A realização de um sociodrama tenta ajudar nesse tipo de conflito. De fato, sociodrama provém de *socius* = o sócio, a outra pessoa, e *drama* = ação. Portanto, significa "ação em benefício de outra pessoa" (Moreno, *Psicomúsica y sociodrama*).
- Como dissemos no início, o sociodrama "é um método de ação profunda relativo às relações intergrupais e às ideologias coletivas".
- Na prática do sociodrama é preciso um planejamento prévio:
  – Reunião de informações.
  – Treinamento dos egos-auxiliares.
  – Uma faceta desse treinamento consiste em aprender a separar seus fatores privados dos coletivos.
- Todos os passos do sociodrama têm início no grupo, *sub specie momenti* e *sub specie loci*.
- Os instrumentos atuantes serão tipos representantes de uma cultura. Podem pertencer ao grupo em atuação ou podem ser egos-auxiliares preparados com a informação que irão recebendo dos membros dos grupos.

- Os indivíduos atuantes — protagonistas — representam uma experiência coletiva. "É aleatório quem representa o grupo e o número de participantes representados."[18]
- O(s) grupo(os) como totalidade desenvolve(m) seus problemas no cenário, embora o faça(m) por intermédio de seus representantes protagonistas.
- A catarse é coletiva.
- As aplicações do sociodrama podem resumir-se em:
  - Tratamentos de problemas intergrupos.
  - Tratamentos de problemas de subgrupos, ou de um grupo maior que os contêm. Por exemplo, num grupo terapêutico, institucional ou de famílias.
  - Conscientização dos estereótipos que podem condicionar as relações interpessoais e, a partir daí, a aprendizagem de outras pautas e a abertura à flexibilidade-espontaneidade.
  - Relação chefes/empregados. Relação entre as equipes médicas de um hospital, de uma empresa... Relação médico/paciente. Relação médico/família do doente. Relação médico/instituição. Aprendizagem de pautas de relação entre os subsistemas familiares. Grupos de pais. Grupos de casais. Sociodrama familiar.

Como conclusão, só falta insistir na operatividade do método sociodramático naqueles casos em que não é adequada a utilização do psicodrama, porque não se trata de um diagnóstico ou tratamento de situações privadas, pessoais, mas, sim, de um caso em que o interesse se centra em entidades sociais. Trata-se de um instrumento que amplia notavelmente as áreas de aplicação dos métodos de ação.

É um ramo da sociatria, que permite o tratamento de situações que envolvem espaços, que vão mais além dos conflitos intrapsíquicos e/ou interpessoais, entrando na ação terapêutica de entes coletivos.

O método sociodramático é de grande utilidade na hora da intervenção em redes sociais, a partir de uma perspectiva intersistêmica. Permite o desenvolvimento de um trabalho com um coletivo amplo, que pode estar implicado em espaço e tempo determinados.

---

18. LÓPEZ BARBERÁ, *Vínculos, op. cit.*, 1990-1.

As situações mais freqüentes nas quais se emprega o sociodrama são aquelas em que se parte de contextos institucionais, educativos ou de serviços sociais.

Por exemplo, a intervenção sistêmica a partir da incorporação de diferentes grupos; grupos de famílias (divididos, por sua vez, em subgrupos pais/filhos). Grupos de profissionais integrados na instituição (professores, operadores sistêmicos, assistentes sociais etc.). Outros grupos (determinados grupos de uma comunidade etc.).

Onirodrama

Moreno não atribui tanta importância aos sonhos como Freud ou Jung, não chega a considerá-los como a principal forma de acesso ao inconsciente, mas recorre a seu trabalho psicodramático — e não à sua interpretação — como uma técnica terapêutica a mais. Insistimos em que o sonho não é interpretado, mas que os conteúdos oníricos são considerados como história ou acontecimento a serem dramatizados.

Num trabalho publicado em *Vínculos*, Población estudava os sonhos a partir de uma ótica psicodramática[19]. Além de descrever uma série de técnicas de acesso ao trabalho com sonhos, ele realizava uma reflexão sobre as novas contribuições neurofisiológicas, que nos obrigam a reconsiderar o sentido e a finalidade dos sonhos a partir da ótica clássica, como expressão de desejos inconscientes reprimidos que remetem a etapas infantis da evolução libidinal. As novas colocações desembocam numa posição que poderia estar resumida nos trabalhos de Winson[20], cujos experimentos com mamíferos levam à conclusão de que, durante o sono, reprocessa-se a informação codificada durante a vigília, de tal modo que, na fase REM, pode-se voltar a "aceder a essa informação e integrá-la com a experiência anterior para proporcionar estratégias de conduta" adequadas às situações conflitivas atuais, ou seja, "estratégias para sobreviver". Segundo Winson, os sonhos "parecem ser o registro noturno de um processo mnêmico fundamental nos mamíferos, mecanismo pelo qual os animais elaboram suas

---

19. POBLACIÓN KNAPPE, P. "Sueños y psicodrama". *Vínculos*, Madri, ITGP, 1991.
20. WINSON, J. "Los sueños". *Investigación y ciencia*, janeiro de 1991.

experiências habituais à luz de tais estratégias. A existência desse processo poderia explicar o significado dos sonhos no homem".

A colocação das hipóteses a respeito de sonhos pode ser encontrada no trabalho de Barcia sobre a integração dos estudos neurofisiológicos e psicodinâmicos nos sonhos, bem como num artigo publicado por Población[21].

Gostaríamos de assinalar aqui que, a partir de nossa prática, concordamos basicamente com Winson e Jung quando consideram que "A função dos sonhos é tentar restabelecer nosso equilíbrio psicológico, produzindo material onírico que restabeleça o equilíbrio psíquico total", assim como a elaboração dos sonhos na terapia. "Não é tanto uma técnica que se possa aprender e aplicar de acordo com suas normas, como uma mudança dialética entre duas personalidades", e que os sonhos, quando lembrados em sua totalidade, aparecem constituídos como um drama em quatro atos. Em nossa opinião, trata-se de três atos:

• Colocação do conflito;
• Desenvolvimento do drama;
• Proposta de "solução".

Chamamos de proposta de solução à estratégia onírica que não é necessariamente a mais adequada, uma vez que pode, inclusive, ser perigosa, como o homicídio de um personagem que dificulta o processo existencial daquele que sonha, mas que é sempre uma alternativa a mais e, em geral, nova com relação às descobertas a partir de uma reflexão lógica. Por isso, Moreno sugere terminar sempre a dramatização dos sonhos com o ensaio de uma nova resposta ao conflito colocado.

Para nós, os sonhos são sempre uma metáfora dos níveis de cena externa e interna, ou seja, tanto da situação "real" que o sonhador está vivendo, quanto do jogo da trama de papéis de seu sistema-cena intrapsíquico. Essa consideração é conveniente para a compreensão dos aspectos técnicos que agora passamos a descrever.

---

21. BARCIA, P. "Possibilidad de integración de los estudios neurofisiológicos y psicodinámicos por el estudio del sueño". *Anales de psiquiatría*, v. 2, n° 5, 1986, e POBLACIÓN, *op. cit.*, 1991.

a) Aspectos técnicos

Examinamos cinco técnicas para a dramatização dos sonhos:
1. A técnica proposta por Moreno. O indivíduo que sonhou — sem relatar previamente seu sonho — deita-se e fecha os olhos. Nessa etapa de aquecimento, pode-se sugerir a ele que imagine que está em seu quarto, que descreva sua cama, a postura em que costuma dormir etc. A partir daí, com uma luz tênue, de fundo, ele começa o relato, levanta-se, escolhe os egos-auxiliares e vai dramatizando num ambiente onírico.

Terminado o relato, o psicodramatista propõe que ele construa um novo final — o que ele desejar — para o sonho, também por meio da ação.

Vejamos um exemplo: trata-se de um sonho relatado num grupo de alunos de psicodrama. O momento evolutivo corresponde à fase que denominamos de familiar, subfase de contradependência. Ao iniciar a sessão, Ramón rompe o silêncio e comenta que gostaria de relatar um sonho. O diretor psicodramático pede-lhe que não o relate, mas que o dramatize. Ramón aceita. Diminuímos a intensidade da luz, procedemos ao aquecimento, com Ramón quase que adormecido. "Ele sonha" de novo e, levantando-se, vai colocando em cena seu sonho, escolhendo os egos-auxiliares entre seus companheiros de grupo[22]. O conteúdo total do relato do sonho é o seguinte:

> Um grupo de amigos e familiares está num barco. Não sabemos muito bem o destino de nossa viagem, embora pareça que é para algum país exótico, desconhecido; o curioso é[23] que, tratando-se de uma viagem de lazer, ao menos assim parecia, éramos passageiros e o capitão nos obrigava, às vezes, a trabalhar como tripulantes.
>
> Na cena seguinte estamos avistando terra. Na margem há nativos, não sabemos se amistosos ou hostis. Eu não quero que aportemos à terra, mas o capitão diz que vamos fazê-lo de todo modo. Sinto-me mal e muito irritado.
>
> Não sei como, estamos em terra firme e somos os selvagens. O capitão está amarrado no pelourinho, e vamos matá-lo. Acordo inquieto e suado pelo pesadelo.

---

22. Normalmente, trabalhamos sem equipe de egos-auxiliares.
23. Nossa proposta é relatar o sonho no presente, mas o protagonista desliza de um tempo a outro. Quando e como o faz é também um dado a ser ponderado.

O psicodramatista intervém para ajudá-lo a situar o relato no aqui-e-agora, sugerindo que use o tempo no presente do indicativo e estimulando os egos-auxiliares a expressarem emocionalmente a partir dos papéis e das situações que vão sendo criadas.

Na cena final, Ramón é tomado por uma intensa reação de hostilidade contra o capitão, a quem acusa de submetê-lo e humilhá-lo até que, num dado momento, surpreende-se a si mesmo chamando-o de "papai", irrompendo em soluços. Sugere-se, aqui, dar um outro final ao sonho, criando uma cena com sentimentos ainda muito ambivalentes, mas que deixa assomar um início de independência e de aceitação.

No grupo, a dramatização do sonho causou uma forte impressão. Alguns compartilham por identificação com os sentimentos de Ramón, vários exclamam entre risadas que é necessário queimar o capitão para libertar-se, enquanto olham significativamente para o psicodramatista.

Surge no grupo uma cena centrada no ritual da morte do capitão e prevalecem os comentários de sentimentos negativos em relação às figuras de autoridade parentais, escolares, profissionais e do terapeuta, com uma recolocação das atitudes contradependentes. Como em toda sessão, a experiência é muito mais rica do que a que transmitimos neste breve resumo.

Como vemos neste exemplo, embora a dramatização estivesse voltada para o protagonista, o fato de haver uma referência à latência grupal, que é muito clara no caso escolhido, provoca a implicação de todo o grupo.

2. O sonho representado como cena grupal. Como às vezes algum elemento do grupo traz para a sessão algo emergente, com a cena latente do momento evolutivo do grupo, nós a utilizamos para a representação como cena grupal.

A pessoa que sonhou faz o seu relato. A seguir propõe-se a escolha dos papéis do sonho no grupo, incluindo as possibilidades dos objetos imateriais. O diretor psicodramático orienta o grupo no sentido de que, sem perder a linha do relato do sonho, se procure improvisar a partir do papel e, então, começa a dramatização. No decorrer do processo, o psicodramatista pode utilizar técnicas de solilóquio, aparte, inversão de papel, ou qualquer outra que considere oportuna.

105

O sonho a seguir foi relatado por uma psicóloga, membro de um grupo de formação. Isabel é uma pessoa culta, sensível e leciona num colégio de integração. O grupo, com um processo muito rico de evolução, encontra-se num anel ou espiral* provocado pelo período de férias, razão pela qual somam-se os aspectos regressivos mobilizados pela retomada das sessões, depois de mais de um mês de interrupção.

O conteúdo é o seguinte:

Eu estava com uma amiga num país da América do Sul, onde já havia estado com a minha família: meus pais, meu irmão e eu. (Era importante o fato de sermos quatro.) Eu estava com uma amiga — Rosa — e ali nos encontrávamos com duas meninas surdas, alunas do colégio. Antes de conversarmos com elas, percebemos que precisavam comer.

Em meio a essa situação, eu via um rio que passava por lá, e dizia a Rosa e às duas meninas que viessem até o rio. Era um rio especial, dourado... Pegamos água... era um rio importante, eu ansiava por chegar até ele. Continuo dormindo.

Isabel volta a relatar o sonho e, seguindo as indicações do psicodramatista, cada um vai assumindo o papel que deseja. Destacamos que isso não é determinado nem pela protagonista, nem pelo terapeuta. Dessa maneira, o protagonismo começa a passar, sutilmente, da pessoa que havia sonhado para o grupo. A partir daí, a sugestão do psicodramatista é: "Seguindo em linhas gerais o fio condutor do sonho, cada um deve atuar espontânea e criativamente a partir de um papel, trazendo todos os conteúdos que surgem ao longo da representação".

3. A terceira forma é a que chamamos de "gestáltica", por estar fundamentada na técnica descrita por Perls[24], e é a que mais usamos no psicodrama bipessoal.

O protagonista conta seu sonho, designando no cenário os espaços dramáticos e situando os personagens, inclusive os não-humanos (animais, vegetais, objetos) de cada parte ou seqüência do sonho. Em seguida, assume sucessivamente todos os papéis. A partir

---

* No sentido psicodramático do termo. (N. da T.)

24. PERLS, Fritz. *El enfoque gestáltico. Testimonios de terapia.* Chile, Cuatro Vientos, 1976.

de cada um, indicamos que, depois de se aquecer para o papel, "sentindo-se" no lugar do "personagem", realiza em primeiro lugar uma auto-apresentação. Por exemplo: "Sou uma casa grande, antiga; sou a casa da avó de C (a pessoa que sonhou e que é o protagonista). Vivem em mim a avó, a tia e C.". "Sou a avó de C., sou uma pessoa muito seca e exigente" (do mesmo sonho). A partir da autodescrição, sugere-se que a pessoa entre em contato com os possíveis sentimentos e sensações físicas que provoquem a identificação com o papel. Se forem intensos ou se aparecerem significativos, pode-se propor que, seja explorado mais a fundo. Se isso não acontecer, pede-se que a pessoa se dirija verbalmente aos outros personagens da cena. Por exemplo, C., no papel de casa, repreende a "avó": "Você sempre me manteve vazia, não queria convidar ninguém...". Nesse passo, pode-se proceder a uma inversão de papéis para esclarecer as relações na cena. Deve-se insistir, também, para as resistências, que costumam despertar a representação do papel de um objeto, já que, como portador de símbolos de aspectos alienados ou negados à consciência, são muito enriquecedores.

Quando o paciente já passou por todos os papéis, ele sai de cena, "contempla-a" em conjunto e comenta como se fosse um observador externo, seja num solilóquio ou com o terapeuta.

Procede-se da mesma forma com todas as cenas de que conste o sonho. No final, pedimos que a pessoa faça uma interpretação da totalidade.

Como quase todos os sonhos apresentam três cenas encadeadas que correspondem a: a) colocação de uma situação não resolvida; b) seu desenvolvimento e conseqüência; e c) possível solução para o comentário final, podemos acrescentar um suporte de interpretação consistente para assinalar e marcar as cenas: "Se... a), então... b), portanto, convém a você", ou expressões similares.

Também devemos assinalar que "todos os personagens, inclusive os não-humanos, são aspectos da personalidade da pessoa que teve o sonho", se levarmos em conta o fenômeno onírico como cena interna[25], sem que isso seja obstáculo relacional de um marco biográfico da pessoa.

---

25. Não negamos a visão a partir de outros ângulos, mas a ótica intrapsíquica é a que costuma nos interessar nas práxis.

Com esse tipo de elaboração dos sonhos, podem-se obter catarses de integração espetaculares, com uma reestruturação vincular de cenas patogênicas repetitivas que, em última instância, são situações fixadas num sistema adequado para o equilíbrio atual do indivíduo.

É possível também que só se chegue a uma compreensão mais relacional ou, em outros casos, a uma catarse de integração de elementos parciais do sonho, como em nosso exemplo anterior: "Sou uma casa vazia e não deixo ninguém entrar".

4. A forma que chamamos de mista concilia elementos técnicos, sobretudo dos itens 2 e 3, ou seja, sem deixar de desenvolver o sonho como um fato grupal tal como se descreve no item 2, a pessoa que sonhou pratica um intercâmbio de papéis com cada personagem; isto permite ter uma visão da cena a partir do que sonhou e da latência grupal.

5. Se enfocarmos o trabalho do sonho como uma cena pessoal do protagonista, podemos dramatizar:

- como qualquer outra cena,
- pela via gestáltica.

No primeiro caso, o psicodramatista dirige o desenvolvimento da dramatização das cenas do sonho como se tratasse de cenas simbólicas criadas pelo protagonista em um estado de vigília.

Na segunda opção, a forma gestáltica é a que mais se centra exclusivamente nos conteúdos oníricos quando se referem, sobretudo, às suas cenas intrapsíquicas.

De todo modo, em ambos os casos é inevitável a referência ao grupo, na medida em que o sonho em questão é trazido pelo emergente grupal.

Em terapia de família, costumamos trabalhar ocasionalmente com sonhos quando uma pessoa traz algum, espontaneamente, durante a sessão terapêutica.

Se considerarmos que com técnicas psicodramáticas podemos chegar a uma maior integração e/ou cristalização dos conteúdos do sonho por parte de todo o grupo familiar, sugerimos o trabalho psicodramático com uma das técnicas assinaladas.

Idéia geral do desempenho de papel (*role-playing*)

Chamamos de *role-playing* toda representação ou colocação em cena de uma situação dramática. Nesse sentido geral, o termo pode aplicar-se tanto à dramatização quanto ao jogo pedagógico com cenas. De fato, chamamos o primeiro de *role-playing* terapêutico e, ao segundo, de *role-playing* pedagógico. O primeiro tem primariamente uma função terapêutica e o segundo, uma finalidade de aprendizagem.

Na colocação da psicologia evolutiva proposta por Moreno, como podemos nos recordar, o indivíduo, desde que sai da matriz ou do útero materno, passa por uma série de matrizes ou espaços de crescimento denominados de: matriz de identidade, familiar e social. Como conseqüência das relações a que leva ou obriga cada matriz, o indivíduo vai adquirindo novos papéis, papéis psicossomáticos como o de respirador ou ingeridor na matriz de identidade, o papel de filho e de pai, entre muitos outros na família, e papéis sociais (o padeiro, o companheiro), psicodramáticos (um pai, um deus) na matriz social. Esses papéis constituem o eu operativo de cada indivíduo e, por meio deles, estabelecer-se-á uma relação nas novas situações, ainda que alguns desses papéis possam ser defeituosos, insuficientes, dando lugar a vinculações disfuncionais.

É aqui que entra o *role-playing* pedagógico que, com sua função de aprendizagem, tenta melhorar, completar ou criar o papel que provoca a disfunção.

Assim, podemos recorrer à definição de *role-playing* utilizada por Schützenberger: "Instrumento de exploração das relações humanas, de modificação destas e de entrelaçamento da espontaneidade"[26]. Essa ferramenta de "formação" para as relações humanas é aplicável tanto à vida cotidiana quanto à profissional, podendo ser utilizada nos trabalhos pedagógicos e didáticos a partir do nível individual até o social (sociodrama), passando pelo bipessoal (díades ou casais) e o grupal (familiar, meio profissional, espaço comunitário). Aqui nos interessa sua aplicação ao indivíduo, ao casal, à família e ao comunitário. Por exemplo, o uso de *role-playing* nos grupos de pais é uma

---

26. SCHÜTZENBERGER, A. A. *Introducción al role-playing. El sociodrama, el psicodrama y sus aplicaciones en asistencia social, en las empresas, en la educación y en psicoterapia.* Madri, Marova, 1979.

forma de encontro e de criação de alternativas relacionais funcionais do vínculo formado pelos papéis de pais-filhos.

Em todos esses campos de aplicação, podemos resumir seus objetivos em:

- Aperfeiçoar papéis defeituosos.
- Criar papéis inexistentes.
- Aumentar as habilidades sociais.
- Aprender técnicas e táticas de relação.
- Fornecer uma metodologia didática.
- Desenvolver a espontaneidade.

Antes de passar à metodologia de aplicação, vamos exemplificar sua utilização.

Com crianças: deve-se trabalhar mais com situações de antecipação, como a proximidade da entrada na escola ou, no ambiente familiar, com o nascimento de um irmãozinho, a separação dos pais etc. Trata-se de conseguir uma série de elementos de ajuda para que a criança possa enfrentar situações próximas em que ela está implicada. No *role-playing* infanto-juvenil tende-se a trabalhar no espaço temporal presente-futuro para conseguir uma adequação dos papéis em diversos contextos ou para ajudar a criar adequadamente um novo papel, como pode ser o caso das famílias reconstituídas, em que uma criança incorpora a seus papéis filiais e paternos o de filiação e de irmandade.

Em adultos: devem ser abordadas situações presentes, antecipatórias ou passadas. Por exemplo: conflitos profissionais (com superiores, companheiros...), conjugais (papel de homem, de mulher), familiares (papel de pai, de filha).

Em algumas ocasiões, pode-se recorrer ao passado como ponto de partida onde se cristalizou determinada forma de exercer um papel.

Em grupos: grupos de famílias, de pais, separados ou divorciados, de comunidades etc.

Na formação de terapeutas: *role-playing* com cenas que envolvem papéis de casais e familiares.

1) Metodologia de aplicação

Apresenta diferentes matizes, de acordo com o tipo de grupo, se natural ou homogêneo, com uma meta comum, ou se um grupo heterogêneo.

No primeiro caso, uma vez reunido o grupo, suponhamos, de pais e filhos com problemas de conduta, começa-se com a ajuda do terapeuta para falar sobre os temas que lhes interessam, os casos particulares, com seus matizes concretos. A partir daí, pode surgir voluntariamente um dos pais (protagonista) com seu problema concreto (caso) e passa-se a estruturar o *role-playing*.

Outra opção é dispor de uma relação de casos trazidos pelos membros do grupo e que são objeto de interesse de todos. Nesse caso, no início, pode-se propor a elaboração de uma lista mediante a utilização de técnicas de dinâmica de grupo. As mais úteis são o *Philips 66* e o *brainstorming* ou tempestade cerebral. Eis uma breve descrição de cada uma:

Philips 66: O grupo é dividido em subgrupos. O ideal é que as escolhas sejam feitas conforme a preferência de cada um, para colaborarem juntos (escolha sociométrica), porque a tarefa será mais efetiva do que com uma escolha ao acaso, como aquela realizada pela proximidade física espacial.

Em cada subgrupo escolhe-se um "secretário", que tomará nota das decisões e que as transmitirá depois ao grupo novamente reconstituído. Um dos membros do grupo ficará com a responsabilidade de verificar o tempo e agilizar ou moderar a tarefa.

Determina-se um espaço de tempo que seja suficiente para a execução da tarefa proposta, como, por exemplo, concretizar três situações de conflito com os filhos. Tempo: 15 minutos. Após esse período, o grupo volta a formar-se e cada secretário lê as escolhas de seu subgrupo; neste caso, as três situações de conflito.

O terapeuta anota tudo. Procuramos ter uma lousa para transcrevermos a lista e torná-la presente. O mais habitual é votar; cada um levanta a mão (os itens são de livre escolha) e, desse modo, cria-se uma ordem de relação na lista, procedendo-se, então, ao desempenho de papel (*role-playing*).

Brainstorming: Sugere-se que cada pessoa proponha o caso que deseja trabalhar, sem nenhum tipo de limitação. É importante insistir e repetir que "vale tudo", e nenhuma contribuição, por mais estranha ou inadequada que possa parecer, é eliminada. Anotam-se todas as idéias, e procede-se à votação. Da mesma forma, pode-se escolher o protagonista, embora seja habitual que, uma vez escolhido o caso, surja como protagonista a própria pessoa que o propôs.

A partir daí, a linha de aplicação da técnica nos grupos heterogêneos é semelhante à dos grupos naturais ou homogêneos. A única diferença é que, no grupo heterogêneo, a cena será montada com pessoas que vão assumir diversos papéis, enquanto que no caso do casal ou da família, os participantes irão desempenhar seus próprios papéis.

É chegado o momento de iniciar o *role-playing* propriamente dito. Já temos a situação com que vamos trabalhar, o protagonista e os egos-auxiliares.

O primeiro passo é o aquecimento ou *warmig up*, que consiste em preparar todas as pessoas que vão intervir, motivando-as para a tarefa, ajudando-as a se introduzir em seu papel, promovendo o espírito de improviso, facilitando a diminuição de resistências e criando um clima adequado para a tarefa. Nessa fase do *role-playing*, define-se claramente a cena que vai se desenrolar, concretizam-se os papéis, delimita-se o cenário e o tempo imaginários. Cada um assume, a partir de seu papel, seu lugar no espaço, e tem início a segunda fase, a da representação.

b) Representação

Deve-se começar por uma representação espontânea, como a forma habitual do desempenho de papéis. As técnicas consideradas necessárias podem ser introduzidas: espelho, inversão de papéis etc., para que o protagonista vá tomando consciência de suas "falhas". Ao finalizar, comenta-se com o protagonista, com os egos-auxiliares (e com os outros participantes, no caso de um grupo), as dificuldades apresentadas no desenvolvimento do papel. É importante desencorajar as intervenções agressivas, analíticas e depreciativas. Além disso, outras formas de desempenho do papel podem ser aceitas verbalmente, como: "Eu atuaria de tal maneira", ou dramatizando a própria modalidade no lugar do protagonista, com a chamada técnica de "multiplicação dramática".

Com toda nova informação recebida, o protagonista volta a representar a situação, procurando melhorar, flexibilizar, adequar seu modo vincular.

Repete-se esse processo várias vezes, até que o protagonista e a platéia considerem que as falhas do início tenham sido superadas, que a pessoa tenha conseguido sair de seu modo inadequado e estereotipado de atuar e seja capaz de dar uma resposta mais espontânea, mais funcional.

É habitual que se reinicie com uma situação que contenha o mesmo esquema vincular, mas que ofereça maior dificuldade, numa escala progressiva até o limite máximo, como aquele que pode ocorrer na vida real do protagonista.

Por exemplo, o protagonista é um pai, e a situação é seu comportamento com seu filho adolescente rebelde. Na primeira cena, o "filho" opor-se-á timidamente; em outra, mostrar-se-á tenso e seco, na seguinte, será descarado; mais adiante, claramente hostil etc. Assim, o pai poderá incorporar um leque de respostas e uma maior espontaneidade às possíveis atitudes de seu filho.

Em resumo, trata-se de ver a atuação "real" habitual, analisar as falhas, buscar novos caminhos e ensaiá-los por repetição, num processo de dificuldade progressiva. Sempre num ambiente cálido, de apoio, sem nunca desanimar nem criticar o protagonista.

O esquema da dinâmica do processo de *role-playing* é o seguinte:

- Aquecimento
- Representação
- Comentário com proposta de novas opções
- Comentário final

As técnicas mais utilizadas durante a aplicação do *role-playing*, segundo nossa experiência, são: o solilóquio, a inversão de papéis, a multiplicação dramática, o espelho, o duplo etc.

DESCRIÇÃO DAS TÉCNICAS PSICODRAMÁTICAS (EXCETO A DA ESCULTURA II)

Técnicas elementares

As técnicas elementares são aquelas que podemos utilizar de forma independente ou ao longo do desenvolvimento das técnicas básicas. Durante sua utilização, não se pode intercalar outras técnicas. Também permitem ampliar o espectro terapêutico de outras técnicas, ao se enriquecer com os matizes trazidos pelas técnicas elementares. Utilizadas isoladamente, favorecem a mobilização e/ou a cristalização dentro do sistema no qual são aplicadas. Iremos descrevê-las a seguir.

a) Técnicas fundamentais

1. Duplo

Segundo Moreno, esta técnica está relacionada à fase de "identidade do eu com o tu", ou seja, remete-nos ao nascimento do indivíduo, o que, na nossa própria linguagem sobre cenas, denominamos de cena primordial. Juntamente com outros autores[1], temos insistido na transcendência das vivências nessa etapa da vida e no modo pelo qual se estabelece e se constrói a cena primordial.

A técnica do duplo tem como objetivo que o ego-auxiliar se converta no outro, unindo-se ao próprio indivíduo. (Trata-se dele mesmo e de sua mãe; repete-se a fase de unicidade.) Ouvindo, vivendo e sentindo o ego-auxiliar, que se funde com sua mente e corpo, o

---

1. MORENO J. L., *op. cit.*, 1978; MENEGAZZO, C. M. *Magia, mito y psicodrama*, *op. cit.*, 1981, e FONSECA FILHO, *Psicodrama da loucura*, *op. cit.*, 1980.

paciente vê a si mesmo, percebe-se expressado fora [de si], mas enquanto ele mesmo, reconhecendo-se nessa identidade com a qual convive.

Na prática, podemos distinguir duas modalidades técnicas do duplo, baseadas mais em fatores quantitativos do que qualitativos. O primeiro comportaria sua realização de modo pleno, com uma identificação total do ego-auxiliar com o paciente, e quase sempre aplicado a casos de pacientes gravemente afetados. Moreno nos dá um exemplo:

> No cenário psicodramático há uma paciente em tratamento que sofre de psicose. Encontra-se num tal estado de ânimo que a comunicação torna-se extremamente difícil; nem o médico nem a enfermeira conseguiram estabelecer contato com ela. Também não consegue comunicar-se com o marido, os filhos, os pais e os irmãos. Porém, se conseguisse falar consigo mesma, com a pessoa que está mais próxima dela, e que a conhece melhor, teria então alguém com quem se entender. Para que isso se tornasse possível, reproduzimos para ela, em cena, seu "duplo", com quem pôde identificar-se mais facilmente, conversar e atuar conjuntamente[2].

O segundo modo ao qual nos referimos é o mais freqüente. Vamos empregá-lo sempre que nos dermos conta de que uma pessoa está com dificuldades, de algum modo, e por alguma causa, para expressar verbal ou corporalmente seus conteúdos internos. Não se atreve, não sabe como mostrá-los ou, inclusive, não está consciente de ser portador de determinados conteúdos. Se como terapeutas achamos conveniente ajudá-lo a dar vazão a esses conteúdos, esse é o momento de procedermos ao duplo.

Como primeira medida, podemos pedir permissão ao paciente para "dublá-lo", embora, em algumas circunstâncias, consideremos que é melhor fazê-lo de forma a surpreendê-lo.

De um modo ou de outro, o ego-auxiliar que faz o duplo deve procurar "pôr-se na pele" do paciente, adotar sua postura corporal, suas tensões musculares, sua expressão facial... tudo isso como forma de aproximar-se, de "ser o outro". Em seguida, ao seu lado, ou pondo as mãos em seus ombros, expressa o que percebe que a pessoa não manifesta, mas que faz parte dela. Insistimos nisso: trata-se sempre

---

2. MORENO, J. L., *op. cit.*, 1978, p. 120.

de tentar completar o modo de relação que se mostra incompleto por incapacidade do paciente, e nunca de dar vazão a elementos próprios do ego-auxiliar; isso seria uma multiplicação dramática, ou seja, o plasmar da cena interna a partir do ponto de vista do ego-auxiliar, mas não um duplo.

No campo da terapia familiar, tem se mostrado como uma técnica rápida, flexível e de freqüente aplicação.

Alberto é o paciente identificado da família em tratamento. Sua mãe está exigindo que ele fale, mas cada vez que Alberto mostra sua intenção de fazê-lo, a mãe volta-se para o terapeuta, comentando:

Mãe: *O senhor vê? Ele é sempre assim. Nega-se a falar conosco... não sei se está doente ou se é maldade dele.*

Com pequenas variações, esta situação prolongou-se durante alguns minutos. Um dos terapeutas escolhe como tática o recurso do duplo de Alberto — que está cada vez mais tenso e confuso — e coloca-se atrás dele:

Terapeuta: *Alberto, posso falar por você?*

Alberto diz que sim e o terapeuta, já "dublando-o", dirige-se à sua mãe.

Terapeuta: *Não falo porque você sempre me interrompe. Devo incomodá-la...*

O paciente assente com a cabeça, à medida que ouve o duplo do terapeuta ao vivenciá-lo, como uma expressão de seus próprios conteúdos. Então, o terapeuta lhe pergunta:

Terapeuta: *Isso tem algo a ver com o que acontece com você?*

O paciente responde afirmativamente. Por sua vez, observa que a mãe está tensa, pois sentiu o impacto da surpresa da aparição de uma mensagem que evidencia o desvelamento de um componente relacional entre ambos. Efetivamente, a mãe conseguiu começar a reconhecer seu componente de rejeição em relação ao filho.

116

Ou esse outro caso: Davi é o segundo dos três filhos homens da família em tratamento. Ele costuma interromper o diálogo que se desenvolve. Alguém, quase sempre o pai, fulmina-o com o olhar, ordenando que se cale, com expressões como: ."Cale a boca! E não diga besteiras!". No duplo, o terapeuta só diz:

Terapeuta: *Só quero que vocês me dêem um pouco mais de atenção.*

Efetivamente, Davi (que não era o paciente identificado) detinha a posição do membro marginalizado da família.

A partir do duplo, produziu-se uma mudança no rumo da sessão, deslocando-se o foco de atenção para a inclusão do membro marginal na família.

Como se vê, em última instância o processo do duplo implica decodificação dos signos do indivíduo, sejam eles silêncios, gestos, expressões verbais inadequadas ou incompletas por parte do terapeuta, que emite posteriormente uma mensagem codificada, de modo que seja compreensível e aceitável para a comunicação familiar. Isso exige um amadurecimento do terapeuta, para que ele possa assumir momentaneamente a identidade do outro e aproximar-se o máximo possível de seus conteúdos, sem interferir.

2. Espelho

Na construção psicodramática, a técnica do espelho corresponde à fase do reconhecimento do eu. Nessa fase, a criança "reconhece a si mesma", "descobre sua própria identidade", "trata de um movimento centrípeto sobre si mesma", "percebe que seu corpo está separado do da mãe (TU), das pessoas, dos objetos", "...prepara-se para discernir: proximidade/distância, contatos carinhosos/agressivos, relação/solidão etc.". Nessas últimas palavras — de acordo com Fonseca Filho[3] — encontramos uma aproximação de um aspecto dessa fase que nos parece especialmente importante, que é a vivência de solidão, o temor da separação, a dor da consciência do vazio da presença da mãe, do outro; vivências que vão aparecendo simultaneamente à consciência do próprio corpo, da identidade pessoal. Essa vivência de separação, com todas as suas conseqüências, é o que descrevemos na cena diabólica, transcendental no desenvolvimento

---

3. FONSECA FILHO, *op. cit.*, 1980.

da criança, aparecendo marcada ou condicionada em seu modo de percebê-la e elaborá-la pela cena primordial prévia.

A técnica do espelho pertence a essa etapa. Permite ao indivíduo ver-se representado por intermédio do desempenho do ego-auxiliar. Nessa visão de si mesmo, fora de si, "como se" fosse um espelho, tradicionalmente, é que se deu ênfase ao significado dessa técnica. Porém, nossa impressão é a de que, simultaneamente, estamos criando uma situação mais ampla; enquanto se trabalha, se modela a técnica do espelho, temos no cenário uma cena constituída inevitavelmente por três personagens (papéis): o indivíduo, sua imagem no espelho representada pelo ego-auxiliar, e a da mãe, quer ela esteja realmente presente, como pode ocorrer na terapia de família, quer esteja representada por outro ego-auxiliar ou, simplesmente, simbolizada pela imagem do terapeuta. Nessa cena, se o indivíduo não se ver só diante do espelho, mas, sim, tomando consciência de que aquele eu está se separando/aproximando da figura da mãe, ele entra em contato e revive consciente ou inconscientemente a cena diabólica.

A partir dessa compreensão teórica, podemos aplicar a técnica psicodramática do espelho com uma sólida base de alcance na prática. Antes de prosseguir, e embora pareça óbvio ou desnecessário, não queremos deixar de ressaltar — em função de tudo o que foi dito anteriormente — as nefastas conseqüências de uma dramatização com a técnica do espelho mal realizada e, sobretudo, se essa se converter numa caricatura ou paródia do indivíduo.

É forçoso que o ego-auxiliar que irá desempenhar esta técnica se identifique com o indivíduo cujo papel irá desempenhar, que observe seus gestos, atitudes, movimentos, tom e intensidade de voz... que integre em si todos esses detalhes na unidade do papel.

Há ocasiões em que o espelho não tem a transcendência que a ele atribuímos. Terá essa importância caso se trate de um paciente claramente fixado ou regredido à fase de reconhecimento do eu, com uma certa gravidade numa construção patológica da cena diabólica. Porém, insistimos, em muitos casos trata-se basicamente de que o sujeito se veja a partir de fora, como se tivesse sido filmado ou fotografado[4]. Por exemplo, quando o indivíduo acaba de realizar uma

---

4. A filmagem, atualmente quase sempre em vídeo, é muito útil neste e em outros sentidos, mas não tem a imediatez e a veracidade existencial do espelho realizado no aqui-e-agora.

escultura, ele é substituído na cena por um ego-auxiliar, de modo que possa percebê-la não apenas a partir de dentro, mas também de fora. Ou, com a mesma finalidade, num dado momento aplicamos a técnica para que se possa ver em sua atuação imediata com os outros. Este modo de praticar a técnica do espelho não exige a precisão mimética nem a identificação emocional que mencionávamos anteriormente.

Num processo terapêutico de casal, A acaba de realizar uma escultura (desejada) com seu parceiro B. Colocou a mão de B sobre seu ombro, recostou sua própria cabeça sobre o ombro de B, encontra-se materialmente recostado, apoiado e protegido por B (previamente, A havia comentado seu desejo de uma relação "igualitária" [simétrica] com B).

Um dos terapeutas, empregando a técnica do espelho, ocupa seu lugar e postura para que A possa ver-se de fora; ao fazê-lo, exclama: Terapeuta: *É assim que eu quero ficar. Não é verdade?* (E após um instante de silêncio) *Sim, é verdade! Isso é o que eu realmente quero; não a igualdade.*

3. Inversão de papéis

Essa terceira técnica fundamental corresponde à "fase do reconhecimento do tu". Em sua diferenciação do outro, a criança vai alcançando progressivamente uma maior capacidade de perceber-se com sua própria identidade, e ao outro (tu) como alguém alheio, diferente. De todo modo, este processo não costuma terminar na infância, como todos sabemos. A presença de projeções e transferências indica um depositar, nos demais, fantasmas próprios, papéis ou parcelas pertencentes ao eu, e que impedem a clara diferenciação eu-tu. É aqui que a técnica psicodramática de inversão de papéis mostra-se enormemente produtiva. Uma inversão de papéis praticada de modo adequado permite que cada pessoa entre em contato com a outra tal como ela é e possa tomar consciência sobre o que de si própria estava depositando nela; esses componentes que se projetam podem agora recolher-se e integrar-se como partes (papéis) do eu, completando o espectro do eu operativo, reconstruindo a identidade. O mesmo acontece com os papéis transferidos, que pertencem à cena interna, e com os quais se investe o outro.

A inversão de papéis procura maior maturidade, entendida aqui como uma clara individualização pessoal e uma percepção do próximo também em sua individualidade. E o contrário também é certo: quanto maior é a diferenciação eu-tu, mais fácil é praticar uma inversão de papéis e, portanto, um encontro maduro.

Temos a expressão "pôr-se na pele ou no couro do outro", que reflete perfeitamente o sentido dessa técnica. É o mesmo que ocorre quando pedimos a alguém que nos compreenda melhor, "ponha-se na minha pele", "ponha-se no meu lugar", quer dizer, olhe para os fatos a partir das minhas circunstâncias, a partir da minha maneira de ser, com os "meus olhos". O poema de Moreno:

> Um encontro de dois: olhos nos olhos, face a face,
> e quando estiveres perto, arrancarei teus olhos
> e os colocarei no lugar dos meus;
> e tu arrancarás meus olhos
> e os colocarás no lugar dos teus;
> e, então, te olharei com teus olhos
> e tu me olharás com os meus[5].

expressa poética e cruamente o encontro verdadeiro entre dois seres humanos, cada um colocando-se na pele do outro, usando os olhos, o modo de ver do outro.

A técnica de inversão de papéis na prática terapêutica exige certas especificações. Em primeiro lugar, que não seja utilizada para ridicularizar ou agredir, de qualquer maneira, aquele com quem se inverte papéis. Com muita freqüência, vemos como um ou ambos os indivíduos implicados na inversão utilizam a ocasião para agredir, a partir da execução da cena, dizendo, por exemplo: "Você é ridículo e desagradável, assim como eu estou lhe mostrando" ou mediante a ênfase de atitudes agressivas projetadas no outro para atacá-lo destrutivamente.

Quando se propõe a inversão de papéis, é preciso explicar muito claramente o que se tem por objetivo. Que cada um (são sempre duas pessoas que intervêm) tente olhar com os olhos do outro, a partir de sua estrutura e suas circunstâncias. Devemos utilizar uma fórmula da seguinte natureza: "Tente colocar-se na pele de B e olhar o mundo, olhar a si mesmo (A) a partir de sua forma de pensar, as circunstâncias do seu meio, seu sexo, sua idade. Você conservará, como é

---

5. Do primeiro livro de Moreno, *Invitación al encuentro*, 1914. Retomado em seu livro *Psicodrama, op. cit.*, 1961, p. 17.

120

natural, seus próprios sentimentos e idéias e, desse modo, poderá compreender a partir de dentro". O que queremos dizer é que A se introduza na cena interna de B e se constitua um observador participante, e vice-versa, de modo que cada um possa ver o mundo a partir da ótica do outro.

Depois de A e B terem compreendido o que se espera deles com essa técnica, pedimos que ocupem fisicamente a posição espacial do outro e que mudem de lugar para facilitar a troca de pontos de vista. No final da técnica, os pacientes devem voltar à posição inicial, já que não fazê-lo pode criar confusão dos papéis, com o risco de ficar "enganchado" no papel oposto.

Há uma série de contra-indicações à aplicação dessa técnica. A inversão de papéis na presença das seguintes situações está facilmente fadada ao fracasso:

1. Numa relação fortemente carregada de agressividade, rejeição e ódio.
2. Quando os pessoas implicadas numa relação apresentam uma estrutura interna pela qual são incapazes de realizar uma inversão de papéis.
3. Se houver uma diferença muito clara de nível de amadurecimento entre ambos.

A inversão de papéis será uma técnica especialmente útil nas relações complementares assimétricas, de domínio/submissão em qualquer de seus matizes ou formas de expressão, como neste exemplo: trata-se de uma família cujo paciente é o segundo dos filhos, rapaz de 17 anos, diagnosticado como portador de "distúrbios de conduta". Num dado momento, tem início uma discussão acalorada entre pai e filho, a respeito da aquisição de uma motocicleta, que o rapaz deseja e o pai repudia (F é o filho e P é o pai):

F: *Todos os meus amigos têm uma (motocicleta) e você não quer comprar uma para mim. Você vai ver, eu mesmo vou arrumar...*
P: *Arrumar o quê? Você vai me ameaçar? É o que você pensa! Como vou te comprar uma moto? Uma para cada um, certo? Cinco motos! E ainda mais você, que é um vagabundo. Consiga você, seu vagabundo!*

F: *Sim, eu vou trabalhar... Como traficante! E não vou precisar te pedir nada!*
P: *Se você está pensando em se meter com drogas, não vai pôr mais os pés nesta casa. Você já deu desgosto suficiente pra sua mãe e pra mim...*

Nesse ponto, o terapeuta pede um momento de tranqüilidade, explica em que consiste a inversão de papéis e propõe que a façam:

T (O terapeuta insiste): *O mais importante é que cada um, na pele do outro, tente dar-se conta de como pode sentir-se e o que lhe ocorre fazer a partir dessa outra posição.*
P (Como filho; titubeia): *Isso é muito difícil...*
F (como pai; assente): *Hum... Sim... Não posso te comprar a moto, vocês são muitos filhos, é muito dinheiro...*
P (como P): *Fico ridículo sem moto, estou disposto a tê-la de qualquer jeito... Mesmo que seja vendendo drogas.*
F (como P): *Não seja burro!* (Ele pára e fica surpreso com sua própria exclamação espontânea.)
P (como F): *Você está sempre me ofendendo... parece que não valho nada pra você.*

O terapeuta propõe que voltem a seus próprios papéis e sugere que comentem a experiência da inversão de papéis.

P: *Fiquei muito mal por ter sido chamado de burro por você. E é verdade* (para o filho) *que muitas vezes me aborreço e acabo te ofendendo.*
P: *Sou eu que acabo te aborrecendo! Eu é que não vou ser traficante!*

Assim, começa a estabelecer-se um diálogo, que mostra um princípio de compreensão sincera entre eles (P e F).

Apresentamos, até então, as técnicas elementares e ficamos em dúvida se incluímos ou não entre elas a técnica do solilóquio. Para Fonseca Filho[6], haveria relação com a fase de reconhecimento do eu, como no caso do espelho: "O solilóquio não é mais do que uma

---

6. FONSECA FILHO, *op. cit.*, 1980.

conversa consigo mesmo, a possibilidade de ver-se numa 'relação'. Dentro de uma 'relação' há um momento em que posso guardar 'distância' e refletir sobre a minha forma de relação sobre a do outro ou sobre a relação em si. Nesse encontro dos meus modos de relação, essa técnica justifica seu posicionamento entre as fundamentais, enquanto reconhecimento do eu". Por outro lado, com muita freqüência, o solilóquio conduz mais a uma reflexão racional que, inclusive, provoca uma separação, um alheamento do emocional; ele nos leva a preferir incluí-lo nesse rol que denominamos de "outras técnicas elementares", ou melhor, situá-lo em ambos os grupos.

Essas "outras técnicas elementares" não são tão essenciais quanto as anteriores. Sendo justos, também poderíamos classificar assim ao solilóquio.

b) Outras técnicas elementares

1. Solilóquio

Nesta técnica, costumamos pedir a um paciente que expresse em voz alta o que se ocorre com ele nesse instante. Pode-se sugerir que fale sobre si mesmo ou sobre o que está acontecendo ao seu redor. Dessa maneira, poderíamos definir o solilóquio como uma expressão de sentimentos e pensamentos por parte de um indivíduo sobre a percepção que ele tem nesse momento sobre si mesmo e/ou sobre o sistema do qual faz parte. Implica esclarecimento de conteúdos ocultos, e costuma levar a uma redefinição do sistema a partir de um ponto de vista pessoal.

Existe um solilóquio espontâneo, realizado pelo protagonista sem que lhe seja pedido, por meio do qual sai-se do papel da situação, e que é uma forma de resistência. Nas palavras de Moreno[7]: "Um sujeito espontâneo inteiramente absorto em seu papel não pode recorrer ao solilóquio nem com relação a si mesmo, nem com relação ao papel. Com a parte do seu eu que não é arrastada, hipnotizada[8]

---

7. MORENO, *op. cit.*, 1978, pp. 288-9.

8. Aqui, hipnotizado deve ser entendido no sentido de aquecimento. Sugerimos a leitura da obra *Empleo de la hipnosis en terapia familiar*, de Ritterman, em que se desenvolvem os conceitos de estados de consciência do tipo hipnóide no decorrer das terapias, semelhantes às que Moreno descreve no "momento" da dramatização.

pelo papel, pode-se empregar o solilóquio". E, mais adiante: "A freqüência do solilóquio é um indicador da intensidade do papel: quanto mais freqüentemente se interrompe o papel, tanto mais débil será sua unidade".

Essa fuga da situação deve ser abordada com recursos técnicos, que possam ajudar [o paciente] a voltar a submergir no papel ou abandoná-lo e passar a outras formas, para que o indivíduo entre em contato com as resistências.

O alheamento da imersão na cena também pode ocorrer quando o solilóquio é realizado a partir da proposta do terapeuta. Portanto, é conveniente dosar a freqüência do seu uso. Se abusarmos dele, poderemos passar insensivelmente de uma exteriorização dos conteúdos emocionais para uma conversa com o terapeuta, sem maior interesse por aquele momento.

A finalidade dessa técnica é evidenciar "no quente", no aqui-e-agora, um momento do desenvolvimento do drama. Podemos utilizá-la tanto durante o discurso espontâneo do paciente com o terapeuta quanto durante uma dramatização. É importante que emerja um conteúdo interno no momento em que está ocorrendo. Assim, costumamos dizer: "Expresse em voz alta o que você está sentindo e pensando neste momento". Ou melhor: "Com relação a si mesmo", "com relação à sua família, ao seu cônjuge, à situação que você está vivendo etc.".

Um modo de fugir ao compromisso do solilóquio é desviar-se da proposta de um relato de fatos alheios ao aqui-e-agora. Convém reconduzir o paciente no sentido de concretizar o que ele sugeriu. Os solilóquios breves, pontuais, são os que estão mais próximos dessa transmissão do momento vivido.

Os momentos ideais para propor um solilóquio são:

1. A partir da percepção da dissonância entre a comunicação digital e analógica, quando as mensagens gestuais nos falam de um discurso interno, importante, contrário ou pelo menos diferente do que ouvimos verbalmente. A proposta de solilóquio exige uma codificação verbal da linguagem não-verbal. Assim, conseguimos ouvir o oculto, e o oculto, quando expresso, redefine a situação de modo diferente do expresso pela palavra.

J. é a esposa e a mãe da família em tratamento. Ela é a paciente identificada, e a consulta foi feita devido a uma queixa de depressão.

124

Estão presentes seu marido, M., e o único filho, E., que ainda vive com eles; outros dois já se tornaram independentes. J. é dona-de-casa e tem 52 anos; M. é advogado, tem 57 anos e trabalha até tarde num escritório de advocacia. E. pretende casar-se dentro de dois meses. Pai e filho estão falando entre si e com a terapeuta sobre a depressão de J., que permanece um pouco à margem, contraída, silenciosa. Ao vê-la assim, M. a interpela:

M.: *Diga algo você também! Você está doente* (J. volta-se para ele e fica com o rosto tenso, as mãos semi-erguidas, contraídas, e não diz nada.)

A terapeuta se aproxima, coloca uma das mãos sobre o ombro de J. e lhe diz calidamente:

T.: *Você quer fechar os olhos e expressar em voz alta o que está sentindo neste momento?*

Parece que J. não consegue falar, caem lágrimas de seus olhos, e, finalmente:

J.: *Estou muito só, quero prosseguir, mas sinto-me vazia, sem forças, e, além disso...* (Abre os olhos e levanta a voz, dirigindo-se a M.) *Você está sempre fora de casa! Me dá raiva, muita raiva não ter um trabalho! Poder fazer o que você faz! E você nem se dá conta de nada!*

Por intermédio do solilóquio, J. pôde expressar sentimentos de solidão, sobretudo agressivos, que estavam reprimidos durante muito tempo, provocando a sintomatologia depressiva. Realmente, nem M. nem E. sabiam dessas emoções internas de J., razão pela qual a animavam de vez em quando a "ser forte".

2. No decorrer do desenvolvimento de outras técnicas, como as das esculturas ou dos jogos. No caso de uma escultura, por exemplo, o paciente elaborou, de forma fundamentalmente intuitiva, sua cena interna. A escultura realizada está aí como expressão simbólica de sua ótica pessoal inconsciente, do sistema que, por exemplo, repre-

senta sua família. Ao propor-lhe agora um solilóquio, para que verbalize como se encontra nessa escultura e como a percebe, estamos levando-o a um segundo passo, que é a tomada de consciência de seu papel nesse conjunto, e a uma recolocação "a partir de fora" da rede vincular. Ou seja, com a escultura, obrigamo-lo a perceber e a extrojetar a cena interna; com o solilóquio, a verbalizar suas implicações emocionais e sua posição no esquema vincular.

3. No caso de um jogo, devemos propor o solilóquio, seja num momento significativo de seu curso, seja ao final do mesmo, antes do comentário. Solilóquio a partir do papel, quase sempre simbólico, que obriga a transpor barreiras até o início de manifestações, de modos vinculares que possam ter sido representados simbolicamente, e que, ao serem expressos como significados antes ocultos, fazem contato com os significantes, problemas, signos, sintomas ou outros modos inadequados de relação.

O momento inadequado para propor essa técnica é aquele em que pode facilitar as resistências ou dificultar um processo de aquecimento para o papel. Sobretudo em pessoas que tendem à racionalização, convém sermos cautelosos com o solilóquio, pois elas costumam aproveitar para justificar seus longos discursos racionalizadores.

Anteriormente, colocávamos dúvidas quanto a situar o solilóquio entre as técnicas fundamentais ou transferi-lo para as que denominamos de "outras técnicas elementares". Referimo-nos à opinião de Fonseca Filho, segundo a qual podemos colocá-la relacionada à fase do espelho, enquanto que a referência a si mesmo conduz a um auto-reconhecimento. Cremos que, segundo a forma de uso, podemos situá-la em alguns casos como uma técnica fundamental, ligada a etapas precoces da evolução do psiquismo e, em outros, como uma técnica mais "superficial", relacionada ao desvelamento do aqui-e-agora.

2. Auto-apresentação

Trata-se de uma técnica que pode aquecer o protagonista e, simultaneamente, contribuir com uma grande riqueza de dados nas entrevistas exploratórias.

Vejamos como se descreve a auto-apresentação: "O indivíduo se apresenta, como nos papéis que interpreta em sua vida..." "Começa dizendo seu nome, sobrenome, idade, situação familiar, problemas, círculo de pessoas de suas relações. Depois, o conduzimos à representação de uma cena com um ou vários egos-auxiliares"[9].

O modo de aplicação dessa técnica deve ser adequado aos interesses específicos do momento. Costuma-se sugerir que o paciente expresse seu nome, idade e outros dados gerais e que represente cenas rápidas com pessoas de sua família, com as quais ele se relaciona de forma significativa. Seria interessante que o próprio indivíduo representasse dois (ou mais) papéis, para expressar sua visão subjetiva dos modos vinculares.

Vejamos um exemplo de uma sessão de terapia familiar. Nesse caso, quanto mais pessoas da família realizam a auto-apresentação, melhor podemos completar o quebra-cabeças do sistema total a partir dos sistemas parciais.

P. é a filha mais velha, 13 anos, que assume uma função parental, numa família de cinco pessoas: os pais e três filhos. Propusemos que ela fizesse sua auto-apresentação e realizasse rapidamente as seguintes cenas:

Com o irmão de 11 anos, ela age como se o ajudasse a estudar matemática.

Com a irmã menor, de 5 anos, ela lava as mãos dela, veste-a e leva-a ao colégio.

Com os pais, comenta "como uma pessoa mais velha", que já "arrumou os irmãos" e que pode ajudar a limpar a casa enquanto eles "vão dar uma volta".

3. Aparte

Ao longo do desenvolvimento da dramatização, surgem momentos em que o terapeuta capta que um dos membros envolvidos na situação encenada sente necessidade de expressar uma opinião ou um sentimento, mas se inibe, com medo de que sua intervenção não seja oportuna e que possa ser rejeitada por algum motivo.

---

9. SCHÜTZENBERGER, A. A. *Introducción el psicodrama*. Madri, Aguilar, 1970, p. 84.

Esse é o momento de sugerir um aparte, ou seja, é o momento de "pensar em voz alta", mas de modo a não deixar dúvidas de que sua intervenção é "alheia" ao que ocorre no grupo, deixando clara a sua dissociação.

Numa dramatização posterior do mesmo tratamento do exemplo anterior, estabelece-se que P. está com seus pais, fazendo a representação de uma situação habitual. P. fala tranqüilamente sobre seus irmãos. Sugere-se que ela faça apartes e, precisamente, quando está dizendo a seus pais como está contente por ajudar, volta-se e (aparte):

P.: *Não consigo dizer a vocês que às vezes fico cheia e cansada...*

Como existe o pressuposto de que as outras pessoas presentes "não ouvem" o que se diz no aparte, elas não podem responder diretamente, mas aquele conteúdo foi introduzido na rede comunicacional e costuma influir de modo contundente, pois trata-se quase sempre de conteúdos que, até então, estavam ocultos ou eram negados.

Para obter o que acabamos de descrever é importante que, na primeira intervenção do terapeuta, ele dê certas instruções de forma muito clara, por exemplo como "X., sugiro que você expresse o que está ocultando mas pensa ou sente neste momento, porém que o faça como um 'aparte teatral', por exemplo, dobrando a cabeça para um lado, de modo que fique claro para todos que você não está se dirigindo a eles, mas que 'está pensando em voz alta'. Por isso mesmo, já que ninguém a ouve, ninguém irá responder".

4. Comunicação não-verbal

Todos nós sabemos que há mensagens que se expressam melhor — ou quase exclusivamente — por meio da comunicação verbal e outras pela gestual.

Em certas ocasiões, observa-se como determinado indivíduo usa o discurso racional como defesa para evitar a expressão de mensagens emocionais. Não costuma surtir efeito fazê-lo ver isso, pois podemos provocar um reforço do uso da palavra e corremos o risco de cair em seu jogo, fazendo com ele um debate verbal absolutamente estéril. Por outro lado, se não interferirmos, o discurso não terá ido além de repetir a estereotipia relacional que esse indivíduo costuma estabelecer com o outro que recebe sua mensagem, e que repetirá, inevitavelmente, sua resposta habitual.

Esse é o momento de sugerirmos a comunicação não-verbal. A instrução pode tomar diversos matizes formais, mas é, essencialmente, algo como: "A partir de agora, tente comunicar a X. o mesmo que você queria dizer-lhe com suas palavras, mas sem utilizá-las. Faça-o só com seus gestos, com o seu corpo".

Se o paciente aceitar, ele estará tateando uma forma de transmitir o que faria com inúmeras palavras, e quase sempre se supreendendo ao observar-se numa cadeia de atos que reconhece inevitavelmente como seus, captando-os emocional e intuitivamente como algo próprio, mas com o desconcerto e o prazer do encontro integrador de aspectos negados da personalidade.

Z. está assentindo de vez em quando, com um sorriso contraído, aquilo que o seu marido repete sem parar: suas respostas são racionais, se justifica, arrazoa... até que, ao dizer-lhe que se expresse "sem palavras", ele incorpora, toma o companheiro pelos ombros e o sacode com força, até empurrá-lo com certa violência. Mais tarde, apenas a título de comentário, ela diz: "Estou cheia das suas recriminações".

A isso se acrescenta a resposta do outro, que vivencia uma mudança radical da primeira forma de aproximação para a segunda.

Na prática dessa técnica, é preciso diferenciar a possibilidade de que o protagonista se expresse com gestos-palavras, definindo plasticamente as palavras, num modo manual de linguagem digital. É evidente que temos de ajudá-lo a processar de outra forma sua experiência de comunicação.

São duas formas de se relacionar que estabelecem duas cenas distintas. No primeiro caso, estamos considerando um contato emocional que expressa plasticamente o nível de relação ao qual o protagonista pode chegar com esse antagonista... e, talvez, com qualquer antagonista. No segundo caso, a barreira verbal situa o indivíduo (ou tenta situá-lo) fora da cena, evitando o encontro com o seu interlocutor.

5. Comunicação vocal não-verbal

Poderíamos considerar uma outra modalidade da comunicação não-verbal, com matizes diferenciais interessantes.

Aqui, não se trata de uma comunicação corporal no sentido habitual do termo[10]; o objetivo é eliminar as palavras da linguagem

---

10. Certamente, sendo vocal, é corporal.

conhecida e substituí-las por uma linguagem vocal improvisada. Existem três modalidades:

- Uma linguagem inventada, por exemplo: "Arú sincual pata to utipo".
- O uso de uma vogal, e somente dela para comunicar-se, modulando-a com todas as variedades desejadas de intensidade e timbre: "Aaaa... AAAA... A... a".
- Experimentar todos os tipos de sons, gritos, grunhidos, gemidos, silvos não articulados: "Grrrr... gññ... Va! put".

É preciso insistir para que a pessoa transmita sua mensagem emocional subjacente e deixar bem claras as instruções sobre o modo de comunicação que se sugere. Assim, é preciso evitar recorrer a uma pseudo-utilização, como as do item anterior.

Essas técnicas, como o popular "Diga cantando", também permitem romper o gaguejar e reassegurar às pessoas quanto à sua capacidade para uma comunicação mais fluida. Apesar de mostrar-se mais incômoda ou difícil do que a anterior, para pessoas que têm muita dificuldade de contato físico essa modalidade é, sem dúvida, uma alternativa facilitadora para romper seus muros protetores.

Estamos numa primeira entrevista, com quatro pessoas de uma família. Trata-se dos pais, do paciente identificado de 27 anos e de uma irmã de 30 anos, que está em tratamento farmacológico para depressão. O paciente está há vários anos em terapia individual e, no momento de vir à sessão, apresenta uma situação agorafóbica que vem sendo intensificada há vários meses, que o impede de sair de casa e, inclusive, de seu quarto.

Durante a sessão, o pai o protege continuamente, oferecendo-lhe várias alternativas para que ele "faça algo e abandone essa atitude", ao mesmo tempo que o recrimina.

A mãe o justifica continuamente com frases como: "Ele está doente, sofre muito e não consegue fazer nada...".

A irmã esboça timidamente expressões em defesa de uma individuação:

Irmã: *Vocês estão tão preocupados com nós dois... não temos nenhuma intimidade em casa...*

A sessão foi adquirindo um tom de tensão acumulada, cujo maior expoente é o paciente identificado a partir de sua comunicação não-verbal. Diante da pergunta de uma das terapeutas sobre se deseja expressar algo, ele comenta que não consegue, que prefere não falar, mas, sem dúvida, evidencia uma grande necessidade de se expressar. Nesse momento, perguntamos se ele deseja expressar-se, mas sem mediar palavras, apenas por intermédio de algum som. A terapeuta se aproxima dele, para que se sinta reforçado.

O paciente apóia com firmeza suas mãos na cadeira onde está sentado e começa a gritar: "Ah.:. AAAAAAAA", até que cessa o grito, uma vez descarregada a tensão. O impacto provocado na família por essa forma de comunicação desencadeou uma desestruturação do equilíbrio mantido até então na sessão terapêutica, que era isomórfico ao da estrutura familiar.

6. Multiplicação dramática

Trata-se da sucessiva colocação em cena de uma mesma situação por parte de cada uma das pessoas presentes. A representação estará sustentada pelo mundo interno de cada ator, o que contribui com uma multiplicidade de pontos de vista sobre o mesmo fato ou acontecimento, permitindo assim contrastar o que é compartilhado e o não-compartilhado ou, inclusive, divergente, das diferentes pessoas. O compartilhado mostra o denominador comum ou a cena latente grupal, enquanto que o divergente aponta para o pessoal individual.

Em geral, essa técnica é utilizada no *role-playing* pedagógico, como forma de expressão de diversas soluções para a situação representada, ou no psicodrama terapêutico, para alcançar uma compreensão da diversidade e sua riqueza na troca. Na família, facilita a visão de aspectos compartilhados que podem remeter a normas familiares e de aspectos próprios às vezes desconhecidos ou negados. A multiplicação dramática pode ser realizada por meio de esculturas.

Estamos numa quarta sessão com uma família reconstituída, composta pelos pais e uma filha de nove anos, que solicitaram a consulta em função de problemas de baixo rendimento escolar e bloqueio das relações madrasta-enteada.

Sugerimos que a madrasta realize uma escultura com os três membros da família, que seja um reflexo ou expressão de como percebe a relação familiar nesse momento.

Ela faz um triângulo, colocando num vértice a menina, de mãos dadas com o pai e com a madrasta. Especifica que os braços e as mãos permanecem flexíveis, de maneira a poder se mover. Ela se posiciona olhando de frente para o marido e com o braço dobrado e o punho cerrado, numa posição que reflete briga e desafio. Após os comentários a respeito daquilo que cada posição provocou em cada um, o pai coloca seu desejo de realizar "sua escultura", ou seja, como percebe a situação familiar a partir do seu ponto de vista.

O pai coloca a menina no chão, numa posição relaxada, acrescentando: "Ela está brincando". Coloca sua mulher de pé, com os braços cruzados e a cabeça voltada para ele. Finalmente, coloca-se olhando de frente para sua mulher, com o gesto e os braços colocados numa expressão ambivalente de briga e desafio.

Perguntamos à menina se ela também deseja realizar "sua escultura". Ela coloca os pais um de costas para o outro. O pai tapando os próprios ouvidos com as mãos e a madrasta, de cabeça baixa, com as mãos na cabeça. Ela se coloca com uma expressão de tristeza, desmascarando os pais, e exclama espontaneamente: "O que quero é que se voltem um para o outro, mas eles não se voltam".

A partir da captação da própria posição, da dos outros e da expressão da vivência da técnica do solilóquio realizado, dá-se uma definição do modo vincular da estrutura familiar. A madrasta modela seu momento relacional no ponto em que a relação com a menina deixou de estar bloqueada (um dos motivos da demanda de terapia familiar). Simultaneamente, reflete o *locus* em que se encontra, na atualidade, a maior tensão relacional, ou seja, o confronto do casal, que ela expressa a partir de uma escalada simétrica em que cada um se estabelece em sua própria posição.

A escultura do pai reflete parcialmente uma estrutura isomórfica à de sua mulher. Nesse momento do processo terapêutico, a menina deixou de ser o foco prioritário de conflito e se desloca para a relação entre eles, que compartilham uma vivência de confronto e luta. A diferença se encontra na forma de mantê-la. Enquanto a mulher a vivencia a partir de uma simetria, o marido a percebe de maneira complementar, ao colocá-la numa posição de rejeição em relação à sua postura, que reflete uma atitude de necessidade de atenção a partir do desafio.

A escultura da menina expressa o denominador comum da percepção do conflito entre os pais. A diferença está em que se coloca numa posição que expressa tristeza e preocupação, em oposição à postura distendida e relaxada em que havia sido colocada de forma análoga pelos pais.

Nessa ocasião, utilizamos a multiplicação dramática, com a instrução para que construíssem esculturas em que cada um refletisse a percepção do momento relacional do sistema familiar, a partir do que é comum e do que é diferencial.

7. Interpolação de resistências

É uma técnica descrita por Moreno como uma forma de resistência extrapsíquica. A resistência intrapsíquica se estabelece no paciente diante do terapeuta, como uma tentativa de evitar a mudança; a resistência extrapsíquica consiste na intervenção do terapeuta ou de algum ego-auxiliar, com a finalidade de "pôr à prova a capacidade de um indivíduo para fazer frente a uma situação"[11].

O habitual é que o ego-auxiliar reaja a partir de seu papel com o protagonista, com uma atitude que não estava em suas expectativas. Por exemplo, se um homem espera a recriminação de sua mulher para determinada situação e se depara com uma atitude compreensiva, sua expectativa de papel se desvanece, já que não corresponde ao suposto papel-contrapapel da cena interna do protagonista, rompendo-se a recorrência relacional e obrigando a que se coloque uma resposta nova, diferente e espontânea.

Em terapia de família e de casal, costuma-se utilizar esta técnica quando, em determinado momento de uma dramatização, o terapeuta dá a instrução a um dos membros da família para que intervenha de maneira diferente da habitual, supondo um fator-surpresa no campo relacional estabelecido.

Em algumas ocasiões, um membro da equipe terapêutica intervém como ego-auxiliar, incorporando uma pauta relacional alternativa que obriga a uma recolocação da circularidade relacional.

---

11. SCHÜTZENBERGER, A. A. *Diccionario de técnicas de grupo*. Salamanca, Atenas, 1979b, p. 209.

Bustos[12] descreve essa técnica, aplicada em psicoterapia individual, grupal e de casal, centrando-se nos aspectos temidos presentes nas relações e que são evitados mediante a colocação de situações repetitivas que a pessoa aprendeu a conduzir comodamente. Miriam é filha única adolescente. Queixa-se repetidamente da negativa da mãe aos seus pedidos, produzindo-se uma união filha-pai. A frustração da menina em relação à mãe leva-a a distanciar-se dela e unir-se ao pai. O pai apóia a filha, adotando uma atitude de compreensão e de acolhida, ao mesmo tempo em que mantém com sua mulher uma atitude de desqualificação por seu comportamento.

Propõe-se que dramatizem uma situação que reproduza a dinâmica relacional manifestada. Em determinado momento, a terapeuta sugere à mãe, num aparte, que adote uma atitude diferente da habitual, acedendo à demanda da filha. Diante da nova pauta, Miriam interrompe a dramatização, expressando seu desacordo, por não se ajustar à situação real. Comenta: "É que... não saberia o que fazer se ela se comportasse assim".

Por meio da dramatização ficou manifesta a inadequação da relação, a coincidência dos pedidos de Miriam nos momentos em que "sabia" que ia ser rejeitada. Simultaneamente, a mãe respondia de maneira previsível por ambas, para perpetuar essa situação. Quando se indicou que ela explorasse outra forma de relação, ao dar uma resposta diferente da habitual, provocou-se uma interrupção da seqüência interacional repetitiva.

Técnica de ingerência no sistema

Trata-se de uma técnica por nós desenvolvida, partindo do conceito moreniano do terapeuta como ego-auxiliar, ou seja, como símbolo de personagens que atuaram como auxiliares na vida da pessoa com muita freqüência, figuras parentais.

Com a expressão "ingerência no sistema" referimo-nos ao momento em que o terapeuta deixa de fazer parte do sistema terapêutico e entra sutilmente e de modo não-expresso para fazer parte do sistema de tratamento. Essa entrada ou ingerência se realiza mediante a

---

12. BUSTOS, D. *El psicodrama. Aplicaciones de la técnica psicodramática*. Buenos Aires, Plus Ultra, 1974.

comunicação não-verbal, por meio de gestos, atitudes, tom de voz, maior ou menor aproximação, do pegar na mão, no braço ou sobre os ombros etc., tentando constituir simbolicamente e, insistimos, sem explicitá-lo, uma figura quase sempre de pai ou de mãe que constrói uma cena secundária oculta, com o protagonista ou com outro personagem da dramatização.

Essa nova cena está presente simultaneamente nas cenas internas do protagonista, criando uma situação dialógica cena interna/cena externa que neutraliza, reforça ou exerce algum outro tipo de modificação sobre a resposta a que condiciona a cena interna, se a pessoa só atuar a partir dela.

Num grupo terapêutico, Merche dramatiza com sua "mãe", mulher de caráter forte e dominante, com quem sempre estabeleceu uma relação de submissão-domínio intensa, devido à falta da figura paterna — o pai havia falecido — que a ajudou no processo de "sair das fraldas de mamãe". Merche expressa sua auto-afirmação, mas encontra-se coibida, diz ser incapaz de romper sua paralisia. Na dramatização, o terapeuta a separa do ego-auxiliar ("mãe"), passeia com ela de mãos dadas, acompanha-a novamente até a "mãe", e a dramatização se reinicia, com o diretor psicodramático segurando Merche pelo braço, acolhendo-a e transmitindo-lhe apoio, incentivando-a e amparando-a para que expresse sua desejada auto-afirmação. Quando Merche inicia a nova atitude, o terapeuta a apóia mais com seu contato. À medida que ela começa a expressar-se livremente, o terapeuta vai cedendo sua pressão, desfaz o contato físico e fica atrás dela até que termine a dramatização.

De modo simbólico, o terapeuta assumiu um papel parental forte com sua presença e seu incentivo, [*versus* um] papel parental débil na cena interna da paciente. É de se supor e esperar que, a partir dessa cena, não apenas a relação de Merche com a mãe tenha sido reconstruída, como também que tenha podido introjetar uma mudança do papel interno do pai, num processo de catarse de integração.

Técnicas que incidem no processo comunicacional com o uso de objetos intermediários

Um objeto intermediário é um facilitador da comunicação ou, de modo mais amplo, um objeto que facilita, amplia ou modifica a comunicação entre as pessoas[13]. Por exemplo, na vida diária cumprem essa função objetos tais como um cigarro ou uma bebida que oferecemos a nosso interlocutor. Desse modo, qualquer objeto que incide na comunicação pode ser considerado e utilizado como intermediário. Veremos como uma almofada, um lenço, um globo, uma máscara, fantoches, pinturas e muitos outros objetos poderão ser usados em terapia como objetos intermediários.

A partir de nossa experiência, conseguimos observar que nem todos atuam do mesmo modo no processo relacional e, portanto, nem na estrutura do sistema em que se introduzem. Isso nos leva prontamente a poder classificá-los em três itens, em função de suas características ou singularidades: objetos intermediários portadores de um papel, de uma linguagem simbólica e os que intervêm como instrumento na comunicação.

Objetos intermediários portadores de um papel

São objetos que podem ser considerados como investidos de um papel, de tal modo que, quando uma pessoa os utiliza em sua relação com outra, comunica-se a partir do papel que aquele objeto carrega, e o faz explicitamente e só a partir daquele papel, ficando em lugar secundário todo o leque de papéis de seu eu operativo.

Por outro lado, enquanto o papel fica depositado no objeto, fica fora de seus limites corporais, faz parte e não faz parte da pessoa. A pessoa transporta-o, oferece-o e oferece a si mesma por meio do objeto intermediário. Por isso, aquele que recebe a mensagem não costuma perceber o perigo, para sua integridade, que pode nascer de uma vivência de intromissão ou de invasão do eu do outro, deixando vulnerável a intimidade do próprio eu. Trata-se de um papel isolado, que chama um outro eu isolado, permitindo ocultar o resto da personalidade.

O protótipo desses objetos intermediários é o fantoche de marionete. É manejado diretamente, fora do teatrinho.

Objetos intermediários portadores de uma linguagem simbólica

No segundo item, incluímos aqueles objetos que permitem que nos comuniquemos com uma linguagem alternativa à visual e à ges-

---

13. POBLACIÓN, P. "Objetos intermediarios". *Vínculos*, n° 6, 1992, pp. 33-73.

tual. Esses objetos são os meios plásticos, como as cores, as massas de modelar, que nos dão a opção de construir desenhos, pinturas e figuras moldadas que se constituem em linguagens simbólicas.

Por exemplo, quando uma criança nos faz e dá de presente um quadro, está enviando uma mensagem com numerosas leituras. Trata-se de uma totalidade. O quadro é uma *gestalt*, um conjunto. Essa totalidade é um texto simbólico, que se pode ler se contarmos com o código adequado para a sua tradução. Comunica o inefável, o que não se pode ou não se sabe expressar com palavras. Como fato criativo, implica a regressão a cenas não resolvidas e a busca de respostas novas como tentativa de resolução. Essas são as características mais destacadas dos objetos intermediários por meio da sua linguagem simbólica.

Objetos intermediários que intervêm como instrumento na comunicação

Por último, vejamos aqueles objetos intermediários que são um instrumento para a comunicação. Um instrumento é sempre uma extensão, uma prolongação, um reforço dos membros ou sentidos ou de qualquer outro aspecto (instrumento) do homem. Uma alavanca é um prolongamento do braço, uma lente que aumenta a potência de visão do olho etc. Os objetos intermediários instrumentais cumprem essas funções no que diz respeito a alguns dos instrumentos do ser humano, habitualmente a linguagem em seus aspectos digitais, sobretudo analógicos. A almofada que jogamos é o prolongamento da mão que agride ou acaricia; o vídeo complementa nossa percepção, gravação e reprodução dos fatos. Um fundo sonoro obtém uma exteriorização e amplificação dos "sons internos" e, de modo análogo, as luzes, em suas mudanças de cor e de intensidade. De qualquer maneira, esses dois últimos objetos intermediários são mais um instrumento de um dos elementos da cena, que é o cenário, o espaço imaginário determinado que faz parte da estrutura de todas as cenas.

A introdução de qualquer desses objetos no processo relacional incide na estrutura do sistema correspondente. Vejamos brevemente de que maneira.

Os objetos intermediários que chamamos de linguagem simbólica permitem expressar inconscientemente aquelas cenas que representam simbolicamente sistemas muito antigos na biografia, mas que continuam incidindo no sistema atual. Com grande freqüência, por seu primitivismo, são inefáveis, ou seja, não são expressos verbal e conscientemente. O paciente identificado, um esquizofrênico, faz uma pintura que representa sua cena primordial, vivida em idades correspondentes a momentos evolutivos pré-verbais. Em outro caso, ao solicitar a um casal que pinte com lápis de cera "um casamento", ele nos retrata todas as suas fantasias inconscientes sobre as expectativas de casal, como podemos ver ao dramatizar e comentar tais desenhos.

No caso dos objetos intermediários instrumentais, o mais comum é que facilitem a emergência de aspectos ocultos do sistema, ou que, ao ampliá-los, os tornem evidentes. É o que ocorre com aquele marido que, ao pedirmos que se expressasse com o uso de uma leve almofada, joga-a para sua mulher com uma força e uma ira surpreendentes, pois ele nunca havia expressado esse aspecto de sua relação com a mulher.

A partir do ponto de vista da utilização dos objetos intermediários na prática terapêutica, vamos nos ater a três pontos:

1. Sua utilidade geral como instrumento na práxis psicodramática. Aqui, a palavra instrumento alcança um nível genérico, um metacontexto, que abrange os três tipos específicos de objeto intermediário.
2. Aplicações, tanto em terapia individual, bipessoal, grupal, familiar etc.
3. Técnicas mais habituais para cada objeto intermediário específico.

Aplicações terapêuticas

São muito amplas na terapia em geral. Seu uso em terapia familiar ainda não se encontra muito difundido. Temos referências de inúmeros terapeutas que trabalham em famílias em que aparecem maus-tratos e abusos sexuais, que empregam bonecos como objetos intermediários facilitadores da expressão de conteúdos ocultos e

138

ocultados que, de outro modo, não poderiam aflorar, como assinala Edith Tilman[14].

Entre nós, seu uso é freqüente. Como exemplo, remetemos ao trabalho publicado na revista *Vínculo*[15] e que agora resumimos, pois mostra claramente um caso de utilização desses objetos intermediários. Neste caso, o objeto intermediário converte-se num objeto de papel.

Estamos numa dramatização em que se coloca em cena uma situação trazida pela filha de uma família reconstituída. Os personagens da cena são o pai, a madrasta, a filha e a avó paterna. A situação que deve ser representada é a de uma reunião familiar em que os adultos estão conversando e a menina está brincando com seus brinquedos.

Em dado momento, a menina pega uma máscara[16] e dialoga com ela:

Menina (para a máscara): *Você é a minha mamãe do México.* (É como a menina denomina sua mãe biológica, que foi viver no México quando a menina tinha um ano de idade, e com a qual não manteve nenhum contato.)

A partir daqui, a psicodramatista interrompe uma parte da cena — aquela em que estão os adultos — para centrar-se na brincadeira da menina.

A psicodramatista a encoraja a conversar com sua "mamãe do México" (a máscara), que ela está segurando com as duas mãos, aproximando-a e afastando-a de si:

Menina (para a máscara): *Parece um monstro... e eu não o reconheço. Você é um monstro, e com os monstros a gente não brinca, porque senão eles matam a gente.*

A psicodramatista pergunta se a menina quer brincar com esse monstro. Ela assente, com uma certa tensão, razão pela qual a tera-

---

14. TILMAN, O. E. "Nuevas tendencias en el tratamiento del maltrato y abuso sexual en la familia". Sympósio Europeu de Família, Madri, 1994.

15. LÓPEZ BARBERÁ, E. "Abordaje psicodramático de una familia reconstituida". *Vínculos*, n⁰ 5, Madri, 1992.

16. Trata-se de uma máscara de origem cingalesa (de Sri Lanka), que representa a loucura, e que foi colocada como objeto de adorno na sala de psicoterapia.

peuta a abraça, num gesto de apoio, e as duas aproximam-se da máscara. À medida que isso acontece, a menina exclama:

Menina: *Esse monstro assusta muito!*
Terapeuta (para a menina): *Como é que o monstro assusta? Você quer ser o monstro e explicar como se assusta?*

A menina assume imediatamente o papel de monstro, colocando a máscara. A partir daqui, se estabelece uma brincadeira da qual todos participam... A criança pronuncia frases tais como: "tenho muita força, sou um monstro terrível, eu assusto". Todos brincam de assustar e serem assustados. Transcorrido um tempo, a menina pára e exclama:

Menina: *Bem, parece que não sou tão má assim, o que acontece é que, com essa cara, assusto muito!*

Nesse momento, propomos que ela tire a máscara. Espontaneamente, ela diz:

Menina: *É divertido... Até que o monstro não é tão mau...*

A partir daqui, propomos que a dramatização seja interrompida.

Nessa situação, a máscara como objeto intermediário constituiu-se como um elemento novo, criando um novo sistema, que incluía a mãe ausente. Esse sistema estava "dentro" da menina (cena oculta), podendo ser exteriorizado com o uso do objeto intermediário (a máscara).

A menina conseguiu começar a expressar sua relação vincular com a figura interna da mãe biológica, a partir de sua contradição, em que estava presente a busca de um laço de união em vez de uma rejeição diante da dor do abandono.

Pensamos que, a partir do acesso a essa dolorosa e contraditória realidade vincular com a mãe biológica, por meio do objeto intermediário, a menina e os pais conseguiram começar a procurar uma outra realidade mais adaptativa: permitir a entrada de todos os papéis presentes no sistema familiar interno da menina e na família atual externa, produzindo-se a modificação na pauta relacional da negação desse personagem, a partir da proibição à menina para que falasse dele.

140

Ao dar-se a inclusão dessa figura em todo o sistema familiar, o equilíbrio familiar sofreu uma desestabilização e uma reestruturação posterior, ao longo do processo terapêutico.

Nesses dois capítulos, que aqui se finalizam, quisemos transmitir o espectro das técnicas que consideramos mais importantes, tanto na freqüência de uso quanto na utilidade. Em nossa opinião, sua utilização requer (ou, ao menos, é recomendável) uma aprendizagem ativa, que permita ao terapeuta experimentar e vivenciar em si mesmo a riqueza terapêutica e, também, por que não, seus riscos potenciais.

A ESCULTURA: PRIMEIRA APROXIMAÇÃO

Antecedentes

Podemos considerar a técnica da escultura como o paradigma das técnicas ativas. O uso do corpo mostra-se privilegiado, e a palavra só faz sua aparição para simbolizar certas mensagens que já tomaram forma e são emitidas e percebidas a partir de uma comunicação analógica. Apenas algumas técnicas de expressão gestual e corporal que, em geral, incorporam o movimento, alcançam o mesmo nível de expressão simbólica, mas sua maior dificuldade de manejo, devido à sua rápida dinâmica temporal, que torna a mensagem fugaz, é, em nossa opinião, o que fez com que obtivessem menor difusão.

A escultura, sobretudo quando praticada com um bom aquecimento, é surpreendente. Não é de estranhar por que, no processo de esculpir o corpo, este impõe seus próprios automatismos. A memória corporal possui modelos, esquemas de comportamento, que associam e combinam o recordado e o esquecido e, quando solicitada a partir da emoção e não a partir da razão, irrompe e toma forma fora das vias cognitivas que, na maioria das ocasiões, impediria, por meio de diversos mecanismos de defesa, que aqueles esquemas emergissem de forma tão evidente. Trata-se, na opinião de Moreno, de uma criação livre ou criação a partir do catalisador da espontaneidade mobilizada pelo aquecimento.

Embora a criação da escultura pareça funcionar de modo automático, isso absolutamente não ocorre dessa maneira, já que, diante da proposta de realizá-la, mobiliza-se no autor uma intenção de realização, de plasmar fora de si, dando corporeidade a algo que, interiormente, estava funcionando como esquema potencial. Trata-se de uma atividade projetiva, fundada num projeto, entendido, como diz

Marina, como "patrão que controla a conduta"[1], que, em nosso caso, é a criação de uma escultura corporal.

Essa técnica paradigmática, nascida no psicodrama, obteve grande destaque em terapia familiar, como assinalam Stierlin e Wynne[2], voltando novamente para o primeiro plano entre as técnicas psicodramáticas que alguns grupos que seguem esse modelo utilizam.

As origens dessa técnica se encontram nas técnicas de expressão da relação sem palavra ou técnicas não-verbais, como encontramos já em Masserman e Moreno[3]. Este último indica de modo explícito os fins buscados: "Trata-se de desenvolver, por meios miméticos, uma situação difícil de ser exposta verbalmente", e entre suas metas está "liberar a interação, fixar-se no comportamento e no aspecto emocional da comunicação, não no semântico...", embora decorra de uma "discussão sobre os sentimentos que se experimentou...". Mas a denominação concreta de escultura e sua aplicação específica à terapia familiar remete-nos a Duhl, Kantor e outros[4] do Instituto da Família, de Boston, e seu desenvolvimento e extensão posterior a Papp, Silverstein e Carter[5], do Instituto da Família de Nova York, e, posteriormente, a Andolfi e outros[6].

Em nosso centro, começamos a estudar as potencialidades dessa técnica em áreas mais amplas da prática psicodramática, abrangendo tanto os grupos psicoterapêuticos como as terapias individual, de casal, de família e sociodrama. Assim, fomos desenvolvendo uma série de modalidades de aplicação e combinações com outras técnicas psicodramáticas.

Com relação às numerosas opções que os instrumentos ativos oferecem, chamou-nos a atenção, ao revisar a literatura a que tivemos acesso, a limitação a certas vias de aplicação da escultura muito elementares para nós, que nos iniciamos no psicodrama. Isso não lhes

---

1. MARINA. *Elogio y refutación del ingenio.* Barcelona, Anagrama, 1993, p. 84.

2. STIERLIN, H. e WYNNE, L. C. *Vocabulario de terapia familiar.* Buenos Aires, Gedisa, 1988.

3. MASSERMAN e MORENO. *Introducción al psicodrama, op. cit.,* 1970.

4. DUHL, KANTOR *et alii.* In: *Vocabulario de terapia familiar,* 1973, 1988.

5. PAPP, SILVERSTEIN e CARTER (1973). In: STIERLIN e WYNNE. *Vocabulario de terapia familiar,* 1988.

6. ANDOLFI, *op. cit.,* 1985.

confere muita utilidade e, em contrapartida, libera o praticante de aprender técnicas sofisticadas, mas ao preço de prescindir de possibilidades de inapreciável utilidade terapêutica. Por exemplo, nem Andolfi[7] nem Walrond-Skinner[8] vão além da escultura da família e um comentário posterior; não aplicam a inversão de papéis, espelho e demais técnicas que multiplicam a riqueza da escultura enquanto técnica básica. Onnis[9] aproveita fundamentalmente a leitura da topologia familiar no local onde se desenvolve a sessão: "É interessante notar que algumas informações significativas provêm também da comunicação não-verbal e da disposição dos membros da família na casa", e remete-se a Minuchin: "... quando uma família se apresenta pela primeira vez para fazer terapia, seu modo de se colocar pode dar indicações sobre alianças e coalizões, centralidade e isolamento...". Sem dúvida, parece que nos últimos tempos esses autores ampliaram o repertório de possibilidades da escultura, incorporando outras modalidades e algumas técnicas subsidiárias. Por outro lado, Foulkes e Anthony[10] já haviam assinalado o valor diagnóstico da observação da distribuição dos membros de qualquer grupo no espaço terapêutico, mas, sem negar que isso traz dados muito valiosos, não nos atrevemos a incluí-lo no capítulo das esculturas.

Definição

Definimos a escultura como *expressão plástica simbólica da estrutura vincular de um sistema, obtida por meio da instrumentalização dos corpos de tal sistema.*

Tentamos obter, quando sugerimos uma escultura, que sejam utilizados os corpos daqueles indivíduos que formam o grupo em estudo e/ou tratamento, moldando suas posturas, gestos, posições relativas, distâncias e contatos para formar um grupo escultural, ha-

---

7. ANDOLFI, *op. cit.*, 1985.
8. WALROND-SKINNER, S. *Terapia familiar*, 1978.
9. ONNIS, L. *Terapia familiar de los trastornos psicosomáticos.* Buenos Aires, Paidós, 1990.
10. FOULKES, S. H. e ANTHONY, E. J. *Psicoterapia psicoanalítica de grupo.* Buenos Aires, Paidós, 1964.

bitualmente estático, que mostra já à primeira vista o esquema das inter-relações daquele grupo humano. A escultura assim realizada servirá de base e de ponto de partida para um trabalho terapêutico mais complexo, que se fundamenta na utilização de um conjunto de técnicas ativas subsidiárias que completam o processo técnico de esculpir. Essas técnicas diversificam os caminhos por meio dos quais a escultura pode expressar os conteúdos ocultos, complementando-a e tornando-a mais complexa enquanto instrumento capaz de prover vias de compreensão, compreensão e integração, como canais singulares ou simultâneos de informação que promovam uma mudança no processo terapêutico do sistema em questão.

Achamos conveniente fazer uma análise e uma ampliação do que queremos transmitir com o nosso modo de definir a escultura.

Expressão plástica

O que se pretende é a meta de qualquer escultura, também no mundo da criação artística. Essa meta não é outra senão a da expressão plástica, "modelando, talhando ou esculpindo", por meio do uso de volumes, aquilo que se quer representar dos mundos exterior ou interior do escultor, se é que podemos marcar essa separação. Não é preciso acrescentar palavras a uma escultura; ela não deve precisar de uma explicação para que o observador possa alcançar seu sentido. Sua contemplação deve ser suficiente. Esses volumes no espaço são expressos a partir da linguagem da forma, ao modular os conteúdos internos do outro, percebendo as formas, não ouvindo uma mensagem nas palavras do escultor. Com a particularidade de que, na escultura terapêutica, quando falamos sobre o observador remetemo-nos só ao suposto admirador externo da obra. Aqui são observadores todos os membros do sistema terapêutico, tanto os que formam o material "passivo" da escultura, como o escultor, que é matéria, autor e também observador *naif* a partir da posição da técnica do espelho. Também o(s) terapeuta(s), sem fazer parte material do esculpido[11], fazem parte constituinte do momento terapêutico em que a escultura que plasma o mundo

---

11. Não devem sê-lo, mas podem fazer parte da escultura, quando essa expressa o sistema terapêutico completo ou, inclusive, a relação de algum membro do sistema em tratamento com o terapeuta.

interno do escultor não é mais do que uma parcela da totalidade experimentada aqui-e-agora.

Modo de expressão simbólico

Mais adiante, estenderemos nossa opinião de que toda escultura é uma metáfora de conteúdos ocultos do sistema. Como metáfora analógica, dá-nos hipóteses plausíveis, mas não explicações; atua como todas as metáforas poéticas, que nos desvelam aspectos da realidade que permaneceriam desconhecidos sem a ajuda do artista. O trabalho deste é conduzir nossa sensibilidade perceptiva até poder captar novos modos e formas originais de aproximação dos eventos, mas, insistimos, não explica nada. Mostra, mas não demonstra.

Estrutura vincular de um sistema

Como sabemos, todo sistema possui uma organização e uma estrutura. A organização é aquela qualidade que caracteriza uma classe de sistemas e a diferencia de outra. É o que nos permite qualificar um sistema como casal, esse outro como grupo terapêutico, aquele como indivíduo, e a esses últimos como cadeira e mesa. Enquanto que a estrutura pertence à qualidade que nos permite diferenciar um sistema de outro da mesma classe organizacional, é função do modo pelo qual estão estabelecidas as relações entre seus elementos, e o tipo de tais elementos, o que poderíamos denominar como material de constituição. Duas famílias pertencem ambas a uma mesma classe (organização), já que são constituídas por uma série de pessoas ligadas, de modo que determinada escultura permite que a classifiquemos apenas como família, e não como equipe, aglomerado, grupo de trabalho ou qualquer outro tipo de conjunto humano. Porém, essas duas famílias possuem estruturas diferentes: quanto ao número de pessoas, quanto a seus papéis (uma família possui um casal parental, e a outra só a mãe, mas, em compensação, tem um avô); e quanto aos modos de relação de uns e com os outros. Uma mesma família também possui estruturas diferentes segundo o momento histórico; mudará com o advento de filhos, morte, separações, reestruturação etc.

Quando realizamos uma escultura, ela mostra a estrutura vincular do sistema de referência, ou seja, a relação entre papéis, uma vez que um papel é um modo vincular, segundo Moreno. Porém essa rede ou estrutura interpapéis tem várias leituras, segundo os níveis em que centramos nossa atenção. O mais superficial é o nível social, que corresponde ao manifesto, podendo mostrar uma estrutura similar ou diferente da dos níveis ocultos. Por exemplo, num grupo terapêutico, duas pessoas respondem à mesma denominação: companheiras de grupo, que corresponde a um modo estrutural. Se sugerimos que realizem uma escultura que expresse o modo pelo qual experimentam sua relação, poderemos nos surpreender, ao desvelar-se uma vinculação não simétrica, de companheiras, mas assimétrica, correspondendo ao que se denomina de relação paterno-filial.

Pelo exemplo anterior, vemos claramente que a escultura coloca de forma manifesta a estrutura oculta da rede vincular que, nesse caso, é diferente da rede social ou manifesta. Esse desvelamento não se faz por meio de uma narração verbal linear, que pode ser difícil e premente, inclusive, ser inconscientemente negada ou racionalizada, mas por meio de um modo imediato e de conjunto, que traz a rede completa para o espaço terapêutico.

A consideração dos diferentes níveis de rede interpapéis não é irrelevante. Não levá-los em conta cria às vezes graves confusões na valoração da dinâmica do sistema. É o caso de uma família em que o sujeito que exerce o papel social de pai, ou seja, que organizacionalmente tem o papel parental, ao realizar uma escultura, na estrutura oculta desvelada tem um papel paterno com o filho A, mas, surpreendentemente, o papel de irmão com o filho B. Mais adiante, inclusive, aparece um vislumbre de posição filial com sua mulher que, com o marido, no seu nível mais profundo, tem o papel de mãe. Esses são os diversos níveis estruturais que podem ser evidentes ou entrever-se por meio de uma escultura. Com isso, a escultura esclarece a estrutura vincular que se oculta sob a estrutura social da organização, desvelando assim a causa de confusões e conflitos do sistema.

Posteriormente, ao nos ocuparmos dos diferentes tipos de escultura, dedicamos um item às esculturas dos sistemas internos do indivíduo. Isso exige dois pré-requisitos: que além de considerar um sujeito como elemento de sistemas, consideremo-lo como portador de uma série de sistemas, referindo-nos aqui especificamente não aos biológicos, mas aos esquemas comportamentais, que podemos considerar como hipóteses ou constructos, como redes interpapéis, internalizados pela biografia e que marcam e condicionam as relações com o meio. É o que denominamos sistemas-cenas internos. O conceito de cena interna responde ao desejo de construir um modelo teórico de utilidade pragmática, que ajude a compreender e explicar os modos de relação intrapsíquica e com o meio, ou seja, como o indivíduo se move em relação a si mesmo e aos demais. Trata-se de dar um passo além da contribuição moreniana de rede sociométrica interna na compreensão da dinâmica intra e extrapsíquica.

Este não é o momento de colocarmos como entendemos que se estabelece a relação entre esses sistemas-cenas e os biológicos: nervoso, endócrino, linfático[12]. Só cabe apontar que o conceito de papéis psicossomáticos e sua função no que denominamos de cena primordial e diabólica abre um espaço ou hipóteses plausíveis nessas áreas.

Instrumentação dos corpos dos elementos do sistema

Nas esculturas terapêuticas, os corpos ocupam o lugar que, em outras, é ocupado por madeira, pedra, pelo metal, goivas, cinzéis e martelos. Os corpos são material e instrumento para o trabalho escultural do paciente. Não têm vida própria no processo de esculpir, são um material maleável nas mãos do escultor. Têm certas qualidades de flexibilidade e rigidez, volume, forma e peso. E algo que os materiais que usa o artista não têm, que é o fato de cada porção de material/instrumento estar constituído de forma predeterminada, o corpo humano, que condiciona e demarca o campo potencial de intervenção do escultor, obrigando-o a limitar-se ao que é possível realizar com seu "material de corpos", e o impede de construir esculturas impossíveis, que responderiam a situações fantasiadas, como a desse pai que, segundo expressão literal, queria "acolher dentro de um grande abraço toda a família, inclusive eu mesmo". Quando se dá esse contraste entre o que o sujeito gostaria que fosse o mundo de relação que está expressando e os limites que se lhe impõem a partir dos corpos, a escultura estará cumprindo, além de outras, a importante função de desvanecer as ilusões, de aceitar o princípio de realidade, de pôr os pés no chão.

Até aqui fizemos os comentários sobre o que se quer expressar na definição da escultura. Mas convém, também, fazer algumas

---

12. VARELA, F. J. "El cuerpo evocado. Una relectura de la inmunidad", *XII Jornadas de Terapia Familiar*. Sevilha, 1991.

considerações que surgem como esclarecimentos necessários, relativos ao processo de execução das esculturas.

Escultura *versus* topologia e proxenia

Devemos prevenir sobre o risco de se confundir a escultura com outros dois modos semelhantes, na essência, de perceber e estudar um sistema. Referimo-nos à topologia e à proxenia. Temos visto serem confundidas com freqüência escultura, topologia e proxenia. Sendo essas duas últimas formas também muito úteis para o estudo dos grupos humanos, convém esclarecer os conceitos e, a partir daí, ver como podem ser eficazes outras técnicas ou instrumentos terapêuticos, diferentes e complementares da escultura.

Topologia

Sabemos que a palavra *topologia* vem do grego *topos* = lugar, que dá origem a termos tais como topografia, topônimo etc., que remetem sempre a algo relacionado a pontos de um território: como esses pontos são representados graficamente, como se denominam esses lugares etc. A topologia se converte na ciência que estuda esses lugares e sua relação mútua.

Moreno já se refere a uma "representação topológica" das interações dos membros de um grupo que, na prática, se realiza mediante a expressão gráfica de seus elementos e de seus modos de relação. Schützenberger, em seu *Diccionario de técnicas de grupo*[13], define a "topologia do grupo" como a "colocação dos membros de um grupo dentro da sala de grupo ou agrupamento dos participantes".

Aplicado aos grupos psicossociais, o conhecimento da topologia conduz a um modo específico de definir e estudar o mundo dos grupos humanos e instrumentá-lo como via terapêutica. Knapp[14], ao referir-se à "escolha de cadeiras e disposições espaciais nos pequenos grupos", recorre à denominação de "ecologia do pequeno grupo", que empresta a Sommer (1967), colocando-a em relação às "categorias de liderança, predomínio, trabalho, sexo e conhecimento de alguém".

---

13. SCHÜTZENBERGER, A. A., 1979b.
14. KNAPP, M. L. *La comunicación no verbal*. Barcelona, Paidós, 1982.

Também Foulkes e Anthony[15] dão importância à "livre escolha de cadeiras", considerando que "proporciona indicações referentes aos papéis funcionais desempenhados pelos membros do grupo".

Como vemos, esses autores limitam-se a valorizar a observação que fazem da escolha das cadeiras no espaço, mas podemos ir além, utilizando-a terapeuticamente, seja assinalando, interpretando ou sugerindo que se faça uma reflexão sobre a situação espacial ou, ainda, sugerindo a mobilização dos membros do grupo no sentido de explorar novas posições e poder experimentar as mudanças emocionais que se pode deduzir dessas manifestações topológicas.

Proxenia

Com relação à *proxenia*[16], trata-se de estudar o modo de utilizar o espaço e como, a partir do manejo consciente ou inconsciente dessa dimensão, a pessoa comunica sinais a outros seres humanos. Poderíamos dizer que é a ciência das distâncias, e Hall assinala quatro zonas: a) distância íntima, que pode ser próxima, de contato real ou distante, entre 15 e 45 cm, que corresponde a uma relação de intimidade, tornando-se incômoda ou embaraçosa se não existir essa modalidade de relação; b) distância pessoal, por sua vez também dividida entre próxima (45 a 75 cm) e distante (75 a 120 cm), que é o limite da dominação física; c) distância social, correspondente a transações comerciais e sociais mais formais (de 120 a 360 m); e d) distância pública, que corresponde à máxima extensão de nossos limites territoriais, de interesse mínimo no estudo de pequenos grupos.

Com relação à análise dessas distâncias realizada por Hall, podemos construir uma via de exploração e um instrumento de intervenção, que seria a proxênica, como instrumento terapêutico.

Como vemos, ficam perfeitamente delimitados os conceitos, o campo da escultura, da topologia e da proxenia. A seguir, descrevemos uma sessão de um caso em que exemplificamos a utilização terapêutica da topologia e da proxenia.

Elena e Jaime são um casal que veio para consulta há quatro semanas, como última opção diante de uma grave disfunção da rela-

---

15. FOULKES, S. H. e ANTHONY, E. J., 1964.
16. HALL, E. T. *The silent language*, 1972.

ção de casal, que os levava a considerar uma possível separação. Depois de uma primeira entrevista e de três sessões exploratórias, eles tomaram a decisão de "tentar trabalhar para salvar o casamento", pois já haviam conseguido estabelecer um novo nível de relação. Eles se mostram interessados em trabalhar dois temas como causa mais imediata e habitual de conflitos nesse momento: a relação com suas filhas e a relação sexual. Entre risadas, decidem que preferem abordar em primeiro lugar o tema das filhas, duas meninas de 12 e 7 anos, que não estão presentes na sessão.

Propomos que cada um deles, começando por aquele que assim o desejasse, utilizasse quatro cadeiras para representar o casal e as meninas, distribuindo-as no espaço de modo que expressassem simbolicamente as inter-relações entre os quatro.

Jaime começa, escolhendo entre os assentos disponíveis dois banquinhos, uma cadeira e um pequeno pufe. Ele os distribui no espaço do seguinte modo:

Distribuição topológica de Jaime:

J: Jaime
E: Elena
H: Filha mais velha
h: Filha mais nova

Jaime comenta que percebe Elena e a filha mais nova unidas contra ele, e Elena e a filha mais velha como aliadas. Jaime, a partir de sua situação, faz a seguinte observação: "como me atacam". Escolheu os dois banquinhos para representar Elena e a filha mais velha, "porque são muito parecidas".

Elena admite a construção geral, mas questiona que "estejam contra ele".

Distribuição de Elena:

Elena abraça o pufe que representa h. Comenta que percebe que Jaime tem "ciúmes de nós e, por isso, protejo a pequena da inveja do papai".

O terapeuta propõe uma inversão de papéis entre Jaime e Elena. Elena exclama: "É para ficar com ciúmes!". Após retornarem aos seus lugares, o terapeuta comenta: "Parece que a maior proteção causa mais ciúmes, e mais ciúmes, maior proteção". O casal assente e destaca também a semelhança entre as construções de ambos, surpresos porque haviam comentado previamente que seus pontos de vista eram muito diferentes.

Agora, sugerimos que voltem a uma distribuição que corresponda a seu desejo, como gostariam que fossem as relações. Para manter uma simetria no trabalho terapêutico, quem começa é Elena.

Distribuição "desejada" de Elena:

Elena: *Os pais juntos e os filhos entre eles. Que sejam dois blocos, mas unidos.*

Distribuição desejada de Jaime:

Jaime: *Os pais se falam, frente a frente, juntos, e as filhas estão sendo atendidas entre os dois.*

No comentário final, fazem reflexões sobre as pautas convergentes e divergentes de seus pontos de vista, destacando que há maior concordância do que esperavam. E colocam seu desejo de romper o círculo vicioso que haviam visto de forma clara e como obtê-lo.

Este exemplo foi trabalhado com objetos intermediários — as cadeiras — mediante sua distribuição no espaço (topologia) e a proximidade expressiva de alguns, os que representam Elena e a filha menor (proxenia).

Outras especificações sobre a escultura

A escultura é feita a partir do corpo

Não se trata de construir a escultura a partir de uma concepção racional, mas, sim, da vivência. Queremos mostrar aqui o que o escultor dita ao corpo, não seu pensamento. O corpo escreve o texto da escultura. Como diz Le Boulch[17]: "O que acaba sendo incompatível com a expressão autêntica é, por um lado, o meditado e o calculado e, por outro, a artificialidade, o entorpecimento e a afetação. Ao contrário, o que a caracteriza é a soltura e a naturalidade". Encontramo-nos de novo com uma posição que se conecta com o conceito

---

17. LE BOULCH. *Hacia una ciencia del movimiento humano.* Buenos Aires, Paidós, 1978.

de espontaneidade. Mas sabemos que a espontaneidade é cultivada com o aquecimento, razão pela qual se justifica uma preparação para que a pessoa faça contato com suas emoções, sentimentos e desejos, e um empenho em evitar "pensar a escultura". Quando abordamos a metodologia, veremos como insistimos para que o terapeuta desencoraje esse "estar pensando" e impulsione o paciente à exploração, experimentando diferentes posturas, desfazendo-as, se não encontrar eco emocional em si mesmo para ir descobrindo, no processo de ação, a imagem externa que expresse a imagem interna. Como diz Aranguren ao falar sobre as artes plásticas modernas, que a comunicação seja "expressiva e não discursiva"[18].

Nesse item podemos incluir a advertência sobre um tipo de pseudo-esculturas. Referimo-nos àquelas ocasiões em que se dispõem as pessoas reproduzindo uma situação habitual, o que chamamos de fotografia ou instantâneo (familiar, profissional, social etc.), mas não de uma escultura. Trata-se de uma representação de um momento da vida da pessoa, útil, sem dúvida, dentro do processo terapêutico, e que se move no campo do imaginário; estamos no *als ob* da representação, enquanto que a escultura pertence ao campo do simbólico. Também nesse caso é preciso reconhecer aquela realização como uma mensagem útil para a terapia, mas temos que insistir para que se construa uma verdadeira escultura. A "fotografia" nos mostra sobretudo uma representação do manifesto, enquanto a escultura faz aflorar o oculto de forma privilegiada.

Os corpos devem ser modelados por aquele que faz a escultura

A escultura é essencialmente o produto final, que expressa um conteúdo interior do "escultor" e, portanto, só ele pode modelar e moldar os corpos, que são seu material, em cada uma de suas posições gerais e pequenos detalhes. São as suas mãos que devem fabricar a escultura. É preciso transmitir à pessoa que, durante a construção da escultura, despreze indicações e/ou expressões do tipo *coloque-se como quiser, você sabe o que quero expressar, coloque a mão sobre o ombro de..., expresse a sua alegria...*, já que ele mesmo deverá moldar com suas mãos cada posição, cada membro. Talvez a única

---

18. Aranguren, J. L. L. *La comunicación humana*. Madri, Tecnos, 1992.

coisa que não se possa nem deva modelar é a boca: um sorriso, forçando com os dedos a boca do ator converte-se inevitavelmente num ricto; nesse caso, então, pode-se dizer: "Sorria" ou "Não sorria, deixe a boca fechada e firme" etc.

Quando o indivíduo que faz a escultura dá ao outro as indicações de que se coloque a partir de sua iniciativa, está transferindo a ele a autoria. Isso permite outra forma de ver e de fazer, delegando a ele sua responsabilidade, iludindo-se a si mesmo. Por detrás disso se esconde claramente uma resistência a um compromisso total com a meta de mostrar seu "ponto de vista" pessoal e íntimo. Por isso, discordamos de Walrond-Skinner[19] quando expressa que o escultor diz como devem se posicionar os componentes da escultura, e de Andolfi[20]: "... escolhido o escultor, o terapeuta o ajudará ativamente...", o que levaria a uma co-autoria da escultura. Sem dúvida, é inevitável que a presença desse ou daquele terapeuta influencie inconscientemente em mudanças formais mais ou menos sutis da escultura realizada, mas nos parece inadmissível que se promova voluntariamente uma modificação da produção pessoal do paciente. Por isso repetimos que, independentemente de o escultor se expressar verbalmente enquanto atua para ajudar ou facilitar a tarefa, será sempre ele mesmo o único comprometido com o *sculpting*, é ele quem coloca, modifica, fixa, aproxima, separa... a partir da própria visão de sua imagem interna da escultura nascente. Como desenvolvemos mais profundamente no item posterior, o autor cria a escultura dando forma material, configurando a realidade a partir de seu ponto de vista subjetivo.

A escultura é expressão da subjetividade

Ao sugerirmos que o paciente construa uma escultura, certamente, depois do aquecimento para essa tarefa, ele começa a tomar contato, de forma intuitiva, com os esquemas presentes em sua memória, e que se formaram ao longo de sua vida, alguns desde os primeiros momentos, conforme o que Fonseca Filho[21] denomina de "memória organísmica", ou seja, os esquemas puramente biológicos

---

19. WALROND-SKINNER, S. *Terapia familiar*, 1978.
20. ANDOLFI, *et alii*, 1985.
21. FONSECA FILHO, J. S. *Psicodrama de loucura, op. cit.*, 1980.

que são os únicos que se pode gravar nessa idade, até os correspondentes ao momento presente. O que resulta da cadeia histórica de experiências de relação consigo mesmo e com o meio são os "esquemas de ação" a partir dos quais, habitualmente, o indivíduo se move em "programas narrativos condensados"[22]. O indivíduo toma contato com esses programas e com os que se mobilizam e se plasmam na escultura. É um modo de tornar presente o mundo interior, por meio da ação imposta pela confecção da escultura. O subjetivo emerge num processo espontâneo, aqui-e-agora; vemo-lo surgir e tomar forma em *status nascendi*, na expressão de Moreno. É digno de nota que, se ao mesmo indivíduo, que mostra seu mundo interior de um modo visceral por meio da escultura, propuséssemos fazê-lo mediante um relato verbal, ele estaria comprometido, num relato cheio de caminhos encontrados e divergentes, de contradições e de negações. Sem dúvida, a escultura permite que ele mostre sua subjetividade num conjunto sólido e coerente.

Aqueles esquemas existenciais que jaziam ocultos em seu mundo interno assumem agora entidade corpórea. Esquemas que, a partir de sua subjetividade, marcam e definem as bases dos modos vinculares, que se movem em seu meio.

Por isso, qualquer ingerência do outro, seja companheiro, familiar ou terapeuta, significa uma deformação da criação íntima do autor. Isso justifica o interesse de sugerir realizar esculturas baseadas na mesma proposta a vários ou a todos os membros do mesmo sistema. Por exemplo, se se trata de realizar uma escultura do sistema familiar, que cada membro do mesmo o faça a partir de seu modo de concebê-la, e é quase que uma prescrição obrigatória, no caso do casal em que propomos uma escultura "real", "desejada", ou "temida", que ambos a realizem.

No contraste de umas e de outras esculturas enquanto modelação do mesmo fenômeno a partir de diversos pontos de vista, chega-se a uma tomada de consciência da diversidade. Trata-se da surpresa — compartilhada — de ver como se derruba a crença numa "verdade inamovível" na percepção dessa situação, o encontro com diversas "verdades". Quando consegue aceitar esse primeiro passo, pode-se aceder à compreensão das incompreensões, a um dar-se conta de

---

22. MARINA, J. A. *Teoría de la inteligencia creadora*, 1993, p. 171.

alguns outros motivos de desentendimento, de desencontro, de intermináveis discussões sobre "o que está acontecendo".

É assim que, ao comparar as esculturas de um e de outro, aparecem, descarnados, os aspectos compartilhados e não compartilhados daquilo que acontece naquele grupo humano. O convergente e o divergente. E esse costuma ser um bom ponto de partida para que se comece a criar uma relação fundada na realidade e não em fantasias projetivas, com uma nova base de respeito e aceitação do outro com sua individualidade própria.

Escultura estática ou dinâmica

A idéia geral que se tem de uma escultura é a de uma construção estática. Sem dúvida, também, num dado momento da história, surgem esculturas dinâmicas, como os "móbiles" de Calder. Porém, nessas esculturas móveis, não se segue um processo dinâmico seqüencial, com começo num modo configuracional e seu término num outro, distinto; o que fazem essas esculturas móveis de Calder quando as forçamos a se mover é mostrar algumas das combinações que são possíveis a partir da estrutura com que foram construídas e, ao final, quando retornam ao repouso, retomam a disposição que tinham antes de perder o aspecto estático devido a nossa intervenção. Sua mobilidade não nos diz mais do que suas possibilidades de mudança, não leva a nenhuma mudança estrutural, mas seu dinamismo pode aparentar mudanças estruturais que confundem o observador. O mesmo pode acontecer quando o paciente ou o terapeuta propõem uma escultura terapêutica móvel, razão pela qual defendemos a escultura estática.

Não devemos nos esquecer de que a escultura remete à rede de relações que cada um interiorizou como esquema de comportamento. Esse esquema, enquanto conserva sua estrutura, condiciona certos modos estereotipados de relação com o meio, uma reiteração dos mesmos tipos de respostas. Esse modelo, relativamente estático, e tanto mais quanto essa estática é expressão de modos disfuncionais de relação, é o que vai se ver refletido na escultura. Por isso, a escultura sem movimento é a que melhor se ajusta a esse sistema-cena estático. A formalização na escultura é análoga, metáfora-analógica, em todos os seus aspectos, ao sistema-cena interno. Partimos dessa construção para poder utilizar a escultura como modelo simbólico dos conteúdos internos. Quase sempre, quando um indivíduo diz que sua escultura precisa ter movimento, está expressando uma resistência para fazer contato, para defrontar-se claramente com a mensagem declarada e descarnada da escultura estática. Com o movimento, foge do inefável ao contar uma história. Desloca-se da escultura para certa construção dramática que, sem dúvida, pode ser também reveladora a seu modo, mas que no aqui-e-agora tenta escapar ao objetivo proposto.

Sem dúvida, em alguns casos a escultura dinâmica pode ser apropriada ao que se deseja mostrar, já que seu movimento completa e define o sistema-cena que se plasma. Porém, como dizíamos em "O casal tridimensional"[23], "convém que, com esses movimentos, não se perca a concepção da escultura, que se mantenha dentro de limites que continuem permitindo a visão de conjunto e, portanto, que se possa voltar ao início e repetir o movimento". Como nos móbiles de Calder, não se perde a estrutura, mas permite-se que ela se mova e mostre diversas caras para que tenhamos uma apreciação mais completa de sua inteira complexidade. Por exemplo, numa escultura, o paciente insistiu em que, para imprimir o sentido total do que desejava expressar, necessitava: "Olhar para minha mulher, depois para minha mãe, uma e outra vez, de uma à outra"; num casal a mulher precisava atuar, sem romper a configuração, num movimento de aproximação-separação com relação a seu cônjuge, como a maneira mais exata de expressar sua ambivalência concreta. Esses dois casos ilustram suficientemente em que situações admitimos romper o princípio de estática da técnica de escultura.

O escultor escolhe, realiza e "interpreta" a escultura

Agora queremos reforçar o conceito de autoria. O paciente deve ser sempre o autor de seu ato dramático, seja jogo, dramatização ou escultura, visto que é o único que possui sua verdade, e que, portanto, pode plasmá-la; melhor ou pior, mas essencialmente sua.

Dos três pontos existentes no enunciado deste item, talvez o menos relevante seja o primeiro, já que o terapeuta também pode propor que qualquer pessoa faça uma escultura. Talvez tenhamos que assinalar que se o indivíduo aceitar plenamente a proposta como um

---

23. POBLACIÓN KNAPPE, P. "La pareja tridimensional", *XIV Jornadas Nacionales de Terapia Familiar*. Santiago de Compostela, novembro de 1993.

caminho desejado de sua própria realização, essa escultura se converterá, de fato, num ato terapêutico. Caso contrário, ficará limitada, para agradar ao terapeuta... ou para manipulá-lo.

Queremos enfatizar dois outros aspectos. O primeiro é que é o escultor quem realiza a escultura. Somos redundantes a esse respeito, uma vez que alguns autores comentam que o terapeuta deve ajudar a construir a escultura. Insistimos nisso porque o processo segue uma complexa seqüência na qual não se deve interferir de modo algum. Quando o terapeuta sugere o tipo de escultura e aquece o paciente para sua realização, esse último passa por uma seqüência de estados. Primeiro, há alguns momentos de desconcerto, que expressam a luta entre a tendência quase imediata para procurar uma idéia e a forma em que, no aquecimento, se insiste para deixar fluir intuitivamente do emocional, vivencial. A partir daí, inicia-se um processo criativo em que vai nascendo e se configurando a forma do esculpido, de modo mais ou menos fluido ou difícil, sob as mãos do escultor, com erros que rejeita e acertos que mantém, com dúvidas e iluminações. Estão em jogo a espontaneidade, a improvisação, a criatividade, as habilidades expressivas, e tudo isso deve surgir do autor, porque a ele pertencem esses fatores, a ele competem, e é seu direito encontrar-se com esses potenciais e poder exercê-los e desenvolvê-los como fatores acrescentados à riqueza do jogo dramático implícito no esculpir. Só ele deve encarregar-se desse processo de recriação, que implica movimento, aumento de informação ou formalização, na expressão de Bateson, enquanto construção de um modelo exteriorizado do mundo interno, que permite conjeturar novas hipóteses.

No final do processo criativo, encontramo-nos com a obra terminada, porque uma coisa é o caminho de criar, e outra é o contato, a vivência e a reflexão com e sobre a escultura realizada. Nesse momento, o escultor considera sua finalização e tende a desfazer a escultura ou, ao menos, olhar para o terapeuta e falar com ele. E é precisamente agora que precisamos insistir para que ele permaneça fixado nela, que a viva, que se perceba cinestésica, proprioceptiva e emocionalmente. Durante o processo criativo, o indivíduo esteve imerso nele, com seu gozo e sofrimento, mas só agora pode entrar em contato com os significados profundos de sua obra, com a mensagem que surge da construção realizada. Seu corpo — e o de cada um dos indivíduos que fazem parte da escultura — trará a cada um sua própria mensagem, sua interpretação pessoal. O que nos conduz ao seguinte ponto:

O comentário deve ser feito a partir da escultura, nunca depois de havê-la desmanchado

Inclusive desencorajamos os sujeitos a olharem para o terapeuta ou que relatem a ele sua vivência. "Não me conte, expresse o que você está vivenciando em voz alta", costumamos dizer[24]. Porque enquanto se mantém a escultura, seus componentes estão recebendo mensagens a partir de suas posturas, contatos, posições relativas, proximidades ou separações, gestos, comodidade ou incômodo, equilíbrio ou desequilíbrio. É um caudal de vozes a que se tem que dar tempo para serem expressas, tempo para serem ouvidas, diferenciadas e processadas. E tudo isso só pode ser conseguido a partir da escultura, por um processo de encontro, de parada e de reflexão sobre a própria vivência, e durante o tempo que for necessário. Após a escultura ter sido desfeita, *a posteriori*, perde-se a oportunidade, o momento mágico de contato com o mundo interno, que é o que nos dá a informação privilegiada. Depois virá um outro tipo de elaboração, mais intelectual, em que se pode recodificar e expressar em palavras, simbolicamente, o que antes era vivência. É também o momento de compartilhar, de trocar idéias, inclusive de interpretar, se se considerar oportuno. No primeiro passo, a partir da escultura, percebe-se pela vivência o estar sujeito a essa rede vincular que está formalizada; no segundo passo, denomina-se, define-se, relaciona-se com outros fatos, arrazoa-se, processa-se, enfim, racionalmente. E esse segundo passo só é frutífero se se apoiar no primeiro.

O trabalho do terapeuta é o de facilitador

Em psicodrama, dizemos que o terapeuta não é mais do que um dos cinco instrumentos da terapia e, embora acrescentemos que é um ego-auxiliar privilegiado, nem por isso deixamos de descê-lo do pedestal de poder terapêutico até um nível mais realista de co-autor do processo terapêutico. Uma vez mais percebemos como Moreno se adiantou com relação a conceitos modernos, como o que aqui está implícito, o conceito de sistema terapêutico.

---

24. Trata-se de um solilóquio, não de uma explicação (veja o Capítulo 4).

Como já dissemos, em nossa práxis pretendemos que o próprio interessado aceda, por intermédio de nossa direção técnica ou instrumental, ao seu próprio encontro, desestruturação e reestruturação. Que o próprio paciente seja o fator de mudança. O papel do terapeuta centra-se em encorajar a construção desse caminho que o paciente deve empreender, aprender e recorrer. Essa facilitação, e remetemo-nos à escultura — embora pudéssemos ampliá-la para outras técnicas —, dará, com seu apoio, compreensão, compromisso na ajuda, expressão clara e adequada das instruções, com um aquecimento adequado, com uma direção "de cena" que saiba respeitar a autoria do paciente, com a facilitação do processo e, por fim, com uma aceitação das interpretações pessoais e subjetivas e a animação para compartilhar e contrastá-las com as dos demais implicados. Pensamos que o terapeuta deve evitar a interpretação e a manipulação a partir de sua visão pessoal do que então está ocorrendo.

Em resumo, como terapeutas, não pretendemos emitir prioritariamente nossa opinião, muito menos impor nossa visão como a "única acertada". "Trata-se de poder incidir, por intermédio de certas técnicas, em certos conteúdos que permanecem ocultos e que, a partir deste momento, serão desvelados e compartilhados com semelhantes e diferentes conotações emocionais e cognitivas, por todos os membros do sistema terapêutico."[25]

---

25. LÓPEZ BARBERÁ, E. "La implicación personal en la formación". Atas das XV *Jornadas Nacionais de Terapia Familiar*, Vitória, 1994.

Teoria da Técnica da Escultura

À procura de uma compreensão teórica do fato técnico

A escultura, com sua riqueza instrumental, pode ser utilizada, assim como outras técnicas psicodramáticas, a partir de uma posição exclusivamente empírica. O terapeuta recém-formado é espectador da aplicação das técnicas, tanto no processo de sua formação quanto como observador de outros terapeutas mais experientes, e tende a utilizá-las de forma imitativa, obtendo, sem dúvida, na maioria dos casos, um rendimento que o satisfaz o suficiente para a prática cotidiana. Não lhe interessa aprofundar-se mais nem tentar conhecer os detalhes de uma possível compreensão teórica subjacente. Parece que a semente e o terreno são tão férteis que ele não precisa lavrar a terra, garanti-la e cuidar da colheita. Nós, porém, achamos que vale a pena tentar esse trabalho, que permite uma colheita ainda mais abundante, o que nos leva a ir em busca de certas hipóteses que canalizem uma certa conceitualização teórica da técnica, que justifique e apóie sua utilização, suas aplicações, seus efeitos e suas conseqüências.

Nossa posição é a de que existe uma narrativa corporal, uma poética do movimento ou um texto do corpo, "que se escreve" quando este se expressa com seus gestos, movimentos e posturas. Esse texto responde a uma idéia interna, a um esquema ou projeto que, estimulado por um impulso para realizar-se, transforma-se em forma e movimento. Como assinala Marina[1], "Existe o jogo de basquete, assim como o jogo de fazer sonetos"; cada conduta corporal é

---

1. Marina, J. A. *Teoría de la inteligencia creadora*, 1993, pp. 89-90.

o resultado de "longas frases musculares", que "poderíamos analisar mediante uma retórica do movimento".

A partir desse mesmo pressuposto, há anos falamos de um texto da dramatização, ou seja, da encenação terapêutica da narrativa interna do indivíduo, e, mais concretamente, de um texto da escultura.

O escultor — um artista que trabalha o mármore ou um paciente que modela seu corpo — escreve sua história interna por meio da escultura. Aquele que realiza uma escultura terapêutica cria o texto vivo de uma história viva e atual.

No *Diccionario de la lengua*[2] verificamos que um texto é "um enunciado ou conjunto de enunciados orais ou escritos que o lingüista submete a estudo". Pretendemos considerar as dramatizações de nossos pacientes como textos "escritos" tanto com a palavra quanto com a linguagem plástica de posturas de um ou vários corpos, em determinados modos de relação, e sendo todos os membros do sistema terapêutico quem os submetem a "estudo", por meio de sua percepção, emoção, compreensão e explicação terapêutica, a começar pelo próprio autor.

Dentro do processo psicodramático, uma escultura seria o equivalente a um período, no sentido gramatical, ou seja, uma "unidade textual ou unidade psíquica de conteúdo". A sessão inteira, ou melhor, as sessões que compõem um tratamento, constituiriam o texto total, do qual a escultura é apenas uma unidade isolada. Por isso, falamos de uma gramática do psicodrama, aplicável a uma fração que é a escultura.

A partir de nosso ponto de vista com relação à escultura como texto, interessa-nos esmiuçar e penetrar mais fundo em três facetas: o processo dinâmico de criação do texto, sua semântica ou conteúdo e sua sintaxe ou rede de relações dos elementos em jogo.

A criação do texto escultural

Anteriormente, havíamos falado dos esquemas dinâmicos internos que, em nossa própria linguagem, denominamos de sistemas-cenas internos. Também insistimos em que os primeiros sistemas-cenas

---

2. *Diccionario de la lengua española*, tomo II, Espasa Calpe, 1992.

são puramente corporais e não apenas esquemas de movimentos musculares (nisso, divergimos de Marina e de outros autores), como também de reações biológicas, endócrinas, imunológicas, circulatórias e outras. Para abreviar, nós os incluiremos na expressão unitária de "movimentos corporais". Pois bem, esses esquemas de movimentos corporais que vão se modificando e se formando ao longo da vida, e que mais adiante incluem a palavra como outro movimento a mais, funcionam como constituintes da memória, considerada não como um banco de dados ou *software* de um computador, mas como propostas de possibilidades de interação com o meio e consigo mesmo. São esses sistemas-cenas ou projetos internos que extrojetamos sob a forma de esculturas. Temos, pois, um projeto disposto a mostrar-se e a tomar forma, mas, para isso, é preciso um movimento intencional que o ajude a sair. O autor não conhece bem o que traz dentro de si, precisa de uma musa que o inspire ou de um treinador que o aqueça, o que vem a dar mais ou menos no mesmo. É o terapeuta quem assume a função de musa ou treinador, aquecendo o indivíduo para aguçar sua intuição, conseguir que a inspiração surja e que o paciente-autor possa proceder ao parto criador de sua obra escultural. Isso se consegue por meio de um processo vivencial, num estado alterado de consciência, em que predominam o emocional, o intuitivo e o gestáltico sobre o racional[3]. "O corpo escreve a escultura no espaço"[4], criando não apenas uma forma, como também espaço e tempo próprios, e uma potente dinâmica do fato estático.

O indivíduo compreende muito bem quando sugerimos que ele deixe que a escultura "saia de suas entranhas", que nasça do visceral e não de um processo racional, já que ele próprio viveu, em mais de uma ocasião, a sensação de ter dois modos de perceber e de pensar, um modo racional e outro mais intuitivo, de golpe, de visão de conjunto, que identificou como "mais de dentro". Na realidade, estamos pedindo que ele produza sua escultura a partir de um certo predomínio funcional do hemisfério cerebral direito, mais primário e mais "desenvolvido para a compreensão unitária de conjuntos complexos, mostras, configurações e estruturas"[5]. Trata-se de um processo criati-

---

3. O processo de aquecimento.

4. POBLACIÓN e LÓPEZ BARBERÁ, "La escultura en terapía familiar", *op. cit.*, 1991.

5. WATZLAWICK, P. *El linguage del cambio*. Barcelona, Herder, 1981, p. 25.

vo, de algo que nasce como objeto novo, em *status nascendi*, e portador de uma nova informação. A escultura surgida desse caminho criativo converte-se numa fonte de achados surpreendentes; ilumina o autor com informações novas e desveladoras sobre sua intimidade e sobre seus modos profundos de se relacionar com os outros. Ele, então, sente-se compelido a formalizar o mundo de dados que o invade; quer explicá-lo e explicar-se. É o momento em que insistimos: "Não se detenha ao que você quis construir. Em vez disso, expresse o que capta, o que lhe diz o seu corpo aqui-e-agora, fale a partir do que lhe sugere a escultura, como se sente, o que provoca em você". Pretendemos que perceba, a partir do proprioceptivo, toda a informação que se aglomera ao redor das sensações internas, sobretudo emoções e sentimentos constitutivos dos esquemas internos de relação. Essa informação global é a que interessa que ele decodifique até onde lhe for possível, a partir das mensagens corporais que recebe, até uma linguagem digital que pode compartilhar com o resto do sistema terapêutico. Ser e ter corpo fluem unidos, e poder falá-lo, fazê-lo em palavras, simbolizar aquilo que até esse momento era inominável. Aqui se cristaliza a escultura como texto simultaneamente corporal e verbal, ou seja, analógico e digital, como linguagens complementares, o que, de fato, parece inevitável e até mesmo desejável, razão pela qual concordamos com Knapp quando aponta que "A comunicação verbal e a não-verbal deveriam ser tratadas como uma unidade total e indivisível"; citando Argule: "Alguns dos achados mais importantes no campo da interação social giram em torno das maneiras nas quais a interação verbal necessita do apoio das comunicações não-verbais"[6], e, certamente, o inverso, como é o caso da escultura, em que partimos de uma comunicação não-verbal que complementamos com o verbal. Escreve-se e inscreve-se na história do sistema terapêutico. A partir daí entende-se, compreende-se, compartilha-se e possibilita-se uma mudança na história, ao se enriquecer a narrativa até então conhecida.

Partimos, portanto, do fato da existência de uma narrativa corporal assim como existe uma narrativa verbal. O jogo mágico da mímica, do teatro de marionetes, cujas palavras escassas ou exclamações são formas ou partes da ação; o cinema mudo ou o teatro oriental

---

6. Em Knapp, *op. cit.*, p. 26.

manejam primordialmente um modo de comunicação a partir dos corpos. Vulgares ou sofisticados, grosseiramente evidentes ou de difícil sutileza, todos representam a partir de códigos não-verbais. Paralisados numa pose estática ou movendo-se enlouquecidos pelo cenário, estão falando consigo mesmos, entre si e com o auditório. Essa linguagem conduz a certas regras gramaticais, mas de uma gramática ainda por ser escrita. A cinesia ocupou-se sobretudo de dar sentido a gestos e posturas que são concebidos e interpretados sob a denominação de morfemas, mas parece necessário procurar as regras gramaticais, a sintaxe da linguagem não-verbal e, quem sabe, também, a semântica correspondente.

O salto de uma linguagem bidimensional para outra tridimensional — dramática ou de ação — coloca aos profissionais os mesmos problemas que são colocados para os habitantes de Flatland[7], que vivem em duas dimensões. São linhas, triângulos, quadrados, mas sempre sem volume. Quando "Lord Esfera" chega ao país, eles são incapazes de percebê-lo e, menos ainda, de concebê-lo, já que só podem vê-lo como um ponto ou um círculo menor ou maior, fazendo contato ou penetrando em sua bidimensionalidade. Sem dúvida, Lorde Esfera pode ver todos os habitantes e também aqueles outros seres com volume que transitam pelo espaço. Esse personagem tem capacidade de percepção e de elaboração num nível mais amplo, que engloba as duas dimensões. Do mesmo modo, o psicodrama e a sistêmica de segunda ordem vão além das terapias seqüenciais, assim como as análises verbais, não negando-as, mas englobando-as a partir de um nível lógico superior.

Em geral, toda a comunidade científica desenvolveu e possui uma linguagem e uma metalinguagem para expressar-se no mundo da comunicação linear, afirmando que é necessária a metalinguagem correspondente à linguagem tridimensional. Discordamos da alegação da falta de uma linguagem correspondente à posição psicodramática, quando, de fato, o movimento e a relação no espaço são essa linguagem. Parece ainda estar por ser desenvolvida uma semiótica da linguagem tridimensional, que traga uma sintaxe e um código que possamos utilizar para nos metacomunicar sobre o espacial. Está por ser construída essa gramática geral, que permita analisar a lin-

---

7. ABBOTT, E. A. *Flatland*. Penguin Group, 1992.

guagem dos conjuntos espaciais. Gramática ou lingüística, que se torna mais complexa quando exigimos, com Saussure[8], não apenas uma visão do sincrônico, que seria o essencialmente tridimensional, mas também o processo diacrônico, com o que o fator tempo acrescentado nos situa numa tetradimensionalidade. E isso é válido, inclusive, para a escultura, já que, enquanto fixação num instantâneo de um estado, esse suposto estado de estátua nada mais é do que um artifício, como a fotografia, para poder deter nossa observação no processo dinâmico. A detenção total do tempo é uma impossibilidade fática, já que conduziria à anulação do espaço e nos levaria ao vazio.

Para começar, situaríamos nossa proposição no amplo campo da semiótica geral, tal como a concebe U. Eco[9], abrangendo tanto uma teoria dos códigos ou semiótica da significação, quanto uma teoria da produção de signos ou semiótica da comunicação. Assinalemos também que aqui, com Eco, "adotamos o termo 'semiótica' como equivalente de semiologia"[10].

A semiótica da comunicação ocupa-se do "uso natural das diferentes 'linguagens', da evolução e da transformação dos códigos, da comunicação estética, dos diversos tipos de interação comunicativa, do uso dos signos para mencionar coisas e estados do mundo etc."[11] e será o marco dentro do qual nos moveremos em nosso desenvolvimento. Numa semiologia da comunicação corporal, teremos de partir dos signos, que a linguagem corporal utiliza, "como" e "para que" os usamos, no campo experimental e prático de uma psicossociologia, ou melhor, de uma biossociopsicologia.

Um signo, segundo Eco[12], "é qualquer coisa que se possa considerar como substituto significante de qualquer outra coisa", ou seja, na lingüística, é tudo aquilo que se utiliza no ato de comunicação "em lugar de algo que se quer transmitir"[13]. Todo signo deve ser considerado composto, segundo Saussure[14], pela soma do significante e do significado, o que, no caso do psicodrama e, muito espe-

---

8. SAUSSURE, F. *Curso de lingüística general*. Madri, Alianza Editorial, 1992.
9. ECO, U. *Tratado de semiótica general*. 5ª ed. Barcelona, Lumen, 1991.
10. *Idem, ibidem*, p. 17.
11. *Idem, ibidem*, pp. 17-8.
12. *Idem, ibidem*, p. 22.
13. MOZAS BENITO, A. *Gramática práctica*. Madri, EDAF, 1992.
14. SAUSSURE, F., *op. cit.*, 1992, pp. 88-9.

cialmente, das técnicas não-verbais como a escultura, seria o conjunto da representação dos aspectos corporais formais externos, e aquela "coisa" que tentam significar. A "coisa" é o esquema ou modelo relacional interno, resultante do *imprinting* de um aprendizado que levou para apreender as pautas relacionais que denominamos sistema-cena interno.

Dentro de uma semiótica da linguagem psicodramática, podemos tentar separar, inclusive em sua íntima relação, uma gramática e uma lingüística do texto psicodramático.

A gramática do texto escultural

Tomamos aqui a palavra "texto" tanto no sentido do que diz ou escreve um autor em relação ao conjunto de enunciados orais ou escritos que o lingüista submete a estudo. Nos interessa tanto a obra em si quanto a obra como objeto de estudo lingüístico.

Nosso texto é o texto dramático. Não a obra dramática escrita, e, sim, a obra que nasce e se desenvolve no processo terapêutico psicodramático e, concretamente, em sua natureza de texto de um autor, e na análise lingüística desse texto.

O autor do texto em psicodrama é de um modo prioritário o protagonista, embora tenhamos de admitir que, em sentido amplo, é a totalidade do sistema terapêutico. Aqui vamos trabalhar as duas opções, tentando esclarecer quando manejamos uma ou outra delas.

Em psicodrama, podemos nos remeter ao texto de uma cena, de uma sessão ou de toda a história de um tratamento. De algum modo, a cena aparece como a oração de um parágrafo (sessão) do texto total (terapia). Cada uma dessas unidades pode ser estudada independentemente, ou dentro do marco englobador do sistema mais amplo. Quando falarmos concretamente do texto da escultura, nos referiremos ao espaço comunicacional que se inicia com a proposta de determinada escultura e finaliza com os comentários que suscita. É um claro artifício, dentro de uma ótica que abarca o texto da sessão em que se realizam uma ou mais esculturas, e a história do processo terapêutico.

A linguagem utilizada no psicodrama é, obviamente, dramática. Ou seja, a ação e, portanto, inclui a palavra e o não-verbal, o digital e o analógico, englobando a palavra como parte da ação. Como já dissemos, trata-se de uma linguagem tridimensional, que surge geralmente em primeiro plano em técnicas como a escultura. A linguagem dramática, assim como todas as outras, como conceito operacional referente ao significado, deve ser considerada "uma totalidade altamente integrada, composta de elementos interdependentes"[15]. Segundo Saussure[16], assemelha-se a uma partida de xadrez, em que nenhuma unidade pode ser acrescentada ou suprimida sem alterar o campo total de forças. Cada unidade ou cada signo idiomático vai fazer parte de uma estrutura total, cujo significado depende não apenas das unidades presentes, mas também de seu lugar no texto, de seu modo de se relacionar ou da sintaxe. A semântica depende da sintaxe: "Em vista da função, o fato lexicológico pode ser confundido com o fato sintático"[17].

Na escultura, os signos idiomáticos são os gestos do rosto, as posições dos membros e do tronco. Mas o significado da mensagem do texto dependerá da relação estrutural entre essas unidades idiomáticas, ou seja, das relações espaciais entre esse e aquele signo. Um braço para a frente terá significado diferente se terminar por uma mão aberta ou por um punho cerrado. Porém, tal punho, que em si pode parecer agressivo, muda de sentido se aparecer no braço esquerdo de uma pessoa sorridente, que expressa sua alegria pelo triunfo de um ideal. Mas, volta a mudar se diante desse indivíduo aparece um outro deprimido e sofredor, com o que a visão de conjunto nos mostra uma relação agressiva e dominante. Porém, é suficiente que a mesma mão direita sustenha e trate de levantar o dominado para que se introduza uma nova perspectiva do conjunto. Trata-se de ser redundante numa compreensão do texto como um todo.

Insistimos, os signos dessa linguagem são não-verbais. A palavra dá lugar ao gesto. A ação congelada é a linguagem que o protagonista da escultura maneja. E também é o modo de expressão por meio do qual o receptor recebe o texto. Aqui é preciso destacar que o receptor, ou melhor, os receptores, não são apenas ele ou os outros implicados na escultura, os possíveis observadores e a equipe terapêutica, mas também o próprio emissor.

---

15. Ullman, S. *Lenguage y estilo*. Cultura e Historia. Madri, Aguilar, 1977, p. 31.

16. Saussure. *Curso de lingüística general*, *op. cit.*, p. 160.

17. *Idem, ibidem*, p. 168.

Já sabemos que qualquer dramatização se plasma após um processo de aquecimento que introduz o protagonista num estado emocional especial. É assim que acontece, e talvez de um modo destacado no caso da escultura. Assim, a escultura vai surgindo a partir do que Erickson denominava[18] "o inconsciente", uma vivência de estar exteriorizando conteúdos do mundo interno, esquemas potenciais de ação. Não falamos, é claro, da escultura pensada, que rejeitamos, mas da modelagem em escultura de certos esquemas internos. Quando se realiza a escultura a partir desses parâmetros, e o protagonista tem a sensação de ter terminado de encontrá-la e de modelá-la, não é comum que o mesmo se surpreenda. Encontra-se com certos conteúdos que lhe eram desconhecidos, ao menos parcialmente, e que lhe falam do seu eu mais profundo. O protagonista emissor converte-se também em receptor da mensagem.

A escultura como processo de comunicação entre emissor e receptor(es) pressupõe um sistema de significação, de modo muito específico, um código ou uma cadeia de codificações. Um código limita-se a facilitar que "uma coisa materialmente presente na percepção do destinatário represente outra a partir de regras adjacentes"[19]. E no processo da dramatização, o protagonista como emissor e o(s) outro(s) e o terapeuta como receptores manejam regras diferentes, códigos diferentes.

O protagonista vê-se induzido a plasmar num código espacial — a escultura — o que se move em seu interior como obscuros esquemas de ação. Esse é um primeiro processo de decodificação/codificação. Porém, como receptor, tenta compreender e entender o que provoca nele e o que significa a escultura, tendo que passar do código corporal para sua simbolização com a linguagem verbal. Por seu lado, os outros receptores traduzirão, a partir de seus próprios esquemas internos, as mensagens que recebem.

Todo esse processo pode dar lugar, na prática, a uma série de possibilidades, tanto do emissor quanto do receptor.

No caso do protagonista, e mesmo quando a escultura tenha se modelado "de seu interior", podem surgir as seguintes simbolizações:

---

18. HALEY, J. *Terapía no convencional*. Buenos Aires, Amorrortu, 1988 e ZEIG, J. *Um seminario didáctico com M. Erickson*. Buenos Aires, Amorrortu, 1985.
19. ECO, U. *Tratado de semiótica general, op. cit.*, p. 25.

1. O indivíduo coloca a escultura em sua história passada. Nega inconscientemente a mensagem imediata que pode lhe causar impacto e a explica historicamente. Chega a dizer com suas palavras: "Essa escultura é uma ilustração do meu relato". A escultura se reduz ou tenta reduzir-se a um suporte do que foi narrado.

2. O protagonista analisa sua escultura e a explica em detalhes: "Com a proximidade do meu corpo e do corpo de meu(minha) companheiro(a), quero expressar meu afeto, mas, ao mesmo tempo, minha mão diante do seu ombro atua como freio, devido ao meu temor de ser invadido". Essas explicações procuram um certo distanciamento "científico" da compreensão do irracional. Assemelha-se ao modo literário chamado exposição.

3. Tenta argumentar sobre a análise e procura reforçar e justificar-se, eliminando ambigüidades e mostrando-se objetivo. Aparece como uma racionalização, às vezes muito distante dos significados profundos e, em sua forma literária, como uma argumentação.

4. O protagonista tenta descrever suas percepções corporais e as sensações que o invadem naquele momento. Trata-se do mais próximo possível de uma verdadeira transcrição ou tradução, uma vez que está procurando o que foi expresso em linguagem corporal para outro código, do emocional-sensorial ao verbal-simbólico. É a materialização da terceira fase do processo descritivo, a expressão. Estamos nos remetendo a Schökel[20], que diferencia, no modelo literário chamado descrição, três fases sucessivas: observação, reflexão e expressão. De modo análogo, todo aquele que realiza uma escultura passa por essas três fases: observa ou "ouve" suas sensações, valoriza-as, converte-as ou expressa-as sob a forma de escultura. E quando solicitamos que fale sobre o esculpido, volta a passar por três fases: observa as vivências que a escultura lhe provoca, reflete sobre as mesmas e as expressa verbalmente. Trata-se de um duplo processo descritivo.

---

20. SCHÖKEL, A., in ÁLVAREZ, M. *Tipos de escrito I: Narración y descripción*. 2ª ed. Arco Libros, 1994, p. 39.

Parece-nos evidente que o modo que mais nos interessa é o último, sendo os outros três complementares e integradores do texto dramático, mais amplo, da história geral do processo terapêutico.

Até aqui, referimo-nos ao emissor. Em relação ao receptor — quando não se tratar do próprio emissor —, ocorrem as seguintes possibilidades:

a) Enquanto receber o impacto da pura construção corporal, tenderá a interpretá-la a partir de seus próprios esquemas de ação internos.

b) Quando se acrescentarem as mensagens verbais do protagonista, concordará ou se chocará com aquela primeira interpretação a partir do corporal, reforçando ou rejeitando o que o protagonista disse, e sempre a partir da influência de seus próprios modos de entender, compreender e elaborar o observado.

Outro fator que deve ser levado em conta é que a escultura nunca é a exteriorização exata de uma cena interna. Nosso constructo teórico de cena interna não pode ser concebido como uma espécie de filme, depositado na rede neuronal, e a escultura como uma percepção holográfica da mesma. Já sabemos que esses filmes não existem como cenas fixas determinantes da conduta, e, sim, como padrões de ação que impulsionam modos de conduta, que são os que se mobilizam diante dos estímulos externos, como pode ser a proposta de uma escultura. A isso soma-se — ao sugerir que o indivíduo forme uma escultura de seus conteúdos internos — que o que encontra na percepção de si mesmo não é claro e nítido, mas movimentos obscuros, fluentes e ambíguos. Ele precisa ajudar-se com sua fantasia e imaginação para apreender essas percepções que provêm do jogo interno e dar-lhes forma na escultura criada que é, assim, sempre uma recriação dos movimentos profundos de sua alma.

No desenrolar da sessão em que utilizamos a escultura, e, em geral, em toda sessão psicodramática, utiliza-se para o texto os quatro modos ou tipos principais de um texto: em primeiro lugar, recorre-se à narração, relatando certos fatos que se produzem no tempo; os elementos que constituem sua essência são: "a ação, o que acontece, os personagens e o ambiente em que ocorre a ação"[21], ou seja, uma

---

21. ÁLVAREZ, M. *Cuaderno de lengua española*. Arco Libros, 1994, p. 20.

cena que oferece o protagonista à dramatização; em seguida, a descrição, que foi definida em gramática como uma "pintura" feita com palavras e, em nosso caso, como uma escultura feita com um código gestual. A descrição pode tomar como objeto "aspectos do mundo psíquico interno, sensações ou sentimentos, emoções e produtos de nossa fantasia"[22]. Com a exposição, o indivíduo transmite em palavras suas vivências, ainda do ponto de vista descritivo, mas já tentando emitir uma informação que se pretende fazer ainda mais objetiva, numa argumentação final. Como vemos, o texto da sessão recupera em suas três fases — de aquecimento, dramatização e comentário — os quatro tipos fundamentais de escrita[23].

No texto, temos de considerar também sua coerência e coesão. Ou seja, a conexão das partes em um todo, que se constitui como unidade semântica (coerência), e o enlaçamento ou relação entre as partes do texto (coesão). Parece-nos que, quanto mais doente está um indivíduo, mais se alteram essas propriedades em sua plasmação do texto, que se torna mais e mais incoerente e desconexa. Dentro dos procedimentos de coesão textual, há um que afeta, em nosso entender, a escultura. Trata-se da elipse, já que, como figura de construção do texto, omite uma grande quantidade de informação parcial, sem com isso afetar — inclusive — a clareza do sentido. A escultura dá, como elipse, numa linguagem sintética, "o esperado e o adequado"[24].

Lingüística do texto escultural

Até agora, ocupamo-nos mais da gramática do texto psicodramático. Faremos o mesmo com a lingüística da comunicação propriamente dita, na qual, sem entrar em discussões de escolas, discriminaremos os níveis semântico e sintático. A partir de nosso ponto de vista, podemos considerar, na dramatização em geral, e na escultura em particular, um aspecto semântico e outro sintático.

---

22. *Idem, ibidem*, p. 40.

23. Não se deve confundir aqui o uso dos termos descrição, exposição e argumentação como modos de escrita aplicados à sessão, com o que fazemos nos modos de "escrever" verbalmente a escultura.

24. CASADO VELARDE, M. *Introducción a la gramática del texto del español*. 2ª ed., Arco Libros, 1995, p. 22.

Semântica da escultura

A semântica da escultura pode ocupar-se dos signos léxicos particulares que a constituem ou da mensagem em sua totalidade ou texto. Voltamos a insistir aqui em que os signos léxicos da escultura são os gestos e posições das diversas partes do corpo, e é preciso que os consideremos, em princípio, como polissêmicos. Ou seja, qualquer gesto pode conduzir a múltiplos significados. Por exemplo: a mão que pega outra mão pode significar domínio, apoio, submissão, afeto, o ato de estar freando, impulsionando etc. Seu significado último depende de seu lugar na estrutura total e de sua relação com os outros signos, ou seja, aqui, a semântica depende da sintaxe.

Quando falamos da mensagem como um todo, estamos falando do significado da escultura como unidade semântica.

A partir do nível semântico da escultura, podemos nos deter em vários aspectos que nos interessam diferenciar:

1. O texto permite uma dupla leitura, a da mensagem como um todo, e de mensagens parciais ou secundárias, equivalentes a sintagmas. São elementos com sua própria unidade lingüística que, unidos, constituem a *gestalt* da totalidade e também matizam e complementam o anterior. Por exemplo: a escultura de casal realizada por M. como expressão de seu desejo ("escultura desejada") mostra um abraço mútuo, no qual os braços de ambos se fecham sobre o outro. Nas palavras de M.: "Quero recuperar nosso carinho e amor", mas a cabeça de M. está erguida, olhando para longe. Surpreso, ele diz: "Preciso ver mais coisas, senão sinto-me sufocado no abraço". Os corpos estão separados, muito separados, da cintura para baixo: "Tenho medo de me deixar enganar pelo sexo".

2. O texto aparece codificado em linguagem analógica. O "escultor" mobiliza seus esquemas internos de ação e dá-lhes uma forma plástica, que é a que envia as mensagens, tanto ao observador externo quanto ao autor, que aqui assume também o papel de observador de si mesmo. É um momento em que seu próprio corpo passa a ser eu, sujeito, a ser também objeto, meu corpo (nosso corpo, quando há mais pessoas envolvidas na escultura). O(s) corpo(s) observado(s) envia(am)

um primeiro bloco de informação, com um forte impacto global. Impacto em primeiro lugar vivencial; é a emoção da descoberta da imagem, que vai levando paulatinamente à análise e supressão, a partir da necessidade de denominação, de expor em palavras a sinfonia de volumes carregada de vozes ainda não escritas. Cada observador criará uma narração distinta, condicionada em sua percepção e elaborada por seus próprios conteúdos internos. É o momento de ouvir a interpretação do autor, a partir de certos conteúdos internos, que são os mesmos que agora utiliza para pôr a escultura em palavras. Processo comum de decodificação e recodificação a partir do analógico para o digital, que converte o texto tridimensional num texto linear que permite captar e compartilhar, ao menos parcialmente, o conteúdo metafórico da escultura. Trata-se de um processo em que se perde inevitavelmente parte da informação emocional, mas, em troca, ganha-se em informação transmissível. Temos de adverti-los a respeito dos riscos de se querer traduzir tudo em palavras, pois cai-se então com facilidade numa descrição tão minuciosa, detalhada e extensa, que oculta, em palavras, as mensagens relevantes.

3. A escultura mostra o sincrônico e demanda o diacrônico. Quando alguém constrói uma escultura, temos diante de nós, aqui-e-agora, uma estrutura física, que mostra em conjunto certos modos de relação. É uma estrutura estática, um instantâneo fotográfico que plasma um momento, entre momentos anteriores e posteriores. Por um lado, a riqueza desse estatismo, que se constitui em paradigma de todos os momentos, é um modelo geral ou denominador comum daqueles; por outro, o estático é o dinâmico detido, e o demanda. Chamanos à inevitabilidade da constante mudança da realidade. Por isso, muitos sujeitos, ao realizar uma escultura, sentem o impulso de introduzir o movimento.

4. O texto da escultura como significado da intimidade é uma mensagem difícil de compartilhar com os observadores que a perceberam, elaboraram e transmitiram a partir de seus próprios esquemas pessoais. No máximo, pode chegar a se estabelecer uma espécie de denominador comum. Esses aspectos

compartilhados, co-experimentados, aparecem mais facilmente quando existe um nível alto de "tele" no sistema terapêutico, ou seja, uma boa combinação e aceitação, um sentir-se grupo, que dá lugar ao nascimento de um co-inconsciente ou inconsciente comum, na acepção de Moreno[25].

5. A mensagem tem um aspecto significante, imediato, dos volumes do fato escultórico, da coisa diante de nós e diante do escultor, que remete a um significado, verdadeira mensagem última, secreta e anteriormente oculta no sujeito, inscrita em suas cenas internas, e que transmite ao exterior, podendo ser compartilhada pelo observador. A escultura tende a mostrar o que estava interiorizado como uma rede vincular do sujeito criador; esse é o significado último e verdadeiro da escultura. A co-participação com o observador nem sempre é necessária nem absoluta. Só a conseguimos, parcialmente, se se criou um sistema vivencial conjunto, sistema terapêutico verdadeiro, e a ele só se costuma chegar a partir de um bom aquecimento comum. Deve-se expressar pela vivência de uma co-participação, tanto dos aspectos cognitivos como dos emocionais, contidos sempre no significado da mensagem.

6. A partir de seus aspectos imediatos constitui-se numa metáfora do acontecer profundo e, portanto, uma metáfora analógica, ao mostrar que a estrutura da relação permite construir hipóteses plausíveis do que ali ocorre, mas não demonstra nada, só mostra.

Também pode ser interpretada como uma metáfora de interação, no sentido em que Black a define[26]. Enquanto, segundo Black, as metáforas de substituição e comparação "podem ser substituídas por traduções literais, não sacrificando senão parte do encanto, vivacidade e engenhosidade do original", nas de interação exige-se do leitor um sistema de implicações como meio de selecionar, acentuar e organizar as relações num campo distinto. Assim ocorre quando fazemos a leitura da escultura, que mostra um obscuro modo vivencial, e

---

25. MORENO, *op. cit.*, 1977.
26. BLACK, M. *Modelos y metáforas*. Madri, Tecnos, 1966, p. 3.

a traduzimos a partir das coordenadas de uma epistemologia relacional que marca as regras da tradução.

Por último, como modelo — metáfora, enfim — da realidade, temos que considerar que nos permite tanto aceder a essa realidade, a partir de uma simplificação, quanto chegar a uma complexidade. Simplificação no sentido que nos transmite Aracil[27], já que, como no caso do modelo de um veículo que o engenheiro introduz no túnel de vento para conhecer suas qualidades aerodinâmicas, a escultura não mostra a complexidade total hipotética da relação desses seres presentes na escultura, mas uma visão simplificada, que permite uma leitura útil na prática terapêutica.

Complexidade crescente[28], na medida em que se cria uma nova realidade — a escultura em si — que traz a todos os implicados um aumento de informação que reverterá na cadeia epigenética da terapia.

Sintaxe da escultura

O termo "sintaxe" encerra o tema último dos modos de coordenar as palavras que formam o texto. Aqui, utilizamos a expressão "sintaxe da escultura" para significar a relação dinâmica entre os elementos que a compõem, a rede ou malha relacional. Do mesmo modo, vemo-lo em Marina[29], que recolhe as investigações de Lashley, sustentando que "as ações possuem as propriedades de uma linguagem organizada sintaticamente", e cita-o textualmente: "A sintaxe não é inerente às palavras utilizadas, nem tampouco ao que expressam. É uma forma generalizada, que se impõe sobre os atos concretos, à medida que ocorrem". Podemos falar já numa sintaxe das cenas ou sistemas-cenas internos que, em última análise, são esquemas de ação e também de uma sintaxe dos atos externos, reflexo plasmado dos esquemas internos e, como uma forma das mesmas, da escultura e de sua sintaxe.

O que acabamos de escrever encerra uma série de aspectos que achamos conveniente matizar:

---

27. ARACIL, J. *Máquinas, sistemas e modelos. Un ensayo sobre sistémica.* Madri, Tecnos, 1986.
28. BATESON, G. *Espíritu y naturaleza.* Buenos Aires, Amorrortu, 1981.
29. MARINA, J. A. *Teoría de la inteligencia creadora, op. cit.*, p. 294.

1. A escultura está sustentada e formada por uma rede vincular. Os fios da rede são os vínculos que, ao mesmo tempo, formam os nós e os constituem, já que esses elementos são os papéis que se definem como modos vinculares. O conjunto da rede presente na escultura mostra o momento da estrutura do sistema e a estrutura do momento que está sendo considerado.

2. A escultura permite a leitura simultânea das tramas: o imediato, "real" e filmável, como gostamos de dizer, e o subjacente, que é o referente do primeiro. Ao filmável denominamos, de acordo com Martínez Bouquet[30], nível manifesto da cena — a escultura é uma cena fixa ou cristalizada no espaço —, e ao subjacente, nível latente. Fazemos referência à coexistência de vários níveis ocultos dos quais o latente é o mais imediato[31], que tem a ver com a estratificação da história do sistema. Esses níveis ocultos, ou sua rede relacional, assomam e se mostram, em parte, por meio do nível manifesto, mas para chegar mais além e poder ler nas entrelinhas, convém recorrer a técnicas psicodramáticas complementares que atuem como instrumento de ampliação e esclarecimento. As técnicas privilegiadas para esse aprofundamento na leitura são o solilóquio, o duplo, o espelho e a inversão de papéis, dos quais tratamos nos capítulos de técnicas psicodramáticas.

   Quando falamos de estratos ou níveis ocultos referimo-nos aos vestígios deixados em momentos ou etapas significativas da história pessoal ou do grupo. Vestígios esses que persistem até o presente, e que, a partir do passado, chegam até as cenas primordiais que, no indivíduo, pertencem a seus primeiros tempos de vida, e nos grupos, remetem à sua constituição, como primeiras cenas do casal, por exemplo. Recordemos que usamos cena ou sistema-cena como a rede vincular estabelecida em cada momento, em cada sistema.

3. A rede vincular que lemos de e na escultura está constituída pelos aspectos significantes dos signos lingüísticos que o

---

30. MARTÍNEZ BOUQUET, C. *Fundamentos para uma teoría del psicodrama.* México, Siglo XXI, 1977.

31. POBLACIÓN KNAPPE, P, *op. cit.*, 1990.

autor maneja ao manipular os corpos. Remete, como modelo ou metáfora, aos aspectos de significado dos signos, que formam uma estrutura suposta, já que o consideramos, de início, um constructo, que seria o verdadeiro sistema-cena portador da rede de mensagens do sistema humano considerado.

4. Quando trabalhamos com esculturas, o autor das mesmas é simultaneamente o emissor e o receptor da mensagem, já que, como autor, ele produz como expressão de seus esquemas comportamentais internos. Mas também recebe, simultaneamente, dos demais sujeitos presentes e observadores do ato dramático, como algo em parte conhecido e em parte novo, sendo o desconhecido carregado de significados portadores de informação.

5. Em outro estudo, Población[32] descreveu o que denominou objeto-cena, definindo-o como "aquele objeto que aparece como meio de comunicação, portador do sistema-cena oculto do sistema humano que o produz". Naquele momento, era uma referência às produções plásticas, pinturas, colagens ou esculturas que um sujeito cria, e que se pode e convém ler como uma *gestalt* carregada de significados que remetem a um sistema-cena. A escultura com corpos pode ser incluída, achamos, dentro desse conceito de objeto-cena.

Agora que nos referimos ao aspectos semânticos e sintáticos da escultura, queremos assinalar que essa cisão na análise deve ser considerada, em grande medida, como artificial, e só justificável a partir de uma clareza expositiva. Na realidade, a relação entre a sintaxe, ou seja, a estrutura relacional e semântica, ou campo semântico dos conteúdos psíquicos, é tão obscura como a relação entre a rede vincular e os papéis, já que, em cada caso, cada uma dessas dimensões gera outra. Assim, podemos nos perguntar se nos centramos na rede vincular, onde estão e o que são os papéis, bem como se nos centramos em sua sintaxe, os conteúdos perdem sua entidade própria e aparecem em sua qualidade de metamensagem.

Portanto, toda escultura é portadora de uma mensagem imediata, que é o modo relacional, e uma metamensagem, oriunda do significado, que nos informa sobre uma maneira de se comunicar.

---

32. POBLACIÓN KNAPPE, P., *op. cit.*, 1992.

Aplicação Técnica da Escultura

Neste capítulo tentaremos mostrar os aspectos práticos da técnica da escultura, ou seja, sua aplicação no decorrer da terapia. Se algum leitor tiver a tentação de remeter-se à leitura exclusiva deste capítulo, gostaríamos de desencorajá-lo de sua intenção, a não ser no caso de já ser um conhecedor experiente do psicodrama. Nosso conselho apóia-se na convicção de que qualquer profissional desejará aplicar adequadamente a técnica da escultura, e acreditamos que essa finalidade exige um conhecimento mínimo de sua teoria e da teoria da técnica do psicodrama. Seria conveniente consultar os capítulos anteriores, nos quais tentamos descrever a metodologia básica para aplicação geral das técnicas psicodramáticas, e para uma tentativa de compreensão dos fundamentos teóricos mais próximos da técnica pura.

Metodologia

Como acabamos de assinalar, tentaremos apresentar aqui um guia prático para o processo de aplicação da técnica da escultura. Seguimos, para isso, as três fases do psicodrama para o desenvolvimento de uma sessão, ou de uma subsessão. É conveniente esclarecer que uma sessão terapêutica pode ser inteiramente ocupada pela escultura, mas também pode ocupar somente um pequeno tempo daquela. De todo modo, parece-nos útil manter o hábito de adequar as sessões às três fases clássicas: aquecimento, dramatização (nesse caso, a escultura é a forma de dramatização) e comentários.

Aquecimento

O aquecimento tem como objetivo uma preparação prévia do indivíduo para uma aplicação produtiva da técnica. Em outro estudo[1], resumíamos assim suas finalidades:

* Promover maior espontaneidade para a ação.
* Centrar o interesse no tema.
* Criar o clima adequado para dramatizar (fazer a escultura).
* Estabelecer canais de comunicação dentro do grupo (no sistema terapêutico).

O aquecimento deve incluir todos os presentes — grupo, família, indivíduo, terapeuta — porque é o passo que impede ou diminui as resistências, proporcionando uma abrangência maior, com maior implicação em termos de vivência na aplicação da técnica. Nossa hipótese sobre as bases neurofisiológicas do aquecimento excederiam este espaço. Facilita-se o trânsito do contexto grupal do sistema terapêutico para um contexto dramático, ou seja, de um espaço "real" para um espaço imaginário. Não nos esqueçamos de que uma das maneiras de se contemplar a escultura seria a partir da intenção de se chegar a uma expressão simbólica por meio do imaginário — do "como se" — mediante objetos pertencentes ao mundo daquilo que é percebido como real.

Sem a facilitação desse trânsito, dessa preparação, a escultura ficará no limite do discursivo, sem conseguir que represente os significados profundos com que tentamos contatar. De qualquer modo, parece óbvio que não podemos exigir de ninguém, de supetão: "Faça uma escultura", embora tenhamos sido testemunhas desse desaforo.

Para conseguir o aquecimento, temos que ajudar o sujeito — o escultor — a se preparar para a tarefa. O primeiro passo consiste em explicar-lhe a proposta dessa nova técnica (supondo que se trata da primeira vez) chamada "escultura". Diante de sua muito natural surpresa e de seu desconcerto, temos de esclarecê-lo sobre a nossa sugestão, ou seja, o que é uma escultura, o que queremos dizer com

---

1. POBLACIÓN, P., e equipe didática do ITGP, "Apuntes de psicodrama", para uso dos alunos do ITGP, Madri, 1991-92.

essa expressão, caso contrário, ele pode começar a procurar e a nos perguntar onde estão a argila, a pedra, os cinzéis, e os desconcertados seríamos nós.

Para isso, explicamos que "fazer uma escultura" significa "usar o corpo (dos implicados) para construir um conjunto que, assim como uma escultura, mostre o modo de relação (ou a rede de relações) que existe entre as pessoas cujo corpo vai manejar". Esclarecemos que não se trata de mostrar um instantâneo de um momento da convivência, mas do "habitual", "a base da relação", sua "quintessência" ou outros termos que dependem da escultura, acrescentando: "De tal modo que, se entrasse aqui algum desconhecido, pudesse saber, apenas ao ver a escultura, o que está ocorrendo entre essas pessoas".

Estamos nos referindo ao caso da proposta da escultura que chamamos de "real", que costuma ser a primeira a ser realizada. Para as seguintes, o sujeito já está instruído, e podemos omitir essa parte do aquecimento. Se for preciso, podemos acrescentar algum exemplo de escultura que a pessoa conheça, como amostra das características da tarefa, como, por exemplo, *O beijo*, de Rodin, que expressa um modo de relação amorosa, em que os corpos mostram essa forma concreta de relação. Se possível, devemos evitar os exemplos, na medida em que possam, de algum modo, vir a condicionar o trabalho.

O passo seguinte consiste em transmitir *quem* faz a escultura, *a partir de onde* a faz, e *como* pode fazê-la. É importante enfatizar *quem* a pessoa vai esculpir: deixar claro que é a "sua" escultura, e não algo irrelevante, pois ele é o protagonista e, a partir de agora, é algo que compete a ele e o compromete pessoalmente: "É a sua escultura, que expressará seu modo de ver a situação. Não aquilo que se possa comentar ou a opinião dos outros, mas o que você vive em sua intimidade, em sua subjetividade". Prosseguimos, com o *a partir de onde* construir: "A partir do seu corpo, da sua intuição, do visceral. Não o que você pensa, mas o que você vive". "E *como* levar isso a cabo?" Usando as pessoas que estarão comprometidas na escultura: "Use o corpo como argila, como material para sua escultura. Coloque as posturas, molde os membros e as expressões, indique a direção do olhar. As únicas limitações serão as impostas pela realidade dos corpos, de sua constituição como corpos humanos e de sua impossibilidade de levitar...".

A partir daqui, passa-se sem sentir para a fase seguinte, a de dramatização que, em nosso caso, se constitui sob a forma de escultura.

Dramatização

As explicações anteriores serviram para ir aquecendo a pessoa e para que ela vá conhecendo a tarefa. A partir daqui, é preciso terminar de aquecê-la, escolher o tipo de escultura a ser realizada e dar as últimas instruções. Transcorrido um tempo no processo de tratamento, aqueles que já conhecem a escultura podem tanto recorrer a ela quanto escolher o tipo que vão utilizar. No entanto, nas primeiras sessões, o terapeuta deverá sugerir e indicar determinada escultura. Por exemplo: "Faça uma escultura de como desejaria que fosse a relação" (escultura desejada ou desiderativa), e insistimos nas instruções do item anterior. Se a pessoa pára para pensar no que vai realizar, ou fica bloqueada, encorajamo-la: "Vá experimentando diretamente, maneje os corpos, explore como quando éramos crianças e brincávamos com massa de modelar e, assim, brincando, íamos encontrando o que desejávamos. Não pense com antecedência", e diante de dúvidas posteriores: "Se não lhe parecer adequada, desfaça-a ou reforme-a". "Continue modificando-a quantas vezes quiser, até ter a sensação de que conseguiu o que estava procurando." Durante todo esse tempo, o sujeito já está esculpindo. Juntamente com as instruções anteriores, recordamos: "Trata-se da escultura do que você desejaria que fosse a relação (se for o caso), imagine-se, sinta que aqui pode modelar seu desejo..."; assim, estaremos ajudando-o a entrar em contato com o seu mundo emocional.

Até agora fornecemos certas regras, que servem de guia ao leitor, mas, antes de prosseguirmos, queremos assinalar que é preciso adequar, em cada caso, a linguagem ao nível cultural da pessoa, e não deixar-se inibir por suas resistências. Diante de comentários como "Eu não sei fazer isso", "Eu não sei representar", "Isso não é sério...", podemos responder, animando-a e desdramatizando-a: "Não, felizmente isso não é 'sério', aqui podemos representar". "Claro, esse é o nosso teatrinho terapêutico, que talvez não sirva para nada, mas podemos experimentar para ver o que está acontecendo. Se não servir, sempre poderemos experimentar outros modos." Trata-se de seguir e reforçar paradoxalmente as resistências, e não entrar no jogo estéril de raciocinar para obrigá-la a realizar a tarefa e demonstrar sua utilidade.

Depois desse parêntese, voltamos ao processo de esculpir. A escultura já está sendo modelada, o indivíduo está se incluindo nela. Esperamos. Questionamo-lo: "Está certo assim? Você quer fazer alguma correção?". No final, dá-se por terminada; o escultor e o(s) outro(s) devem olhar para o terapeuta, esperando algo: "Não olhem para mim." Mantenham-se fixados na escultura durante o tempo necessário para captar como se sentem a partir dela, a partir de sua pertença a esse conjunto e a essas relações entre os corpos. Quando lhes parecer oportuno, expressem-no num solilóquio" (veja-se a descrição dessa técnica no Capítulo 4). "Em primeiro lugar, que fale a pessoa que fez a escultura." Especificamos: "Não se trata de dizer o que se quis expressar com a escultura, ou o que achamos que o outro pretendia, mas as impressões, os sentimentos, as emoções que lhe provoca o estar aqui-e-agora nessa escultura" (recordemos que essa é a essência da técnica do solilóquio). Quanto a isso, se observarmos que são expressas certas opiniões ou uma análise racional, não o desautorizamos, mas tentamos ajudá-lo, a fim de que verbalize suas vivências com alguma intervenção desse tipo: "Bem, você deu sua opinião e isso pode ser útil; agora, poderia acrescentar também como se sente, o que lhe provoca essa posição de seu corpo e dos outros corpos", ou acrescentar, inclusive: "Você está se sentindo bem? Sente alegria ou pena? Angústia ou tranqüilidade?" e/ou "Está confortável ou desconfortável?...".

Quando todos os participantes do grupo esculpido já falaram, podemos sugerir que ele se fixe em alguns detalhes, como, por exemplo: "O que lhe diz essa forma de agarrar a mão?", "e essa perna contraída?...". Muitas vezes, em algumas dessas frações da escultura está a chave da mesma e/ou sobretudo as contradições com o resto e a totalidade, que devem ser significativas para a compreensão de matizes da relação.

A expressão da vivência deve ser produzida a partir da escultura, como insistimos no Capítulo 5.

Ao terminar de compartilhar todas as suas vivências, pode-se passar ao comentário ou, ainda, e essa é a via que recomendamos como psicodramatistas, obter maior utilidade terapêutica dessa escultura-"base", mediante a incorporação de técnicas auxiliares. Recordamos sua descrição e seu modo de utilização no processo de esculpir.

Técnicas subsidiárias incluídas na escultura

A. Solilóquio

Já tomamos contato com a escultura. Trata-se agora de se manifestar em voz alta aquilo que se mobiliza no indivíduo, após ter feito a escultura: sentimentos, emoções, sensações físicas, opiniões etc. Não se pretende que o indivíduo explique tudo isso ao terapeuta, mas que o coloque em voz alta, como — e disso se trata fundamentalmente — se fosse para si mesmo, ou seja, verbalizar e formalizar conteúdos internos próprios.

B. Duplo

Alguém não implicado diretamente na escultura procura identificar-se com a pessoa a quem vai dublar (identificar-se, no sentido de "pôr-se em sua pele", "viver o que o outro vive"); coloca-se ao lado ou atrás dela — com sua permissão prévia para ser dublada — e expressa em voz alta o que acredita que o outro não fez por inibição, por bloqueio, por não ter consciência de tais conteúdos etc. Convém perguntar, ao terminar, se a pessoa está de acordo com o que ouviu na dublagem.

"Alguém" a quem nos referimos é o que chamamos de ego-auxiliar, podendo ser o terapeuta principal, um terapeuta auxiliar, um membro do grupo ou da família. O mesmo vale para a técnica seguinte.

C. Espelho

Um ego-auxiliar ocupa o lugar e a postura do escultor (ou de outro membro da escultura), de modo que possa observar de fora o conjunto da escultura e sua própria disposição nela.

D. Inversão de papéis

Duas pessoas invertem seus lugares na escultura, procurando cada uma "pôr-se na pele da outra". É uma maneira de conseguir compreender as posições dos outros (as mudanças podem ser múltiplas) no sistema vincular.

Nas esculturas, que são feitas nos tratamentos de casal, costumamos propor as técnicas do solilóquio, do espelho e da inversão de papéis e, com certa freqüência, fazemos um duplo. Podemos exemplificar com um fragmento de uma sessão de casal, na qual duas pessoas, Cecília e Antônio, exploram sua relação por meio da escultura. Nos detemos no espaço em que Cecília realizou a escultura "real" e, por indicação do terapeuta, se fixou nela.

Cecília colocou os corpos frente a frente, a uns 20 centímetros de distância. Seu braço esquerdo está levantado, a mão aberta com a palma sobre o peito de Antônio. Sua mão direita segura o pulso de seu companheiro para longe dela. A mão direita de Antônio, sobre o ombro de Cecília, tenta atraí-la; a esquerda está segura pela direita de Cecília. As pernas de ambos estão retas e os pés firmes sobre o solo.

Terapeuta: *Fiquem um momento fixos nessa posição, e... por favor, não olhem para mim, continuem olhando um para o outro como estavam... e... insisto, continuem em sua posição, e percebam as sensações e sentimentos que provocam em vocês o fato de se encontrarem nessa posição. Quando parecer oportuno, expressem-se em voz alta. Em primeiro lugar, Cecília vai falar, pois a escultura é dela.*
Cecília: *O que eu quis mostrar...*
Terapeuta (não deixa que ela termine): *Por favor, Cecília, isso você pode comentar posteriormente, agora, concentre-se no que está sentindo neste momento, em relação ao que construiu.* (O terapeuta corta aqui uma certa resistência de Cecília na tomada de contato com sua vivência, e a reconduz ao encontro com a repercussão que provoca o que construiu sobre suas sensações cinestésicas e seus sentimentos. Ou seja, ele a está impelindo a uma codificação simbólica, em palavras, dos esquemas corporais internos que procurou modelar no exterior da escultura.)

Solilóquio

Cecília (em voz alta, como que para si mesma, e transmitindo certa dificuldade para se expressar): *Sinto-me incomodada... e angustiada. Não quero ficar assim.*
Terapeuta: *E o que mais, Cecília? Quais são seus outros sentimentos?*
Cecília: *Raiva, vontade de chorar... e de sair correndo... Mas sinto-me paralisada.* (Ao fazer o solilóquio a partir da vivência, Cecília conseguiu transmitir em palavras os sentimentos que lhe provocaram o esquema vincular que mantém com Antônio. Isso, mais adiante, a ajudará a compreender a dor e a raiva expressas a cada dia, por meio de choros, queixas e discussões ácidas e a relacioná-las com o jogo vincular mútuo.)
Terapeuta (pede a Antônio que faça seu próprio solilóquio).

Antônio: *Encontro-me perdido, angustiado por esse afastar e rejeitar...*
Terapeuta (dirige-se a Cecília): *Você quer trocar de lugar com Antô-nio? Fiquem cada um na posição do outro... e vejam como se sentem. Coloquem-se um no lugar do outro. Não se trata de imaginar como o outro pode se sentir, mas como cada um se sente ao ocupar o lugar do outro. Disponham do tempo que precisarem.*

Inversão de papéis

Cecília (no lugar de Antônio): *Mal, agarrada e rejeitada. Tenho vontade de gritar: Esclareça o que você quer!* (A partir da inversão de papéis com Antônio, Cecília pode ter acesso à compreensão dos sentimentos de seu companheiro e a uma visão externa e crítica de sua própria atitude.)
Antônio (no lugar de Cecília, protesta para o outro, ou seja, para si mesmo): *Você me aproxima e me afasta. Sinto-me perdido.* (Antônio toma aqui uma clara consciência de seu próprio jogo.)

A inversão de papéis permitiu que cada um entrasse em contato com a própria ambivalência e o matiz pessoal que se expressa na conduta. Puderam integrar e aceitar a sua metade do jogo relacional. O terapeuta sabe, pelos dados recolhidos na história clínica, que essas atitudes são as mesmas que adotam em situações diferentes com outras pessoas. São condutas estereotipadas, que remetem a modos vinculares aprendidos com suas figuras parentais, tal como eles mesmos os descreveram. Ambos não estão conscientes dessa origem, e o terapeuta não considera oportuno assinalá-la.

Espelho

Terapeuta: *Vocês querem voltar cada um ao seu lugar?* (Eles o fazem.) *Agora quero pedir permissão para que E.* (a co-terapeuta) *ocupe o lugar de Cecília.* (Eles aceitam, e assim se faz.) *Agora, Cecília, você pode ver o conjunto de fora. O que ele lhe sugere?*
Cecília: *Coisa de louco! São capazes de passar a vida nisso! Que confusão! Isso é angustiante.*
Terapeuta (E): *Agora é a vez de Antônio ver a situação de fora.*

Antônio: *Eu acho a mesma coisa que Cecília. Parece-me uma situação sem saída, de um e de outro lado, e eles estão encalhados nisso.* (O espelho permitiu que ambos tivessem uma visão de conjunto de seu sistema de casal. Cada um volta a seu lugar.)

Terapeuta (P): *Depois do que aconteceu... haveria mais alguma coisa que vocês quisessem falar sobre esta escultura?*
Cecília: *Sem dúvida, faço bem em rejeitá-lo, pois evito que ele me manipule.*
Terapeuta (P): *Nada mais, Cecília?*
Cecília: *Nada mais.*
Terapeuta (E): *Cecília, quero lhe pedir permissão para falar por você, para dizer-lhe algo que creio que também esteja dentro de você, e que você não disse. Posso?* (Cecília aceita.)

Duplo

Terapeuta (E) (coloca-se atrás de Cecília, como se fosse sua sombra ou sua voz oculta. Dirige-se a Antônio): *Antônio, sinto medo e raiva ao dizer a você que também te quero e preciso de você; que não gostaria de perdê-lo.* (Para Cecília) *Soa como algo seu?*
Cecília: *Sim, está certo. Mas cada vez que admiti gostar de alguém, essa pessoa fez comigo o que lhe deu na telha...*
Terapeuta (E): *Alguém? Quem é alguém?*
Cecília (emocionada, quase chorando): *A primeira é minha mãe; eu gostava muito dela e sempre fazia o que ela esperava de mim. Ela me mantinha escravizada...*
Antônio (exclama): *Mas eu não sou sua mãe!* (Até esse momento, o duplo acrescentou um dado importante para a terapia, de que o casal tomou consciência do fator transferencial na relação de Cecília com Antônio. Em suas próprias palavras, mais adiante, ele diz que "casou-se com sua mãe", "que está se comportando comigo [diz Antônio] como com sua mãe".)

Os comentários não foram interrompidos na transcrição. Por outro lado, quando Antônio fez sua própria escultura, com a aplicação de todas as técnicas, foram esclarecidos o sistema vincular e os aspectos transferenciais no modo de Antônio comportar-se com relação a Cecília. Convém destacar que toda nova informação que Cecília e Antônio obtêm surge deles mesmos, por meio do impacto das técnicas, e não a partir da revelação dos terapeutas. O reconhecimento de como os aspectos transferenciais, com sua repetição de temores e expectativas, estão contaminando uma relação, por outro lado, de verdadeiro carinho, ternura, atração e semelhança de uma série de valores e gostos, é apenas um primeiro passo para poder descrever esse aspecto da história do casal e reescrever um relato mais satisfatório. Tudo isso será levado em conta com a ajuda de outras técnicas.

E. Multiplicação dramática

Cada pessoa envolvida com a escultura deverá realizá-la pessoalmente, podendo expressar assim seu próprio ponto de vista, com aspectos convergentes e divergentes.

Agora vamos passar à aplicação das técnicas. Havíamos nos detido na técnica do solilóquio proposta sistematicamente a cada um dos membros presentes na escultura. Em vez de passarmos para o comentário, indicamos habitualmente que realizem o espelho e a inversão de papéis e, com menor freqüência, a multiplicação dramática e o duplo.

Em primeiro lugar, cabe citar o espelho do escultor, do outro membro da díade, se se tratar de um casal, e de algum ou de todos (se desejarem, ou se parecer útil) os componentes de uma escultura com mais membros. O ego-auxiliar observa cuidadosamente cada detalhe da postura daquele de cuja escultura vão fazer o espelho; depois, retira-se, sem que os demais se movam, e o ego-auxiliar ocupa seu lugar. O interessado observa a escultura de fora, rodeia-a, observa-a para vê-la de todos os ângulos, expressa o que tal observação lhe sugere, e volta a seu lugar depois que o ego-auxiliar sai. Depois de realizar esse processo, é possível que também tenha uma nova percepção ao voltar para a escultura, razão pela qual convém questioná-lo nesse sentido.

A inversão de papéis é feita sempre que trabalhamos com escultura de casal e, também, com freqüência, em outros casos. Propõe-se [realizá-la] entre o escultor e aqueles componentes da escultura que nos pareçam significativos ou que expressem que esse é seu desejo. "Como se sente no lugar do outro, vivendo o que cabe ao outro, segundo o modo de relação moldado nessa escultura?" Trata-se de viver ativamente e expressar depois essa outra parte do sistema vincular, questionando o modelo de relação a partir das diversas posições que a sustentam, e não exclusivamente a partir da própria.

Na multiplicação dramática damos a oportunidade de cada um expressar seu ponto de vista, não-verbal, mas ativamente, por meio de "sua" escultura sobre o tema que foi proposto, ou seja, a partir do seu ponto de vista. Traz um grande esclarecimento sobre [o modo] como cada um define o momento vincular, o que dará lugar a divertidos comentários posteriores.

O duplo é a técnica que, a despeito de sua aparente simplicidade, encerra maior dificuldade. Se a pessoa que realizar o duplo não for um terapeuta, ela precisa ser advertida de que "não se trata de expressar o que diria no lugar do dublado e, sim, o que acredita ou percebe que o dublado não disse". Não significa trazer seu próprio ponto de vista, mas, sim, ajudar o outro a se expressar. Aqui aparece a dificuldade, nessa identificação honesta com o dublado.

Nunca se insistirá o suficiente no cuidado com que devem ser aplicadas essas técnicas, pedindo permissão previamente, aceitando sem críticas sua rejeição, respeitando a linguagem e o tempo do paciente. No conjunto, pode parecer que o processo da escultura é muito extenso, lento e complicado, mas a eficácia multiplicada compensa amplamente todo esse aspecto complexo.

Uma das técnicas auxiliares que introduzimos na escultura, e que habitualmente praticamos, é a que denominamos "passos entre as esculturas".

Passos entre as esculturas

As simples esculturas, com o acréscimo das técnicas elementares, são formas privilegiadas para a exploração, para o diagnóstico e para a terapia dos sistemas disfuncionais. Mas achamos que a técnica que permite dar um passo adiante é a que criamos e denominamos "passo ou trânsito entre as esculturas".

Esses trânsitos são realizados entre dois tipos de escultura previamente construídos. Os trânsitos mais usuais são aqueles realizados entre a escultura "real" e a desejada, e entre a "real" e a temida, mas também se aplica [à passagem] entre qualquer um dos tipos descritos mais adiante, no próximo capítulo.

A técnica de passo entre esculturas consiste em partir de uma escultura e chegar a outra. Pretende-se que esse processo se converta numa forma de ajudar a vivenciar o que essa mudança significa para o escultor e para o sistema. O que está em jogo é a vivência de uma mudança estrutural e tudo o que isso mobiliza. Por exemplo, ao passar de uma escultura "real" para uma desejada (supõe-se que já se tenha realizado ambas anteriormente), o escultor se defronta com o custo desse salto situacional que ele fantasia, e que ocasionará e o obrigará a reformas pessoais e alheias, que deverá aceitar para que seu desejo se torne real.

Descreveremos com certo detalhamento a metodologia de aplicação dessa técnica.

É conveniente que as duas esculturas, entre as quais vai se constituir o passo, tenham sido realizadas segundo o processo técnico que descrevemos. Embora possamos partir de qualquer um dos dois tipos, o caso mais freqüente é o que ocorre entre a real e a desejada. Sempre utilizaremos as que forem mais interessantes para cada caso concreto.

Para nossa descrição, examinaremos o caso de um passo de escultura real para a desejada.

No momento de sugerir essa técnica, começa-se construindo a escultura real, exatamente como se fez pela primeira vez. Tenta-se, também, fazer a pessoa recordar-se e ter em mente a escultura desejada, que construiu antes. O indivíduo detém-se na escultura real recuperada e, se for preciso, sugere-se repetir tanto a ele quanto aos demais possíveis componentes os solilóquios que expressam sua vivência do aqui-e-agora. Já aquecidos, indicamos ao escultor: "A partir de agora, é importante que você atue muito lentamente. Vá passando muito devagar, em câmera lenta, dessa escultura para a desejada. A real é o princípio; a desejada, o final do trajeto. Os demais elementos — que fazem parte da escultura — irão mover-se de modo consoante para finalizar na desejada". O motivo dessa lentidão é possibilitar que todos possam se dar conta de tudo o que ocorre nesta mudança. O que significa para sua vida. Podemos insistir: "Trata-se de tomar contato com o que você ganha ou perde caso realize essa mudança". "Sobretudo, o que lhe custa, o que deve ser recolocado, o que tem de mudar, que esforço terá de fazer."

O que se pretende é deixar muito claro para o indivíduo que ele deve ter consciência e viver tudo o que conduz, necessariamente, à passagem do modo de relação expresso pela escultura real ao que se mostra na desejada. Isso significa a desestruturação dos modos de relação habituais e a aquisição de novos modos, desconhecidos. O desejado na fantasia, na qual parece ser muito fácil, o obrigará a uma mudança de atitudes e condutas, bem como das dos outros. Com a satisfação de realizar seu desejo, mas, também, implacavelmente, com a perda de satisfações atuais e o surgimento de novos esforços e responsabilidades. Sobretudo, deve ficar muito claro que deve centrar-se em si mesmo e nas alterações pessoais determinadas pela mudança de relação, independentemente, nesse momento, da mudança correspondente do outro.

Ao terminar o trânsito e se deter na escultura desejada, questionamos o paciente sobre se ele conseguiu entrar em contato com o que se propunha. Caso não tenha acontecido ou se esse contato não ficar evidente, pede-se que ele repita o processo desde o início. Ao final, pede-se a todos os membros que formam a escultura que expliquem o que significou para eles, com seus prós e contras, essa nova forma de construir as relações.

Quando se pratica essa técnica minuciosamente, o indivíduo toma contato claramente com os movimentos internos que levam inexoravelmente à mudança externa da escultura. Esse é um processo de mudança que, por simbolizar uma reestruturação profunda relacional vivida naquele momento, costuma produzir impacto emocional, obriga a tomar contato com novas formas de pontuar sua realidade, e, enfim, traduz-se numa verdadeira catarse de integração. A partir desse momento, o indivíduo pode colocar em xeque a fantasia a que havia se aferrado, como, por exemplo: "Gostaria que a nossa relação fosse de tal forma", parecendo-lhe suficiente desejá-la, e no entanto, ao contrapor que não era assim, surgem a culpabilização própria ou do outro, a frustração, a hostilidade, o despeito... A compreensão de seu desejo fantasiado só podia se realizar, ser levada a cabo, na realidade, por meio de um processo intermediário de mudanças pessoais que, até então, não havia sido visto, ou se havia evitado, recoloca o indivíduo. Faz com que se coloque com clareza se essa forma de relação fantasiada é verdadeiramente uma opção melhor ou não, se está disposto à mudança pessoal obrigatória ou não, e se tal mudança compensa. E tudo isso deve ser apresentado no processo do passo como um relâmpago, como um *flash,* que ilumina o ser e o estar, o poder ser e o estar eu-tu.

Adélia construiu uma escultura que ela denomina de *meu núcleo atual familiar*, composto por seus dois irmãos menores, que atualmente moram com ela. Eles vêm de uma família rural e numerosa de sete irmãos. Ela é a primeira universitária da família e mudou-se para a cidade, onde acabou seus estudos e conseguiu trabalho. Atualmente, alugou um apartamento e seus dois irmãos, Juan, de 21 anos, que trabalha em hotelaria, e Ana, de 27, que está desempregada, moram com ela.

A escultura "real" é modelada da seguinte maneira: sua irmã é colocada sentada, com os ombros caídos, cabisbaixa, as mãos sobre os joelhos, e com uma expressão de enfado e desânimo. A própria Adélia está sentada diante da irmã, com o braço estendido num gesto de segurar-lhe a mão, com a cabeça levantada e com uma expressão de tensão. Juan também está sentado entre as duas irmãs, mantendo um braço entrelaçado com o de Adélia, com os troncos e as cabeças inclinadas numa posição forçada para estarem juntos.

No solilóquio, Adélia diz: "Sinto-me muito incômoda, não gosto de ter de empurrar com meu braço minha irmã para que saia dessa situação. Por outro lado, ela não me olha... não dá bola pra mim... porque acho que eu a aborreço (isso é corroborado posteriormente no solilóquio da irmã). Com meu irmão... é uma surpresa... a gente se gosta muito... mas noto que meu corpo está forçado, incômodo, para nos mantermos unidos, tenho que me girar excessivamente na direção dele, e isso é incômodo para mim". O irmão expressa, no seu solilóquio, seu esforço corporal para manter-se unido à irmã.

No trabalho com a escultura desejada, Adélia diz: "Tenho muito claro qual é o meu desejo".

Imediatamente, esculpe a nova disposição, colocando seus dois irmãos numa posição mais distendida, mais relaxada... e sentados um junto ao outro, olhando para ela. Ela coloca-se de pé, de costas para eles, e com um pé para a frente, mantendo uma certa distância. Está com um pé adiante, e a cabeça meio voltada [para trás], olhando sua irmã, e com uma das mãos, em direção a eles, num gesto de adeus.

Solilóquio: *Aqui sinto-me melhor... Estou mais confortável. Prefiro ficar de pé e distante deles, mas sem perder o contato... por isso olho para eles. Estou de pé, num espaço meu. Creio que é disso que necessito... começar a ficar sozinha, sem ter de estar tão inclinada em direção a eles...*

Realiza-se a proposta de passo entre esculturas, dando-lhes as instruções específicas dessa técnica. Adélia passa a recompor sua escultura "real", aquecendo-se para se colocar na situação e poder entrar em contato com o que essa posição lhe provoca.

Terapeuta: *Agora, pouco a pouco, você irá mudando a escultura, passando dessa escultura para a desejada... Simultaneamente, seus dois irmãos também irão modificando suas posições... O importante é que você vá tomando contato com os movimentos que tem que mobilizar... o que você deixa no seu movimento, o que você perde e o que ganha nesse trânsito...*

Uma vez realizado o processo completo — o passo da escultura real para a desejada — e já colocada nessa última, ela expressa: "Ganho em independência e autonomia, que é o que desejo, mas noto mais solidão... e isso me dói. Eu me livro de ter de estar dependente em relação a meus irmãos, mas... perco o controle... e me dói que não necessitem do meu controle para fazer suas coisas e estar à vontade" (recorde-se que ela, espontaneamente, os havia colocado de forma mais relaxada e distendida). Nas respectivas esculturas dos irmãos, expressaram a coincidência de se sentirem mais cômodos e mais unidos entre si, sem a presença da irmã. "...E me incomoda viver com a desculpa de que são eles que me impedem de reorganizar minha vida de maneira mais independente e procurar um companheiro. Tenho medo de enfrentar minha solidão... mas vejo-a como inevitável se quiser me organizar de outra maneira..."

A partir da "surpresa" em reconhecer a existência de um claro desejo de independência e liberdade, já que tinha um temor da perda da dependência dos outros em relação a ela e do controle sobre os outros, pôde começar a se reposicionar e a regular — levando em conta suas possibilidades e limitações reais no plano de suas relações fraternais — o processo de reestruturação das relações.

Num plano mais profundo, posso considerar seu papel protetor/controlador como uma forma de estabelecer um vínculo de proteção/controle em relação à dependência/passividade do outro, devido à sua necessidade de evitar o enfrentamento de uma vivência dolorosa de vazio e de solidão.

Finalmente, insistimos em dois pontos referentes ao processo técnico, qualquer que seja a técnica aplicada: o respeito ao tempo pessoal do escultor e à ênfase que se deve colocar, sempre, em captar e expressar de modo primordial a vivência. Cada sujeito tem seu tempo próprio, seu ritmo, que é preciso aceitar e respeitar; não se deve solicitar que ande mais depressa, que se ajuste ao ritmo do terapeuta ou ao tempo que se dispõe para a sessão. Só fazendo as coisas a seu modo a técnica lhe será útil. E só centrando a sua atenção e a sua intenção no mundo emocional e vivencial, desencorajando a racionalização e a expressão "lógica", chegará a uma catarse, ou, ao menos, a contemplar com novos olhos a sua realidade.

Comentário

No final de todo o processo técnico ou dramático, ao terminar a ação, deve-se reservar um espaço para um comentário compartilhado por todos os presentes, tanto os que fizeram parte da escultura como os que permaneceram como observadores.

Como já vimos, durante o processo de realização da escultura, criam-se espaços para comentários parciais, como é o caso daqueles que são realizados ao término e ao desfazer uma escultura, antes de prosseguir com a aplicação de técnicas auxiliares, ou com outra escultura. Mas, como final da sessão ativa, nós, psicodramatistas, sempre propomos um comentário final, centrado no que foi vivido, seja pelo protagonista, por sua implicação direta na escultura, seja por todos os demais presentes que compartilharam a experiência por meio de um processo de identificação ou de ressonância. Comentário emocional, nunca análise intelectual, que deixa entrever uma manobra de ocultação pessoal ou uma agressão ao outro. Por isso, a direção do terapeuta nesse momento da sessão é muito importante.

O comentário é, pois, uma etapa com uma metodologia técnica e certas funções específicas. Tem duas finalidades. A primeira, e para nós a fundamental, é a que oferece a possibilidade de compartilhar. É o momento destinado a trocas entre o protagonista, os egos-auxiliares e os observadores, das próprias vivências e experiências de papéis e/ou cenas que foram mobilizadas em cada um no ato dramático — no nosso caso, a escultura. É um momento que facilita a expressão fundamentalmente afetiva e que atua como caixa de ressonância grupal. Isso permite também uma abertura para futuros trabalhos psicodramáticos dos membros do grupo em tratamento. Por outro lado, o protagonista descobre que sua "cena", seu "drama", foi com-

194

partilhado e co-protagonizado pelos membros do grupo (num grupo natural ou artificial).

Um segundo objetivo dessa etapa do comentário é que ele permite a reintegração do protagonista no grupo, o passo de um espaço atemporal para uma dimensão real espaço-temporal, mas de uma maneira diferente, já que o resto do grupo se fez ecoar, e, por outro lado, permite modificar seus vínculos com os componentes do grupo. Como assinalávamos anteriormente, não desqualificamos a opção de incorporar também um comentário mais analítico, mas sempre inscrito numa compreensão sobre o ocorrido. Por último, cabe assinalar dois matizes com relação à fase do comentário grupal:

1. No caso do treino didático, convém incluir um subespaço de elaboração teórico-técnica sobre o ocorrido na sessão.
2. Recorde-se que a função do terapeuta nessa etapa é dupla; por um lado, afetiva: acompanha o grupo e o protagonista, sendo comedido, integrando, sustentando o espaço terapêutico como um espaço de confiança e de liberdade de expressão e de relação; por outro, sua função é técnica, estimulando a expressão (facilitando-a e respeitando os diferentes ritmos e tempos) e canalizando a informação.

Finalmente, insistiremos em que a opinião do terapeuta não é a "única certa", mas uma a mais que tenta ajudar a compreender, a desvelar e a cristalizar conteúdos que permanecem ocultos ou desorganizados.

DIFERENTES TIPOS DE ESCULTURA

A escultura mais elementar e fácil de realizar e, de fato, a única à qual muitos terapeutas recorrem, é aquela que tem a finalidade de modelar materialmente o modo atual de interação. Com relativa freqüência, o terapeuta não acrescenta nenhuma outra indicação, nem faz um aquecimento mínimo. Quando fomos espectadores desse modo de funcionar em congressos, por exemplo, pudemos aferir que essa posição simplista levava, com freqüência, no mínimo, a duas possíveis confusões: a) não ficava claro o plano desiderativo; misturavam-se matizes do desejo ou do temor com relação ao que, em seguida, definiremos como o "real"; e b) a ausência de aquecimento levava a uma escultura "pensada", realizada a partir do racional e, por isso, gerava uma confusão entre a expressão das redes sociométricas externa e interna, sem uma diferenciação da estrutura interna que, definitivamente, é o que seria de maior interesse.

Sem rejeitar essa aplicação "crua" da escultura que, bem utilizada, mostra-se já como uma técnica de bom rendimento terapêutico, gostaríamos de desenvolver neste capítulo a extensa gama de tipos de escultura a que podemos recorrer segundo o interesse do momento e a situação do processo de tratamento.

Em sua grande maioria, essas técnicas surgiram de nossa experiência e de colaboradores nas práticas terapêutica e didática no Instituto de Técnicas de Grupo e Psicodrama de Madri.

Vamos descrever tecnicamente os seguintes tipos de escultura:

TIPOS DE ESCULTURA

1. Real, desejada e temida.
2. A partir do "É que você" (P. Población).

3. A partir do "É que eu" (P. Población).
4. Esculturas múltiplas do ponto de vista tradicional (tradicional no psicodrama).
5. Escultura em espelho, a partir do terapeuta e de outros elementos do sistema enquanto observadores externos.
6. Escultura com inclusão de papéis ausentes-presentes (E. López Barberá).
7. Esculturas em tempo passado e futuro.
8. Escultura intrapsíquica com presença do eu metapsicológico como observador (M. Muñoz-Grandes e P. Población).
9. Escultura com papéis simbólicos antropomorfos do contexto (E. López Barberá).
10. Esculturas de "O que deveria ser" (P. Población).

Em outro capítulo, nos deteremos em modelos e matizes de aplicação exclusivos de modos terapêuticos concretos, como podem ser as esculturas no contexto individual, de grupo, de casal, de família, e no desempenho de papel pedagógico. Aqui, descreveremos os diferentes tipos de escultura que, de modo amplo, podem ser utilizados como modelos de abordagem psicoterápica.

Esculturas "real", desejada e temida

Esses três tipos configuram simultaneamente três perspectivas, a partir das quais se pode colocar a maioria dos outros tipos que descreveremos. Assim, por exemplo, uma escultura do futuro pode ser feita em termos do que se pensa que ocorrerá mais adiante, a partir daquilo que se teme ou do que se deseja, ao contrário do que já vimos algum autor defender, alegando que a escultura do futuro é sempre uma expressão desiderativa.

Escultura "real"

É aquela em que tentamos mostrar a situação vincular atual, tal como é percebida subjetivamente pelo "escultor". Responde à questão: "Faça uma escultura que mostre o que ocorre na atualidade" ou, conforme o caso, "no passado ou no futuro" etc.

Em terapia familiar, a escultura "real" é a que se costuma empregar com mais freqüência. Isso faz sentido, pois a modelagem da rede vincular, por meio desse tipo de escultura, costuma provocar um impacto, pelo contraste entre as diversas percepções que cada membro do sistema tem sobre a estrutura familiar. Como já assinalamos em outro capítulo, por meio das semelhanças compartilhadas e das diferenças mostradas nas diversas esculturas "reais" dos membros de um mesmo sistema familiar, complementam-se as visões comuns e diferenciadas sobre a "realidade" do sistema em questão. Num grupo natural, como é a família, a compreensão da interação e a integração dos diferentes "modos" de perceber pressupõem um processo fecundo e enriquecedor que, por si mesmo, promove rearranjos e a busca de alternativas mais adequadas de funcionamento.

Com a técnica da multiplicação dramática — desenvolvida em outro capítulo — executa-se esse processo, que fica enriquecido pela incorporação de técnicas subsidiárias, como o espelho, o duplo e a inversão de papéis. Essa última técnica permite que se compreenda e respeite as diversas maneiras de perceber e vivenciar uma "mesma realidade".

Insistimos mais uma vez na necessidade de recorrer a um bom aquecimento, que será a chave para que as técnicas sejam efetivas e úteis.

Exemplo

Esta família compõe-se de três pessoas: a mãe e duas filhas. Juana, de 32 anos, a paciente identificada, Clara, de doze anos, e a outra filha de três anos. Na segunda sessão, à qual comparecem apenas a mãe e a paciente, pede-se a cada uma que realize uma escultura "real" baseada em sua percepção de como é a relação.

Escultura "real" de Juana

Ela pede que se coloque um objeto que represente o elemento ausente da família (a caçula). Depois, coloca Clara com a perna esticada — "está dando um chute nela" — e com o braço levantado — "está ameaçando dar-lhe um tapa". Ela se coloca entre as duas, com um braço em cima do objeto que representa sua filha caçula e, com o outro braço, fazendo pressão para retirar o braço de Clara que está em cima, ameaçador. Por sua vez, está com o corpo inclinado na direção de Clara, com uma perna para a frente, pisando-lhe o pé.

Escultura "real" de Clara

Coloca o objeto que representa sua irmã no colo da mãe, e funde ambas num abraço. Ela se coloca agachada, atrás da mãe, escondendo a própria cabeça com uma das mãos, e, com a outra, puxa levemente a saia da mãe que, por sua vez, impede que a filha continue puxando a saia.

A família recorreu à terapia familiar devido a transtornos de conduta manifestados pela filha mais velha, que apresentava comportamento agressivo, inclusive com agressões físicas. A mãe se queixa do comportamento violento de sua filha, "muito parecido com o do pai". (O casal se separara quando Clara tinha quatro anos. O pai, atualmente, está preso, por delitos de roubo com violência e intimidação.) Ela se mostra impotente, pois não sabe como controlar a filha mais velha.

Voltemos às esculturas.

Solilóquio de Juana a partir de "sua escultura"

Juana: *Estou muito mal... não tenho equilíbrio... só posso ficar aqui, senão pode acontecer alguma coisa de mau.. e a culpa é dela...* (ouvindo isso, Clara faz um gesto espontâneo de rejeição, com o braço e com a perna que estão mais próximos dela).

Solilóquio de Clara, quando colocada por sua mãe na escultura:

Clara: *Estou mal... não consigo me mexer do jeito que estou, porque, se eu me mexer, eu caio. A única coisa que posso fazer é esticar a perna e dar um chute...* (referindo-se ao fato de estar com uma perna esticada, em vias de dar um chute na irmã, e com um braço levantado, ameaçando dar um tapa).

Solilóquio de Clara a partir de sua própria escultura:

Clara: *Estou com medo... e tampo a cabeça.. ela pode se virar e me pegar a qualquer momento... eu puxo a saia dela... e como ela quer tirar a minha mão... então a estico com mais raiva, até rasgá-la...*

Solilóquio da mãe na escultura da filha

Juana: *Nessa posição tenho mais equilíbrio, mais força... não vejo minha filha* (Clara), *só tento separá-la com meu braço... Com isso* (o objeto que representa a outra filha) *estou bem... uma apoiada na outra.* (Lembre-se de que ela as coloca unidas, apoiando-se mutuamente.)

199

Durante o processo de execução das esculturas, são introduzidas várias técnicas auxiliares:

Incorporação da técnica do espelho:
A terapeuta dirige-se à mãe, uma vez realizado o solilóquio da sua própria escultura, perguntando-lhe se "deseja ver-se de fora, como num espelho, para observar-se a si mesma e ver o que lhe sugere o conjunto a partir de certa perspectiva".

Solilóquio da mãe
Juana: *Eu não gosto... e não me gosto... aqui, mais do que medo, parece haver uma rejeição da minha parte, igual a ela, que está sempre assim... aqui eu também estou igual, rejeitando-a... Uf!...*

Incorporação da técnica do espelho na escultura realizada por Clara. Clara (vendo-se a si mesma. Ri.): *...Parece que estou rezando... vejo-me enchendo a paciência da minha mãe... eu a aborreço... porque ela não gosta que eu puxe a saia dela e a amole... não sei por que pareço assustada...*(ela o diz centrando-se na mão que tapa a cabeça). *Não sei... eu sou pior do que como me coloquei... eu invento cada uma!*

Como se observa que existe uma boa colaboração durante o processo de realização da escultura, propõe-se continuar com as técnicas. Desta vez, é para a mãe que sugerimos realizar uma inversão de papéis com a filha, na escultura que ela construiu. A partir da inversão de papéis, comenta: "Estando no lugar de Clara, tenho necessariamente que, ou dar um chute na minha irmã ou lutar com o braço de minha mãe... não tenho opção de realizar outro tipo de movimento... não... não me sinto bem... e sobretudo não gosto que ela pise no meu pé... aqui eu me sinto rejeitada e com muita raiva". Clara, no lugar da mãe (a partir da inversão de papéis com a mãe, na escultura realizada por essa): "Eu aqui estou muito incômoda, entre as duas... tenho que ficar sempre com o braço levantado".

Este exemplo mostra, em primeiro lugar, o contraste entre a descrição da forma pela qual se percebe o papel e o contrapapel, e a modelagem da estrutura de relação. Como assinalava Moreno, em muitas ocasiões a organização social de uma estrutura grupal difere de sua estrutura relacional profunda.

Num nível manifesto, a mãe expressa fundamentalmente sua vivência de impotência e impossibilidade de defesa frente à atitude rebelde e hostil de sua filha adolescente. No discurso, Clara se movimenta a partir de um papel complementar, mostrando um comportamento provocador e desafiador.

Ao se realizar as esculturas, aflora uma trama que desestabiliza a visão que se tinha da relação. A mãe tem uma posição protetora com relação à filha caçula, e de desafio e rejeição frente à mais velha. Para a mãe, é uma surpresa e um choque a ampliação de sua visão da relação mediante a execução da escultura, o que lhe permite um encontro com as vivências provocadas pelas diferentes posições. Não se trata apenas de uma mãe impotente, mas também uma mãe que pode provocar medo, e que rejeita.

Por outro lado, a filha se defronta com a surpresa de que não apenas detém a força da ameaça e da agressão... como também de que, por intermédio da escultura, desvela uma situação de desamparo.

O encontro com as esculturas desemboca numa surpresa para cada uma delas, a partir do encontro com aspectos não reconhecidos e/ou depositados no outro (sobretudo no caso da mãe).

A visão das duas esculturas leva a poder captar algo que é comum, um vínculo de hostilidade e de rejeição, e as diferenças da percepção dessa relação. Cada uma transpõe o foco inicial de hostilidade para a outra. Para a mãe, é a filha que desencadeia a situação, e para a filha, é a mãe que se dirige a ela com uma atitude de rejeição.

Com a inclusão das técnicas auxiliares, amplia-se o campo de visão de ambas (solilóquio) e de uma em relação à outra (inversão de papéis).

O trabalho com as esculturas reais produziu uma ruptura na percepção inicial que ambas tinham, quanto à relação e à visão do comportamento de Clara. A partir dessa desestruturação, pôde-se empreender uma tarefa evolutiva de reorganização da relação e, conseqüentemente, da conduta de Clara, tudo isso a partir do encontro com seus próprios conteúdos internos, revelados e traduzidos por elas mesmas pela realização de suas esculturas.

Escultura desejada ou desiderativa

É aquela que reflete a situação tal como é fantasiada pelo sujeito como mais satisfatória, como ele gostaria que fosse a relação ou qualquer formulação análoga.

Insistimos em que a escultura desejada cumpre dois objetivos:

1. O encontro com o desejo, como instrumento de construção de um projeto de relação, ou de reconstrução de uma situação relacional já estabelecida.
2. A atribuição de valor, por parte do escultor, à forma que sua fantasia emprega. Assim, poderemos avaliar quando, com a escultura, ele fantasia e concretiza uma possibilidade viável, embora custosa, de relação, e quando imagina uma opção relacional ideal, mas impossível, a partir das características da relação.

Mesmo no caso dessa última opção, a escultura é útil, já que supõe um primeiro passo para descer a um plano de possibilidades "reais", que parte de uma aceitação da frustração e da renúncia ao ideal fantasiado.

Exemplo

Encontramo-nos num espaço de formação em terapia familiar, onde os alunos trabalham, em grupo, as relações com suas famílias de origem e atuais. Begoña está casada há quatro meses. Refere-se à sua dificuldade em suportar a relação com sua família de origem, já que se sente muito pouco "reconhecida" em sua nova situação de casada, o que a mantém num conflito de lealdades em relação ao desempenho de "papel de filha e de esposa".

Realiza sua escultura referente a como desejaria que fosse a relação com ambos os sistemas. Escolhe dentre os companheiros de grupo os egos-auxiliares, que representam os membros de sua família de origem e a de seu marido. Ela coloca todos de pé, juntos, "juntados" — assinala — e no meio de todos — "estou no meio, entre todos, não vejo nem ouço".

Quando sai do bloco escultórico para contemplar-se em espelho (outra pessoa do grupo ocupou o lugar dela), exclama: "Eu tenho uma pretensão impossível: a de estarem sempre todos juntos, e eu querendo ocupar o mesmo espaço! Sou eu quem não consegue estabelecer uma diferenciação entre as duas famílias e minha posição numa e noutra...".

Escultura temida

Aqui, a denominação mostra-se mais ambígua, uma vez que dizer "temido" pode conduzir o indivíduo a várias possibilidades, desde o que lhe causa medo ou angústia, até o que o faz sentir-se culpado, ou o que não é satisfatório para ele. Em relação a esses matizes, convém esclarecer as instruções, especificando um ou outro aspecto, tal como "... a escultura que expressa o que você mais teme que aconteça", ou "...a situação mais desagradável" ou, melhor ainda, perguntar ao escultor de que ângulo específico está realizando a escultura.

No caso de um casal, em cuja relação existia uma forte contradição, vimos como essa se manifestava na realização dos dois matizes principais da escultura temida.

No caso da mulher, esta modelou como a escultura temida a "desaparição" de seu parceiro (colocando-o virado de costas e num extremo da sala) e ela com o rosto tapado e os ombros encolhidos. "Me angustia muitíssimo, não posso suportar a idéia de que ele morra e não esteja presente..." Posteriormente, na escultura percebida como desagradável a partir de sua vivência de rejeição, refletiu uma situação de união com um abraço em que se encontrava fortemente imobilizada: "Isso me angustia e me aborrece...".

Como sempre, a informação foi verbalizada pela própria interessada. Não foi necessário que o terapeuta assinalasse essa contradição.

Escultura a partir do "é que você", ou "o que você me faz"

Ou "O que vocês me fazem" quando temos vários integrantes na escultura. O protagonista tenta mostrar em que situação é "vítima" do outro ou dos outros, ou seja, aquilo que ele percebe como agressão, manipulação, ingerência, superproteção etc. Raramente aparece uma escultura que mostra uma forma "positiva" de vinculação, como ajuda, ternura etc.

Exemplo

É um tipo de escultura com o qual lidamos com freqüência no transcorrer de uma terapia de casal. Todavia, utilizamo-la também no espaço de terapias grupais e, inclusive, bipessoais[1], uma vez que o que se tem como objetivo final é que o sujeito entre em contato "com a sua parte no jogo", ou seja, como colabora para que seja tratado desse determinado modo sobre o qual se queixa (na maioria das vezes). Recordemos um caso em que essa finalidade foi alcançada de um modo quase imediato. Lola se queixa de que todo mundo a rejeita com uma atitude hostil. O terapeuta propõe a ela que escolha qualquer pessoa que faça parte desse *"todo mundo"* para realizar uma escultura do que "o outro me faz" (os outros, nesse caso). Decide-se por um companheiro do grupo de trabalho ("poderia ser qualquer um deles"). Lola escolhe um membro do grupo terapêutico e o coloca de pé, com os braços esticados para a frente e a mãos abertas, numa atitude que, para Lola, é claramente de rejeição.

Terapeuta: *Agora ponha-se na escultura, Lola, mostrando como você fica habitualmente com essa ou essas pessoas.* (É preciso esclarecer que Lola havia defendido sua passividade, e, inclusive, sua "bondade e boas intenções" para com as pessoas que a "maltratavam".)

De modo impulsivo, Lola aproxima-se da figura do outro e agarra seu pescoço com ambas as mãos, numa atitude tão viva de estrangulá-lo, que o ego-auxiliar grita de medo e dor.

Lola (pula para trás, alterada): *Sim, sim, eu os trato assim, agora me dou conta, eles não fazem mais do que se defender de mim.* (E, já mais calma) *Acho que tenho tanto medo de que me tratem mal, que avanço com minhas garras.*

Este momento significou para Lola uma verdadeira luz, como ela mesma o designou, o que permitiu que tomasse consciência de que era ela mesma quem provocava a aparição do contrapapel temido. A partir de então, diminuiu sua tendência à projeção do "verdugo" no outro, e isso a ajudou a começar a elaborar seus próprios temores e sua agressividade latente.

---

1. Denominação de D. Bustos para as terapias individuais.

O que cada um opina que o outro "lhe faz" tem relação com vários fatores, como por exemplo:

1. A tendência de conduta do outro, a partir de suas próprias características pessoais (aspectos caracterológicos, temperamentais, necessidades internas etc.).
2. Os contrapapéis que o próprio sujeito mobiliza nisso a partir de seu papel e que, em parte, têm a ver com o anterior, uma vez que não podemos mobilizar no outro mais do que o que já está dentro dele.
3. Visão deformada da atuação do outro, oriunda de diversos fatores transferenciais.
4. Aspectos pessoais depositados no outro por meio da projeção.
5. Fantasias arquetípicas, nascidas da expectativa do papel psicodramático.

A partir desse acúmulo de fatores, constrói-se uma escultura que, como é óbvio, remete fundamentalmente aos conteúdos pessoais do indivíduo e, só em segundo lugar, aos movimentos próprios do outro. Quanto mais acentuada é a dificuldade para perceber o outro em sua realidade, ou seja, quanto mais patológica for a relação eu-você, mais se acentuará a "irrealidade" dessa escultura, como ocorre, de forma extrema, no caso de pessoas com uma estrutura paranóide de personalidade.

Escultura a partir do "é que eu" ou do "o que eu faço a você(s)"

É a outra face da moeda, expressão do que o escultor faz para o(s) outro(s). É muito fácil que o protagonista concorde em mostrar "quão bom ele é", numa escultura de fantasias ou fabulações da relação, a partir de uma imagem idealizada de si mesmo. Se assim for, é conveniente, quase sempre, completá-la com mais uma que tente mostrar o que ele faz de inadequado, doloroso ou prejudicial ao outro. Com determinadas personalidades, sobretudo do tipo histeróide ou paranóide, é francamente difícil conseguir que mostrem esse aspecto.

Quando falamos em escultura de casal, temos que fazer algumas especificações sobre o uso dessas esculturas na terapia de casais.

As descrições que fizemos no tipo anterior de escultura sobre seu uso com casais e outros grupos também são válidas aqui. É habitual propô-la depois da realização que reflete "o que você me faz", uma vez que completa a visão relacional. Num caso como o do exemplo anterior, isso seria supérfluo, mas é pouco freqüente que aconteça uma revelação tão lúcida. Por isso, depois que a pessoa tiver mostrado na escultura que "é que você" "como a tratam", sugerimos esta a ela, a partir do "é que eu", para que possa integrar o sistema relacional eu-você, papel-contrapapel, de forma total. Vejamos um exemplo.

Num grupo terapêutico, Luís esculpiu, a partir do "é que você", como se sente tratado por seu chefe. Coloca-o — um ego-auxiliar, membro do grupo — sobre uma banqueta, olhando para baixo, com a mão esquerda sobre a sua cabeça (a de Luís), e a mão direita com um dedo indicador ou impositivo. O mesmo situa-se abaixo, sentado no solo, com os braços cruzados, "agüentando a tempestade", segundo logo esclarece. Ao ser-lhe proposta a escultura do "é que eu", com o mesmo ego-auxiliar representando o chefe, ajoelha-se no solo, com os braços abertos em cruz e com os punhos cerrados, crispados. Não termina a escultura com a modelagem do chefe.

Luís: *Já basta!* (Exclama!) *Como sempre, vou pedindo que me tratem bem, submetendo-me, mas p. da vida. É assim que eles me respondem.*

A repetição de Luís em seu papel de "menino bonzinho", passivo-dependente, tinha precisado de várias dramatizações para abordar essa atitude, já que insistia de modo defensivo na conduta que os outros, principalmente os superiores, tinham com ele. As esculturas descritas, sobretudo a segunda, significaram uma inflexão na sua terapia por meio de uma catarse de integração.

Esculturas múltiplas a partir do ponto de vista tradicional

Em linguagem psicodramática, trata-se de uma multiplicação dramática. É uma mesma escultura, realizada por várias pessoas, membros da mesma família ou do mesmo grupo, mas cada um a partir de seu ponto de vista, de sua subjetividade perceptiva.

A proposta surge do terapeuta, que sugere que todos (ou aqueles que concordem com a proposta) os membros da família ou do grupo realizem uma escultura que expresse a dinâmica do momento grupal. Em nível coloquial, a instrução pode ser algo assim: "Proponho a vocês (ou àqueles que desejarem) que realizem uma escultura do que percebem que está acontecendo neste momento (nesta sessão) nesta família (grupo). Incluímos aqui aquele que faz a escultura, e pedimos que insiram, também, segundo a decisão da maioria, o(s) terapeuta(s)". O restante das instruções, a ajuda no aquecimento e a aplicação das técnicas subsidiárias (solilóquio, espelho etc.) seguirão as pautas gerais que foram indicadas anteriormente.

O terapeuta também pode designar pessoas para fazer a escultura do momento grupal, sem que isso seja obstáculo para que outros peçam para participar.

A finalidade que se tem como meta é dupla:

1. Todos tomarem contato com a dinâmica intragrupal daquele momento do processo terapêutico.
2. Poder colocar em contraste as diversas óticas que os diferentes indivíduos possuem do mesmo momento naquele grupo (família), com o que atingimos a primeira meta.

Embora as esculturas tenham certa semelhança, podem apresentar também sensíveis e significativas diferenças. Aparecem, portanto, facetas convergentes que remetem a um fundo não variante, que podemos relacionar com o co-inconsciente grupal; e outras facetas divergentes, as variáveis individuais, a partir da ótica pessoal de cada um. O encontro com certos pontos de vista diferentes produz um efeito que varia da surpresa até um considerável impacto emocional. Esse é o momento privilegiado de aplicar a técnica da inversão de papéis em cada escultura (previamente, quando cada pessoa for realizar a sua escultura, terão sido sugeridos solilóquios e espelhos). A soma de informações trazidas pelos aspectos convergentes, divergentes e os que surgem a partir das técnicas fundamentais permitem uma profunda e ampla reflexão sobre o momento grupal, a rede sociométrica básica comum, e os papéis e estratos individuais.

O processo de elaboração facilita a aproximação e a compreensão do processo dinâmico do grupo, um *insight* sobre a posição de cada elemento dentro dele, bem como a contribuição de cada pessoa para aquela dinâmica global. Não se trata tão-somente de uma avaliação intelectual, mas também de uma mobilização emocional profunda, cristalizando-se numa catarse grupal de integração, ou seja, numa mudança estrutural da família (grupo). Embora nas esculturas múltiplas deva-se trabalhar com o método da escultura "real", pode-se fazê-lo também com a temida e a desejada. O mais freqüente é remeter-se ao presente e, mais concretamente, ao aqui-e-agora, embora sempre exista a opção de remeter-se ao futuro e, em algumas ocasiões, ao passado.

Um caso especial de grupo é o do casal, em que vemos que sempre iremos propor que ambos realizem as esculturas, ou seja, em que sistematicamente recorremos à multiplicação dramática.

Numa família de quatro membros (três filhos e uma mãe viúva), cada um realizou a escultura a partir de sua percepção sobre como é a relação familiar.

1ª escultura: Realizada pela irmã mais velha, que coloca a mãe sentada e os dois irmãos atrás da mãe, cada um com a mão apoiada no ombro da mãe. Ela se coloca diante de sua mãe, com os braços estendidos para a frente: "Preciso ficar empurrando todo mundo...".

2ª escultura: Realizada pela irmã do meio. Coloca juntas, de braços dados e olhando-se nos olhos, a irmã mais velha e a mãe; o irmão caçula é colocado afastado do grupo familiar, e de lado...: "é o que vive melhor...". Ela se esculpe numa posição corporal diante da mãe, agarrando-a pelos ombros com as mãos. "Sinto-me muito mal... ela só tem olhos para minha irmã e meu irmão..."

3ª escultura: Realizada pelo irmão caçula. Ele coloca a mãe atrás das irmãs, com a mão nas costas de cada uma, como se as empurrasse. Os irmãos estão em fila, com um braço estendido e o dedo indicador apontado para ele... Ele se auto-esculpe com a cabeça virada para trás e tapando os ouvidos com as mãos... "Sinto-me muito desconfortável, mal... elas só sabem ralhar comigo, dizer que sempre me comporto mal... e minha mãe não existe..."

4ª escultura: A mãe se auto-esculpe agachada, colocando a filha mais velha longe, e o braço indicando uma atitude "acusatória". Ela coloca a filha do meio com o filho caçula, enlaçados pela cintura, distanciados, virados de costas: "... não dão bola... vivem voltados para fora... não posso viver em função deles". Ela agachada, deixa as costas penderem para a frente: "Estou cheia... e sozinha...".

São quatro esculturas, que refletem os diferentes modos de perceber, mas pode-se encontrar um reflexo estrutural comum, no qual converge um sentimento prevalecente de solidão no seio familiar.

Escultura em espelho a partir do terapeuta

Por qualquer motivo, o terapeuta pode querer mostrar sua própria maneira de ver a situação. Assim, ele pede permissão para realizar uma escultura a partir do seu ponto de vista. Independentemente dos fatores que motivem e impulsionem o terapeuta, é importante que este esclareça que se trata apenas de mais um ponto de vista, e não a expressão de uma verdade objetiva, fundamentada num suposto saber. Que seu ponto de vista é um a mais a contrastar com o dos demais.

O terapeuta pode decidir mostrar sua escultura:

1. Como uma contribuição "interpretativa" por meios não-verbais. É uma maneira de dizer "eu vejo vocês assim". Nesse caso, ele o faria sozinho, num momento do processo terapêutico em que essa forma de mostrar sua opinião permita oferecer uma visão de conjunto, atuando como o início de uma reflexão geral sobre tal momento, seja pelo fato de o terapeuta achar que é significativo o bastante para que todos se detenham e comentem-no, ou porque ajuda a romper uma etapa de *impasse*, ou cristalizar, num instantâneo, um estado de crise.

2. Incluindo-se ele mesmo na escultura, como forma de poder elaborar, no sistema terapêutico, uma situação em que é importante a posição do terapeuta no sistema, tal como ocorre quando surge um comprometimento inadequado do mesmo, e tenha se estabelecido um círculo vicioso entre o terapeuta e o sistema em terapia.
3. Também temos experimentado usar a escultura a partir do ponto de vista do terapeuta como forma de provocação, para tentar dissolver defesas.

Por exemplo: o casal formado por Ana e Carlos aceitou começar a explorar sua relação por meio da escultura real. Decidiram que Ana começaria. Ela esculpe Carlos como sendo arrastado pela mão de Ana. Durante a aplicação das técnicas subsidiárias, Ana destaca seu mal-estar por ter de "estar sempre arrastando Carlos", enquanto que esse intervém, negando as palavras de Ana, e afirmando que "não entende sua escultura", dando de ombros e, em geral, descartando tudo o que lhe havia trazido aquela primeira escultura. Quando chegou a sua vez, e considere-se aqui que ele havia confirmado com antecedência seu desejo de participar da técnica proposta, assume uma clara atitude negativa:

Carlos: *Ana sabe essas coisas, e gosta disso; eu não tenho nenhum pendor artístico.*
Ana: *Carlos, você disse que faria a sua escultura...*
Carlos (a interrompe): *Sim, mas agora vejo que isso não diz nada a mim, prefiro falar e dizer o que acho da nossa relação.*

Diante dessa atitude de Carlos, o terapeuta pode tomar vários caminhos:

1. Aceitar as defesas de Carlos diante dessa técnica e deslizar transitoriamente para a comunicação verbal.
2. Interpretar sua resistência (é uma forma que alguns psicodramatistas preferem não utilizar).
3. Um duplo, expressando o medo de enfrentar a situação (não a consideramos oportuna, pela posição claramente contradependente de Carlos).

4. Uma opção a mais, como fizemos no caso do exemplo, é decidirmos experimentar o que acontecerá se trouxermos a ele — enquanto terapeuta — uma escultura que expresse, como nos parece que seja, a relação.

Terapeuta: *Se me permite, Carlos, eu vou ajudá-lo uma vez, e vou construir a escultura que acho que você faria.*
Carlos (com um sorriso complacente): *Sim, vamos lá, você está acostumado com isso, e o fará melhor que eu.* (Ele nos dá a impressão de que está encantado, achando que entramos em seu jogo.)
Terapeuta: *Deixe-me, então, que eu os coloque.* (Coloca Ana meio inclinada e agachada, e insiste com Carlos para que suba nas costas dela, como se Ana fosse transportá-lo "de cavalinho".)
Carlos (parece desconcertado, nega-se a subir sobre Ana, protesta, ri): *Não, não, deixa pra lá. Isso é uma barbaridade. Eu não faço isso... pelo contrário, eu não faria isso com Ana.* (Constrói uma escultura, um ao lado do outro, com o braço direito de Ana sobre seus ombros, e sua mão esquerda sobre o ombro esquerdo de Ana, apoiando-se nela e soltando seu peso.) *Está vendo? Somos assim, um com o outro.*
Terapeuta: *Por favor, pare um momento nessa posição. Carlos, vocês estão dessa forma um com o outro?*
Carlos: *Bem, talvez... ela está me protegendo um pouco com o braço e...*
Ana (interrompendo-o): *E com o seu braço você está se apoiando em mim.*
Carlos (confuso): *Bem, tem um pouco disso, mas não tanto* (ri) *como me levar nas costas dela.*

A provocação do terapeuta surtiu efeito quando conseguiu que Carlos fizesse sua própria escultura, rompendo sua atitude negativa, que o colocou em contato com a relação de dependência que mantinha com Ana e permitindo continuar com a forma de exploração com esculturas que havia sido proposta.

Sem dúvida, ao realizar mais adiante o passo entre a escultura real e a desejada, Ana pôde tomar consciência do que lhe dava satisfação: "ser a que mandava no casal" (embora pagasse o preço de levar a carga de seu marido). Na primeira entrevista, na que se tornou evidente que Ana havia arrastado Carlos à terapia, Ana acusava Carlos de ser o causador da deterioração gradual do casal "por sua passividade e falta de iniciativa para tudo", enquanto Carlos se defendia, alegando que ele era "muito normal", "só que Ana é muito exigente e mandona. Me enche muito, sempre está em cima de mim dizendo o que devo fazer", e então Ana contra-ataca com: "Eu não gosto de dizer o que você tem que fazer, mas se eu não digo, você não faz nada...". Essa atitude mútua de atribuir a culpa ao outro, presente no que denominamos o jogo do "é que você", começa a transformar-se, já na primeira sessão, numa atitude de certa aceitação da contribuição de cada um. A escultura provocativa do terapeuta deu um dos primeiros indícios de compreensão da complementaridade de suas pautas de relação.

Esse tipo de escultura também pode ser realizado por qualquer elemento do sistema familiar que permaneça de fora. Por exemplo, um filho que faz uma escultura de seus pais, num caso de supervisão, em que o supervisionado realiza uma escultura do sistema em tratamento etc. Essas situações refletem um modo de perceber e de vivenciar a relação, no marco de um sistema com o qual o indivíduo mantém uma relação emocionalmente significativa.

Escultura com inclusão de papéis ausentes-presentes

Esse modelo de escultura foi descrito por um de nós[2] e consideramo-lo especialmente indicado em situações de famílias reconstituídas* e monoparentais, no qual, além da família que se organizou como tal, persistem simultaneamente outros sistemas familiares tanto externos quanto internos. Essa escultura remete a personagens que não foram designadas como constitutivas do sistema terapêutico, mas que fazem parte, embora ausentes, da cena que é objeto de nossa atenção terapêutica.

---

2. LÓPEZ BARBERÁ, E. "Abordaje psicodramático de una familia reconstituida". *Vínculos*, nº 5, ITGP, 1992.

* "Famílias reconstituídas" são aquelas em que seus elementos vêm de relações desfeitas numa família anterior, agora se "reconstituem" num novo grupo familiar. (N. da T.)

A ausência, além de física, no caso de a pessoa não se encontrar materialmente no espaço dramático, pode ser psíquica, ou seja, quem apresenta a cena não conta com o fato de que — e, inclusive, isso não é consciente — tal papel ausente faz realmente parte do que se está tratando.

Juan coloca a relação emocional com Alícia, sem levar em consideração que a ambivalência expressa na escultura tem muito — ou tudo — a ver com sua mulher, Isabel, que continua sendo sua companheira de trabalho e de quem ainda não se desvinculou explicitamente. A posição em que se coloca, unido com uma das mãos a Alícia, e com a outra mão estendida para o vazio, está reclamando outra presença. Isabel não foi nomeada, nem Juan se recordava dela nesse momento, mas é suficiente o questionamento sobre o sentido dessa mão no ar, para que o "fantasma" de Isabel se encarne numa "presença" necessária para a compreensão da cena interna que Juan transpõe para essa escultura.

Quando vemos que a cena só se completa com a introdução do personagem ausente-presente, permitimo-nos fazer a indicação pertinente, ou seja, mediante a sua inclusão na escultura ou uma intervenção que assinale sua ausência, o esquecimento sobre ela.

Acreditamos que não se pode compreender o texto dessa escultura se faltarem certos personagens; é como um livro que, devido a uma falha de impressão, é vendido com uma página em branco, que interrompe o texto, deixando-nos com um vazio cujo conteúdo teríamos de fantasiar.

Esculturas em tempo passado e futuro[3]

Sem dúvida, temos que concordar com Moreno quanto à existência exclusiva do presente: "Porque o que passou já não é, e o que ainda não existiu, tampouco, e o passado e o futuro são o nada. Se algo existe, está existindo agora e aqui, no momento"[4], por isso, "o instante não é uma parte da história, mas, sim, a história é

---

3. P. POBLACIÓN e E. LÓPEZ BARBERÁ.

4. GARRIDO, M. E. *Jacob Levi Moreno — Psicología del encuentro*. Madri, Atenas, 1978.

uma parte do instante, *sub especie momenti*[5]". Maturana se expressa de modo análogo, a partir de sua posição de biólogo, quando nos diz que o indivíduo vivo é o produto, no presente, de uma cadeia biográfica de processos de acoplamento estrutural, e seu relacionar-se ou "engatilhar-se" com o meio é, inquestionavelmente, o seu modo de ser desse momento atual[6].

A partir daí se estabelece a defesa que Moreno faz do trabalho privilegiado com situações atuais, que são as que mostram o modo presente e real do nexo do indivíduo com seu meio. Ontem, era de outra maneira, e amanhã também será diferente, embora o seja de modo sutil. Tão sutil, que o indivíduo pode estar repetindo esquemas vinculares pertencentes a seu passado remoto, como se houvesse uma ancoragem numa velha etapa de sua biografia, sem conseguir modificá-los substancialmente em sua passagem pelo tempo, e repetindo-os estereotipadamente em seus diversos encontros com o meio.

Esses são os esquemas patogênicos, que, juntamente com Menegazzo[7], chamamos de cenas fundadoras do adoecer. Cenas patogênicas, ou seja, geradoras de uma patologia que surge da inadequação entre o uso cego desses modos relacionais e as exigências mutantes e novas do suceder histórico da vida do sujeito.

A partir dessas considerações, chegamos inevitavelmente à conclusão de que qualquer ato terapêutico, seja análise ou dramatização, que situamos no passado, está nos chamando por engano, uma vez que sempre nos remete ao presente. Exceto se aceitarmos o passado como uma metáfora, e sua análise ou dramatização como uma estratégia terapêutica.

Assim como os sintomas presentes, os modos presentes de ser, estar e atuar em qualquer situação são uma metáfora do mundo interno, oculto, ou cenas-sistemas intrapsíquicas, também a cena situada no passado é uma metáfora da cena presente. Não se trata tanto de o presente remeter ao passado, como o fato de o passado, a expressão de um momento de nossa história, ser uma expressão e licença poética do drama atual. E, por isso, uma forma indireta de chegar ao presente.

---

5. MORENO, J. L. *Psicoterapia de grupo y psicodrama*. México, FCE, 1966.
6. MATURANA, H. e VARELA, F. "Las bases biológicas del entendimiento humano. El árbol del conocimiento. Al pie del árbol". *Programa de Comunicación Transcultural*. Santiago do Chile, OEA, 1984.
7. MENEGAZZO, C. M. *Magia, mito y psicodrama*. Buenos Aires, Paidós, 1981.

Como estratégia terapêutica, "trabalhar com o passado" permite:

1. Chegar, por uma via indireta, à atualidade, com o que eliminamos as resistências, no sentido psicanalítico do termo, ao tomar contato com os modos presentes de relação.
2. Aumentar, a partir da perspectiva de situar-se irreal ou imaginariamente no momento em que se vive como sendo o de instauração do conflito, a vivência emocional do drama.

Trata-se do regresso ao *ille tempore*, ao momento do mito pessoal. Tempo fundante, carregado de significados, e cuja revivescência permite o encontro com as cargas emocionais hoje existentes, mas ocultas pelas construções de uma adaptação sintomática trabalhosamente adquirida.

No que diz respeito ao futuro, sabemos que toda cena que situamos num momento mais além do hoje é sempre uma fantasia que expressa uma intenção prospectiva, fundamentada no temor, na angústia ou no desejo, e com um respaldo inevitável no modo de ver a realidade hoje. Por isso, uma escultura que se remete ao futuro explora e expressa sempre os conteúdos atuais, o presente vivo consciente e inconsciente do indivíduo, remetido às diferentes áreas respectivas, e em função das quais se sugere construir, e se realiza, depois, a escultura.

Pode-se indicar uma escultura que remeta pontualmente a um aspecto e a um tempo da vida do indivíduo; por exemplo, como você se vê na relação com seu(sua) companheiro(a) dentro de um ano ou, como você se vê em relação a seu trabalho quando for promovido(a) dentro de dois meses etc.

Porém, pode-se também sugerir uma exploração ao longo de toda a vida e, inclusive, até depois da morte. Seria uma forma de mostrar plasticamente, e de modo palpável, o que E. Berne denomina de "roteiro da vida"[8]. Uma vez mais aqui, como em outros casos de que vimos falando, cada "momento" expresso pode ser, de modo breve, um esquete ou cena viva, ou aparecer sob a forma de escultura. Essa última permite uma maior rapidez de realização e, ao exigir uma grande capacidade de síntese, coloca o indivíduo na contingên-

---

8. BERNE, E. *Los juegos en los que participamos*. México, Diana, 1966.

cia de escolher o mais relevante, e prescindir de elementos acessórios; ambos os fatores nos fazem escolher essa forma como a mais rápida e incisiva.

Podemos rastrear, a partir de uma área concreta, a vida do casal e familiar, ou deixar completamente aberto o campo de exploração: "Vá fazendo esculturas, situadas nos tempos que formos indicando. Pode abordar ou referir-se às situações que deseje, e introduzir os personagens que julgue oportunos".

Em cada escultura, indica-se um breve solilóquio como norma, mas se o terapeuta considerar oportuno porque seria interessante esclarecer o que mostra uma escultura em particular. Podem introduzir-se também as outras técnicas elementares mais habituais, como o espelho, a dublagem, a inversão de papéis etc.

Os períodos que se marcam para a cadeia de esculturas estarão condicionados pelas exigências do desenvolvimento dessa exploração particular. Como guia da pauta que utilizamos mais comumente, teríamos o seguinte: prescindir do tempo imediato e nos remetermos ao mediato e remoto e, dentro destes: "Dentro de seis meses", "...de um ano; cinco anos, dez anos..." e assim, de dez em dez aproximadamente, até uma idade em que achemos que possamos nos deter e perguntar: "Com que idade imagina morrer?"; depois de a pessoa responder a essa última questão, nós a levamos até o ponto imediatamente anterior à sua morte, que é a última escultura. Costumamos perguntar ao final, e já não se trata, sem dúvida, de uma escultura: "O que você lê em sua lápide?" ou "O que você gostaria que fosse escrito em sua lápide?". A resposta a essa última questão vem a ser o fechamento, que encerra o circuito existencial percorrido; é a pincelada final que concretiza essa pintura da existência imaginada, que o paciente foi desenhando sobre a tela do espaço terapêutico.

Quando, ao final, contemplamos a série de esculturas como uma totalidade, o indivíduo costuma ficar impressionado com a clareza com que ficou exposto seu projeto existencial. O sentido que a vida tem para ele, os aspectos que deixou de lado, que não ocuparam nenhum lugar nas esculturas, embora ache conscientemente que eram importantes para ele, ou, inclusive, primários. Como, por exemplo, aquela pessoa que, em todas as esculturas, limita-se a introduzir seu(sua) companheiro(a) e ele mesmo, sem os filhos, amigos, familiares, trabalho... e fica estupefato(a) ao perceber o quão exclusivamente está ligado(a) em sua vida ao seu(sua) companheiro(a).

Escultura intrapsíquica com presença do eu metapsicológico como observador[9]

Para a compreensão dessa escultura, convém partir de uma breve exposição dos conceitos psicodramáticos relativos ao eu. Moreno faz uma distinção entre o eu metapsicológico e o eu tangível ou operativo. O primeiro, com uma definição semelhante ao do eu fenomenológico descrito por Jaspers, que, diferentemente de uma descrição freudiana mais apoiada no que não é, supõe uma aproximação direta que se expressa pelo modo "como o eu é consciente de si mesmo"[10], e cuja consistência tem quatro características formais: a) sentimento de atividade; b) consciência de unidade: eu sou eu no mesmo momento; c) consciência da identidade: eu sou eu mesmo sempre; d) consciência do eu em oposição ao exterior e aos outros. O eu tangível está em conformação com os papéis com os quais se atua; os papéis são "o aspecto tangível do que chamamos de eu"[11]. "Dessa maneira, podemos conciliar a hipótese de um eu latente, metapsicológico, com a de um eu emergente e opcional."[12]

Como sabemos, os papéis se agrupam em cenas, constituindo as cenas-sistemas internas do indivíduo. Dois ou mais papéis de uma dessas cenas internas podem, e isso de fato ocorre com freqüência, permanecer em conflito. Por exemplo, podem encontrar-se em conflito os papéis de pai e de filho, situação que o sujeito vive como uma auto-exigência e uma rebeldia interna contra a mesma, para usarmos como exemplo um caso freqüente. Simultaneamente, outra parte do mesmo indivíduo, que identificamos como eu fenomenológico, aparece como espectadora de tal fato. Essa situação ou cena pode ser representada de forma dramática ou concretizar-se numa escultura, na qual o escultor reconstrói esse mundo intrapsíquico com elementos que desempenham os papéis em conflito, e ele mesmo assume o posto do eu observador.

Num grupo, isso se constrói com a instrumentalização de outros membros, que assumem os postos dos papéis intrapsíquicos. Se se

---

9. MARIA MUÑOZ-GRANDES e P. POBLACIÓN.
10. JASPERS. *Psicopatología general*. Buenos Aires, Beta, 1955.
11. MORENO, J. L. *Psicodrama*. Buenos Aires, Hormé-Paidós, 1961.
12. MARINA, J. A. *Teoría de la inteligencia creadora*, *op. cit.*, 1993.

tratar de uma terapia bipessoal, o próprio interessado ocupa e modela um papel em conflito após o outro, e, por último, modela-se a si mesmo como eu espectador.

Estamos numa sessão de terapia bipessoal, na qual a paciente está começando a elaborar a decisão de ruptura com seu companheiro, expressando confusão... Sugerimos que ela construa três esculturas, que reflitam sua relação existente, a partir do que "lhe diz a cabeça", do que "lhe diz seu coração" e do que "lhe diz seu corpo", com relação ao seu companheiro. São três esculturas, que desvelam três instâncias, que se movem a partir de diferentes situações... e todas com uma grande influência no estado emocional da paciente. Posteriormente, indica-se a ela que "deixe instaladas imaginariamente as três esculturas no espaço cênico, cada uma delas sinalizada por uma banqueta", e que "tome uma distância, que lhe permita contemplar simultaneamente as três esculturas, e que a ajude a ter uma perspectiva de si mesma, para, posteriormente, modelar-se a si mesma".

Ela senta-se com o olhar fixo num ponto e o corpo caído para a frente. Descreve: "Estou numa posição de curiosidade... interessada em algo...".

A partir do solilóquio correspondente, expressa: "Por um lado, sinto-me mais liberada... mais tranqüila... sei que isso é o que quero e de que necessito... mas não posso evitar sentir-me mais sozinha... e sexualmente... muito insatisfeita... ao romper-se a relação que nesse terreno não ia nada mal... mas sei que não posso mantê-la, porque, caso contrário, me engancharia por aí e não conseguiria terminar de romper...".

A oportunidade para a proposta desse tipo de escultura pode surgir de vários modos, como indicamos a seguir:

- O indivíduo expressa diretamente a luta interna que vive diante de determinadas situações. Isidro nos disse: "Se me vejo diante de alguém que me parece ter me prejudicado, noto dentro de mim uma parte que me impulsiona a dar-lhe uma porrada, enquanto que outra parte tem medo, freia-a (a anterior) e deseja chorar". Susana percebe muito claramente: "Quando tenho que terminar um trabalho (refere-se a publicações profissionais), sinto-me atraída por escrevê-lo literariamente, ao correr da pena, espontaneamente, mas, de imediato, surge em mim uma voz que exige que eu use uma terminologia científica, que eu utilize muitas citações, que eu burile o texto uma e outra vez..., recorda-me a rigidez do meu pai...".

- Junto à expressão realista anterior, a indicação para esse tipo de escultura pode surgir por intermédio de uma tomada de contato simbólico com o intrapsíquico; um sonho ou uma fantasia diurna podem dar lugar à expressão metafórica. Manuel só se recorda de uma cena de seu sonho, em que um gracioso camundongo brinca, mordisca ao seu redor à vontade: "até que aparece um gato e lhe diz que, ou ele se mostra obediente às suas ordens, ou ele o matará". A figura do que sonha aparece como espectador angustiado desse drama[13].

- Os personagens que conduzem a esse modo de expressão podem surgir de muitas outras formas: da "conversa de dois fantoches, um em cada mão da pessoa que está usando esses objetos intermediários"[14]; do diálogo entre dois sentimentos e duas partes do corpo; ou do isolamento e da aceitação de atitudes ou modos que haviam sido projetados em outras pessoas como partes da estrutura pessoal.

- Uma opção com que temos trabalhado é a que encontramos na família intrapsíquica, tanto na terapia bipessoal quanto na grupal e familiar. O eu observador faz a parte "observadora" de uma escultura familiar "a partir do ponto de vista" que inclui o mesmo sujeito a partir do papel que tem nessa família (pai, filho, marido, mulher...).

Escultura com papéis simbólicos antropomorfos do contexto (não-humanos)[15]

Em certas ocasiões, interessa explorar a relação específica e concreta de uma pessoa com algum elemento de seu meio, que aparece com importância relevante para a compreensão de sua conduta, que

---

13. POBLACIÓN, P. "Sueños y psicodrama". *Vínculos*, n° 2, 1991, pp. 91-112.
14. POBLACIÓN, P. "Objetos intermediários". *Vínculos*, n° 6, 1992, pp. 33-73.
15. E. LÓPEZ BARBERÁ.

nascerá do *insight* emocional e racional do paciente, do seu trabalho com diversos instrumentos do aparato terapêutico. O uso da escultura no psicodrama permite uma aproximação imediata, de iluminação quase fulgurante, dessa compreensão das vinculações que se estabelecem com elementos não-humanos. Tais elementos podem ser valores: fidelidade, exigência, orgulho, responsabilidade, valentia; sentimentos e/ou emoções: medo, alegria, ternura; ou elementos mais concretos, como comida, trabalho, idade... Em uma apresentação de trabalho feita por um de nós[16], exemplifica-se o uso específico da comida nesse tipo de escultura, da qual reproduzimos alguns parágrafos, pois descrevem esse modelo de escultura:

...O que nos interessava, ao trabalhar na área extrafamiliar, era que as pacientes pudessem expressar, a partir de sua subjetividade, do seu ponto de vista e sempre a partir da linguagem analógica que a escultura pressupõe, a relação vincular com o(s) elemento(s) presentes (outras pessoas ou eventos situacionais altamente significativos para ela). Antes de passar a detalhar algumas dessas esculturas, queremos insistir no matiz que introduzimos com essas pacientes. O assinalamento de um sistema relacional por meio da escultura não se referia necessariamente a outras pessoas, mas, em numerosas ocasiões, o "outro" era uma situação, uma vivência, com a qual se cristalizava uma forma de relação.

Essa relação, sem dúvida, estava carregada de um grande significado emocional para a paciente. A instrução de ocupar o lugar do outro elemento vinculante (de uma pessoa, da configuração corporal de uma situação) permitia que a paciente tivesse acesso para compreender melhor a complementaridade emocional existente na vinculação.

Ao trabalhar em psicodrama bipessoal, a realização da escultura tem uma peculiaridade: é a própria pessoa que, além de modelar a si mesma, passa a ocupar a posição do outro elemento relacional em jogo, modelando-se tal qual é percebida do seu ponto de vista.

A paciente, cujo exemplo usamos, decidiu realizar uma escultura sobre sua relação com a "comida". A posição em que se colocou foi encurvada, com as pernas dobradas muito rigidamente, e os braços dobrados para trás, como se estivesse subjugando algo...

Propusemos que ela retivesse esse elemento da escultura, usando-o como referência interna, para passar posteriormente a ocupar o papel de "comida". A escul-

---

16. López Barberá, E. "Mujeres al borde de un ataque de peso". *XIV Jornadas Nacionales de Terapia Familiar*. Santiago de Compostela, Federación Española de Asociaciones de Terapia Familiar, 1993, pp. 107-29.

tura é realizada por ela, no papel de "comida". Expande o corpo, abre os braços, inclina-se a partir dessa posição e diz: "Sou enorme... estou em cima de G...".

Uma vez construída a escultura completa, pede-se a ela que volte a ocupar seu lugar, mantendo a referência da escultura que acaba de realizar no papel da "comida". Nossa primeira pergunta costuma estar relacionada com a vivência corporal imediata do aqui-e-agora. Ela responde: "Sinto um peso enorme... vou cair a qualquer momento...". A pergunta seguinte é chave para nós, pois deve mostrar os conteúdos mais importantes da relação: O que você está tentando obter assim? Para que faz isso? Sua resposta foi: "...Para manter muitas coisas ao mesmo tempo... é a comida, mas não é só a comida... é como querer responder a todos da melhor maneira possível... é como se meu corpo fosse um bilhete de entrada para cair melhor... assim controlo tudo o que me importa".

A partir da escultura "real", ou a partir daquele ponto de vista, deu-se a ordem para que ela construísse uma nova escultura, agora no nível do desejo, ou seja, como ela gostaria que fosse essa relação, uma vez modificada.

O encontro com essa nova forma de cristalizar a relação é, em si, impactante, seja pela novidade que uma forma alternativa de relação pode pressupor, seja pela tomada de consciência com relação ao desejo de manter, basicamente, a mesma forma de relação.

No caso de que nos ocupamos, a paciente realizou uma escultura em que se desvencilhava do peso, jogando-o para trás, erguendo-se imediatamente e distanciando-se, para passar a olhar o espaço onde, imaginariamente, foi depositado o peso. O comentário imediato foi sem dúvida de alívio, "ao não ter que suportar toda essa carga...".

No caso de a escultura desejada refletir uma alternativa para a relação existente, propomos a técnica de "passo entre esculturas".

Nesse processo, ocorre uma autêntica compreensão dos elementos morfostáticos e morfogênicos presentes em qualquer processo de mudança.

Uma vez que a paciente tenha realizado as duas esculturas (real e desejada), sugere-se a ela que volte novamente à escultura "real" e que recupere e expresse o que lhe provoca essa escultura, em termos de vivências, sentimentos. Uma vez aquecida, pede-se que ela, muito lentamente, vá passando a construir a escultura desejada. O motivo de fazê-lo bem devagar é o de possibilitar que ela perceba o que ocorre com essa mudança, o significado que tem para sua vida, o que ganha e o que perde.

Nessa situação, para nós, é imprescindível que o passo da relação atual para a relação desejada pressuponha uma modificação em suas atitudes, em sua conduta, tudo o que pode trazer satisfação, mas também implica esforço, enfrentamento de medos etc.

Durante esse processo de transição, a paciente comentou: "Ganho mais liberdade ... porque o peso não está presente e posso olhar de frente em vez de carregar tudo nas costas... já não tenho que ser escrava... da comida... do regime... o bilhete de entrada agora é outro... dependo menos da imagem física que pareço ter de mostrar...". Em relação à perda ocasionada pela mudança, comentou: "Me dá medo... posso perder uma forma de aprovação... A maioria das minhas amigas é obesa... e

221

embora não digam abertamente, depreciam aqueles que não são magros... sem falar das crianças...".

A pergunta seguinte está direcionada para que a paciente tome consciência das mudanças que ela mesma tem de adotar. A compreensão de que o desejo fantasiado exige certos passos intermediários e necessários e, sem dúvida, custosos, não se evidenciaria se realizássemos apenas as duas esculturas (real e desejada) isoladamente. Por meio do processo do passo de uma escultura para outra, ganha destaque a variação estrutural das pautas de transição.

À pergunta: "O que você tem de fazer consigo mesma para passar da situação em que está para aquela que você deseja?", a paciente respondeu: "Deixar de me preocupar tão excessivamente com a comida e com os regimes... que me importe menos a opinião dos outros... Renunciar a querer ser magra como uma modelo... sei que vou perder coisas... e isso me assusta...". Quando a execução da escultura desejada pressupõe um encontro, sempre surpreendente, com a tendência a manter uma mesma forma de relação, desencorajamos a seguir a tentativa de mudanças. A partir daqui, a proposta consiste em ajudar a paciente a ensaiar novas formas de enfrentar o fato de não estar preparada para realizar qualquer modificação.

Como observamos nesse exemplo, na metodologia técnica desse tipo de escultura, temos que:

1. antropomorfizar o objeto ou os elementos da escultura, caso em que um ego-auxiliar (ou o próprio sujeito em terapia bipessoal) dá vida e torna plástico tal elemento; ou
2. um objeto, como uma almofada (ou outro qualquer, que sirva ao paciente para esse fim) constitui-se na representação simbólica do elemento em jogo.

Esculturas de "o que deveria ser"[17]

Não é a mesma escultura da cena desejada, embora possam se confundir. De fato, para determinadas pessoas, "o que desejam" e o "que deveria ser" formam uma unidade, numa assimilação inconsciente da interiorização da cultura familiar que se converte na meta "natural" do desejado. Por isso, é preciso esclarecer bem o escultor e ajudá-lo a separar e diferenciar entre uma expressão do desejo, de sua fantasia sobre o que lhe "apetece", e o que acha que "deveria ser", já que, num caso, situamo-nos primordialmente no plano emocional e, no outro, no plano dos valores.

---

17. P. POBLACIÓN.

Esse tipo de escultura, quando bem esclarecido, é uma expressão muito direta das regras, normas e mitos que fizeram parte da estrutura sociométrica interna do sujeito — ou sistemas-cenas ocultos — a partir de uma impregnação de sua cultura familiar, grupal, social, até os últimos níveis hierárquicos do sistema. É, portanto, uma forma muito interessante para a exploração desses aspectos entre os entes sociais.

Estamos com uma família encaminhada em função de uma situação de violência familiar.

Nesse tipo de situação, colocamos como objeto prioritário a aprendizagem do controle e o manejo adequado da agressividade, para eliminar ou reduzir consideravelmente seu descontrole, que desemboca numa situação familiar destrutiva. As diversas esculturas realizadas expressam claramente a dinâmica de relação estabelecida, baseada em agressões verbais e físicas entre os pais/filhos e irmãos entre si.

Quando solicitamos ao pai que realize uma escultura sobre o que considera que "deve ser o funcionamento adequado da família", ele coloca sua mulher e os filhos em diferentes posições, mas com um denominador comum, em que não aparecem expressões de agressão nem posições corporais que indiquem uma atitude de ataque e violência.

Sem hesitação, coloca-se a si mesmo como na escultura inicial que realizou, numa posição corporal que reflete um enfrentamento e uma atitude de ameaça e de perseguição física. Expressa: "É assim que a família deve de ser... que o pai seja o único a impor ordem, e que os demais obedeçam...".

Essa escultura nos revelou, graficamente, todo o sistema terapêutico, o mito e as regras da família de origem paterna, na qual a regulação do controle do equilíbrio familiar era conseguido pelo exercício de um papel paterno e marital agressivo e violento, com certos contrapapéis de "submissão", de admissão desse tipo de relação. A partir dessa exploração, pudemos começar a trabalhar com a incidência dos esquemas relacionais internos e com a tentativa de construção de regras alternativas no sistema familiar atual.

O interesse deste capítulo centrou-se em tentar descrever as diversas opções da técnica da escultura.

Estamos conscientes de que o caminho fica aberto à exploração de novas formas, a partir dos fundamentos da escultura, intercalando o rigor e a imaginação que levem a cristalizar novas formas de escultura claras e úteis.

A Escultura nos Diferentes Grupos Terapêuticos

Como ficou claro no texto dos capítulos anteriores, a escultura pode ser aplicada em diversos modelos terapêuticos e nas diferentes unidades de intervenção em terapia. Em psicodrama, nós a utilizamos em terapia individual, bipessoal, de casal, de família, de outros grupos terapêuticos, em sociodramas e na análise do contexto institucional.

No enfoque do modelo psicodramático, qualquer dessas áreas terapêuticas é considerada uma terapia de grupo, uma vez que a ênfase é sempre colocada no sistema objeto terapêutico/terapeuta. Por isso, inclusive na terapia bipessoal, na qual só estão presentes um indivíduo e o terapeuta, faz-se o tratamento por meio da ótica grupal, partindo do grupo mínimo ou díade. Utilizaremos o termo "terapia individual" além de bipessoal. Dessa maneira, diferenciaremos a terapia de um indivíduo levada a cabo por uma equipe terapêutica, que é o modelo clássico de Moreno, da "terapia indivíduo/terapeuta", a que Dalmiro Bustos deu o nome de psicodrama bipessoal[1].

A partir do nosso modelo teórico, fazemos uma leitura em cenas-sistemas (para simplificar, em muitas ocasiões escreveremos sucintamente "cenas") de todos os grupos que acabamos de enumerar. Diferenciando sempre entre cena externa ou manifesta e cena interna ou oculta, da qual consideramos a latente como um nível imediato de cena interna. Sabemos que na escultura, como em todas as técnicas, partimos do discurso manifesto para intervir, num dado momento, com o instrumento técnico que vai procurar fazer metaforicamente manifesta a estrutura da(s) cena(s) interna(s). A colocação da dialética cena interna/cena externa pela escultura permite um rearranjo que

---

1. BUSTOS, D. *Nuevos rumbos en psicoterapia psicodramática. Individual. Pareja. Comunidad.* Argentina, Momento, 1985.

ajuda a romper a circularidade interativa patológica. Aparecem fenômenos como a percepção de que a cena externa, com seus sintomas e signos, é, por sua vez, uma metáfora da cena interna; que o momento presente encerra a história que gerou parte da estrutura relacional e que nos remete em diversos níveis de leitura a distintos momentos biográficos, até chegar, inclusive, nas "cenas" da matriz de identidade — momento importante, porque é a etapa em que o indivíduo, a partir de sua limitação quanto a uma relação biológica com o grupo, e dos papéis psicossomáticos, transforma sua história em biologia, e a sua biologia em história, com o que a encontraremos encarnada, em qualquer momento, e de modo destacado, nas chamadas respostas ou "doenças psicossomáticas". A história, o mito, as regras são sempre um presente que podemos desvelar com a escultura, entre outras técnicas.

A leitura feita a partir de cenas poderá/deverá, na nossa maneira de ver, estender-se também às cenas internas/externas de cada um dos membros do sistema terapêutico, o que inclui o terapeuta, e o jogo intercena de todos os presentes, que é o que constitui a rede sociométrica presente mais importante. Mas não a totalidade de cenas possíveis, pois devemos levar em consideração as cenas dos sistemas hierárquicos superiores ou envolventes ou, psicodramaticamente, as redes sociométricas contextuais.

Nesse enquadre geral, vamos aplicar a escultura em cada sistema a partir de certas coordenadas comuns de conceitualização teórica, de metodologia da técnica e de processamento, mas também com certos matizes diferenciais, sobretudo na área técnica.

Achamos conveniente diferenciar esses matizes na terapia bipessoal de casal, de família e de grupo.

A escultura na terapia bipessoal

Assinalamos a diferença entre terapia bipessoal e individual. Na segunda, ao trabalhar com uma equipe de egos-auxiliares, as esculturas são realizadas como na terapia de grupo, na qual os membros do grupo e da equipe terapêutica cumprem essa função. Vejamos.

Na terapia bipessoal, só há o indivíduo para realizar as esculturas. Não é conveniente que o terapeuta funcione como ego-auxiliar nas esculturas, já que, a partir do papel de terapeuta, estruturou-se uma cena determinada do sistema, naquele momento da dinâmica do tratamento. Se o terapeuta ocupa o lugar de outro indivíduo, assume outro papel na escultura, estabelece outra estrutura, embora seja momentânea, mas que pode levar a uma confusão de ambos os papéis e cenas do sistema, seja com um reforço indesejável de fatores transferenciais, seja com cargas contraditórias e, inclusive, paradoxais, mas, em qualquer caso, com repercussões indesejáveis para o curso do tratamento.

Então, a pessoa fica limitada à instrumentalização de seu próprio corpo. A partir dessa restrição, ela pode:

A. Realizar esculturas de si mesmo.

Quando sugerimos a A., um jovem de 19 anos, que fizesse uma escultura representativa de como se sente diante da mãe, ele encolhe-se e se enrola numa postura praticamente fetal.

S., casada, de 35 anos, que relata o que parece ser a discussão sem fim de uma relação complementar rígida em crise, mostra-nos a sua escultura do que "desejaria fazer com seu marido": de pé, com as mãos em garra na altura suposta do rosto de seu cônjuge, com o rosto crispado.

M. comenta a sua necessidade de medir a temperatura de sua filha dez vezes por dia, como expressão de seu problema de superproteção. Ao expressar-lhe que em sessões anteriores havia comentado sua necessidade de controlar exaustivamente todas as facetas do seu trabalho, ela associa ambas as situações, e começa a falar sobre sua necessidade geral de "manter tudo sob controle", dando múltiplos exemplos, em diferentes aspectos de sua vida.

Após um diálogo, que serve como aquecimento entre sua "parte controladora" e o que ela chama de "meu lado autêntico", propõe-se uma escultura, que ela constrói situando "a controladora (C)" de pé, rígida, com as pernas afastadas e firmemente apoiadas no chão, com os braços seguros pelos antebraços e erguidos na horizontal. "A parte autêntica" (A) de frente, de pé, segura com as mãos os antebraços de C, tentando abri-los. C se opõe e realiza então um solilóquio: "É assim que os outros gostam de mim e me admiram, vejo meu marido ao meu redor, minha filha, meus pais, valorizando-me por atuar assim" (chora). "É muito incômodo, não é verdade..." Mas termina negando-se a mudar a postura. Comenta na poltrona: "Não sabia o quanto isso era forte em mim!".

B. Realizar a escultura de uma relação diádica

Dizemos ao sujeito que iremos solicitar que ele construa uma escultura, de que farão parte ele mesmo e o outro membro da díade (não presente: pode ser o cônjuge, o chefe, um dos pais etc.). Costumamos seguir duas formas:

1. Na primeira, a ordem é: "Você vai construir uma escultura — supõe-se que já saiba a que nos referimos — que represente a relação existente entre você e X. Imagine-a no espaço, olhando-a 'de fora'. À medida que for conseguindo torná-la mentalmente presente, assuma o lugar de um dos personagens". Uma vez que o tenha realizado, continuamos: "Agora, você pode 'ver' melhor o outro e o todo. Trate de captar os sentimentos e sensações que se produzem em você o estar nessa parte da escultura". Depois que os tiver verbalizado: "Assuma agora o lugar do outro personagem e fale também dos seus sentimentos...". Ao final, pedimos que saia da escultura e a observe imaginariamente no espaço, e que opine sobre ela.

2. A outra forma, mais utilizada, sugere ao protagonista que faça uma escultura de si mesmo, mostrando como se percebe ou se sente diante do outro membro da díade. (É a instrução do ponto A.) Após havê-la realizado e praticado o solilóquio, o induzimos a ocupar o lugar do outro e mostrar como ele se manifesta na relação ou no contrapapel da escultura que acaba de mostrar. Também, como em 1, costumamos sugerir que "saia, observe e opine 'de fora'".

Por exemplo, quando pedimos a A (exemplo do item A), que havia modelado o corpo de sua mãe em relação ao seu como um novelo, tivemos a surpresa de encontrar uma imagem que parecia protetora: inclinada sobre o corpo no chão, com os braços estendidos e a expressão atenta. A surpresa se estendeu ao escultor, devido à incongruência entre seu relato e a escultura que realizou, partindo de um bom aquecimento. Foi um ponto de inflexão importante no momento da terapia.

Nessas esculturas, o indivíduo não apenas toma contato com sua própria atitude, já que, ao ocupar os contrapapéis, liga-os com os componentes estruturais de sua cena interna da relação diádica, pois a forma na qual modela esses personagens corresponde de modo fundamental a como está introjetada a cena. De maneira secundária, pode chegar a aproximar-se de uma compreensão do outro, nessa espécie de mudança imaginária de papéis.

Em raros casos, admitimos que o terapeuta, uma vez realizada a escultura e terminado o processo, ocupe o espaço de um dos personagens da díade, ou de ambos, seqüencialmente, como um espelho. Essa técnica não traz tanto consigo o risco acima ressaltado, uma vez que o terapeuta não usou o corpo do paciente para modelar, nem se relacionou, nem teve contato corporal direto com ele, limitando-se a uma visão externa da imagem.

C. Realizar uma escultura com um número maior de elementos

Pode tratar-se de esculpir o grupo de trabalho, de amigos e da família, ou de um conjunto qualquer de pessoas que participam de uma situação.

Esse grupo pode ser constituído por três, seis ou mais membros. Se forem apenas três ou quatro, poderemos recorrer às técnicas descritas no item anterior (B), mas a complexidade da situação, sobretudo se se tratar de mais de três, faz com que essa metodologia comporte maiores dificuldades do que vantagens. Em tais casos, recorremos às técnicas de proxenia e topológicas, que mostram ser aqui muito privilegiadas.

Cadeiras, almofadas, ou quaisquer objetos são usados para representar os membros do grupo. "Escolha os objetos que irão representar (por exemplo) seus familiares e você mesmo, e coloque-os no chão, de modo que a sua distribuição, sua relação mútua e as distâncias expressem da forma mais aproximada possível as relações que existem entre eles." Uma vez terminada a "construção", sugere-se ao paciente que passe por todos os personagens, faça um breve auto-retrato e dirija uma frase significativa a cada um deles. Deve-se deixar por último a expressão do objeto que representa o protagonista.

Também devemos acrescentar que, ao finalizar, se afaste e contemple a construção, comentando o que o conjunto sugere, bem como os conteúdos simbólicos dos diferentes objetos escolhidos para representar cada personagem do grupo.

Numa sessão de terapia bipessoal, M. realiza uma escultura sobre a percepção de sua família, composta por sete membros. Para isso, utiliza-se de cadeiras de diferentes tamanhos para significar o grau de relevância que tem para ele os diferentes membros da família. Na sua vez, utiliza o espaço para dispor todo o grupo relacionado entre si em termos de distância/proximidade relativas (técnicas de proxenia e topologia)

O salto qualitativo que lhe possibilitou a passagem de falar de forma linear sobre os membros da sua família e as suas relações, para uma visão global da rede grupal familiar, permitiu-lhe começar a conhecer uma história familiar e de si mesmo mais completa e complexa.

Num passo posterior, e depois desse *input*, ocupar o espaço de cada um dos membros e adotar seus papéis deu-lhe um início de rearranjo de sua configuração familiar e de si mesmo. Começou a revisar seus sintomas, suas condutas, outras perspectivas.

A escultura em terapia de casal e de família

Na revista *Vínculos*[2], nós, os autores, escrevemos a pequena história da escultura no campo da terapia familiar. Masserman e Moreno[3] já haviam descrito técnicas não-verbais "de desenvolver, por meios miméticos, uma situação difícil de ser explorada verbalmente", entre cujas finalidades encontramos "liberar a interação, fixar-se no comportamento, no aspecto emocional da comunicação, não no semântico". Mas a denominação concreta de escultura não é encontrada nos tratados de psicodrama, e sim nos de terapia familiar, da autoria de Kantor e outros autores[4] do Instituto da Família de Boston. Seu desenvolvimento está a cargo de Papp, Silverstein e Carter (1974), do

---

2. POBLACIÓN KNAPPE, P. e LÓPEZ BARBERÁ, E. "La escultura en terapia familiar". *Vínculos*, Madri, nº 3, ITGP, 1991, pp. 77-98.

3. MASSERMAN e MORENO. "Progress in Psychotherapy IV", p. 212. In: SCHÜTZENBERGER, A. A. *Introducción al psicodrama*. Madri, Aguilar, 1970, p. 111.

4. DUHL, F., KANTOR, D. e DUHL, B. "Learning, space and action. In: Family Therapy, a premier of sculpture". In: GRUNE e STRALTON. *Techniques of family psychotherapy*. Nova York, D. Bloch, 1973. STIERLIN, H. e WYNNE, L. C. *Vocabulario de terapia familiar*. Argentina, Gedisa, 1968, pp. 142-3.

Family Institute de Nova York e, posteriormente, por intermédio de Minuchin[5], Andolfi, Onnis e nós mesmos que, como psicodramatistas, temos levado até agora a técnica da escultura a um grau crescente de complexidade. A maioria dos autores admite a origem e a inspiração psicodramática dessa técnica[6].

Como acabamos de assinalar, a maior complexidade no uso da escultura em terapia de casal e familiar surge em nosso Instituto de Técnicas de Grupo e Psicodrama, onde temos desenvolvido uma série de modalidades e de combinações com outras técnicas psicodramáticas.

Revisando a literatura sobre esse tema, constatamos que, habitualmente, a aplicação da escultura se realiza de maneira muito limitada, com as técnicas mais elementares. Por exemplo, nem Andolfi[7] nem Walrond-Skinner[8] vão além da simples escultura "real", seguida de um comentário posterior. Onnis[9] limita-se a aproveitar a leitura da topologia familiar na qual se desenvolve a sessão: "É interessante notar que algumas informações significativas provêm também da comunicação não-verbal e da disposição dos membros da família na cena", e remete-se a Minuchin: "Quando uma família se apresenta pela primeira vez para uma terapia, seu modo de se situar* pode fornecer indicações sobre alianças e coalizões, centralidade e isolamento". Foulkes e Anthony[10] já haviam assinalado o valor diagnóstico da observação da distribuição dos membros de qualquer grupo no espaço terapêutico, mas, segundo nosso entendimento, sem negar

---

5. NINUCLIN, S. e FISHMAN, H. C. *Técnicas de terapia familiar*. Barcelona, Paidós, 1984.

6. Onnis em sua intervenção nas Segundas Jornadas Dictia de Terapia Familiar, Centre Escola de Teràpia Familiar de L'Hospital de la Sta. Creu i Sant Pau, Universidade Autônoma de Barcelona, 1994.

7. ANDOLFI, M. e ZWERLING, I. *Dimensiones de la terapia familiar*. Barcelona, *Paidós, 1985.* ANDOLFI, M. e MENDHI, P. *Provocative supervision. In Family therapy supervision: recent developments in practice*. Londres, Academic Press, 1982.

8. WALROND-SKINNER, S. *Terapia familiar*. Buenos Aires, Ora, 1978.

9. ONNIS, "Dimensiones de la terapia familiar". In: *La pareja tridimensional*, p. 5. POBLACIÓN, P. *Jornadas de terapia familiar*. Santiago de Compostela, 1993.

* No sentido espacial do termo. (N. da T.)

10 FOULKES, S. H. e ANTHONY, E. J. *Psicoterapia psicoanalítica de grupo*. Buenos Aires, Paidós, 1964.

que isso traz dados muito valiosos, não nos atrevemos a incluí-lo no capítulo das esculturas.

Na terapia de casal e familiar podemos utilizar a maioria das modalidades técnicas da escultura que descrevemos no capítulo anterior, mas também vale a pena deter-se em cada uma dessas áreas para especificar certos matizes da aplicação.

A escultura em terapia de casal

A escultura aplicada à terapia de casal sofreu grandes variações em diversos modelos terapêuticos. Entre outros, Caille usa a técnica da escultura para articular seu modelo de "o protocolo invisível"[11]. Diz que "a comunicação analógica é um instrumento mais útil que a manipulação dos múltiplos significados das palavras, para ajudar o casal a descobrir os primeiros rastros de seu absoluto[12]. Privilegiaremos, portanto, a atitude corporal, a ocupação do espaço e a metáfora como portadora de significado...".

Em um trabalho anterior, sintetizamos o conceito de casal segundo nosso modelo sistêmico psicodramático[13] centrado na dinâmica relacional, ou seja, na maneira de estabelecer o vínculo, que vai dar lugar a uma criação da cena primordial do casal, condicionada pela conjugação das cenas internas das quais são portadores cada um dos membros da díade. Quando encontramos duas pessoas, e em função de seu "grupamento de papéis"[14] estabelece-se uma demanda recíproca de ajuste às cenas internas, seja como repetição, seja como reparação dos esquemas relacionais inscritos.

Enquanto persiste uma engrenagem ou acoplamento das cenas internas com a relação do casal, o vínculo persistirá, independentemente do tipo de relação estabelecido. Quando, num momento evolutivo ou concreto, dá-se uma perda parcial desse acoplamento,

---

11. CAILLE, P. *Uno mas uno son tres. La pareja revelándose a sí misma.* Buenos Aires, Paidós, 1992.

12. Com o termo "absoluto", P. Caille faz referência à dimensão relacional, que é qualitativamente diferente das dimensões individuais, das quais se constitui o casal. Caille, *op. cit.*, p. 83.

13. LÓPEZ BARBERÁ, E. "Psicodrama de parejas". *Vínculos*, nº 2, Madri, 1991, pp. 15-37.

14. BUSTOS, *op. cit.*, 1985.

podemos falar em disfunção e/ou crise. Se ocorrer uma perda total, encontramo-nos diante de uma ruptura do vínculo.

Resumindo:

- A estrutura vincular do casal está determinada pelos papéis e contrapapéis desempenhados na relação.
- Esses papéis e contrapapéis que se modelam no presente da relação estão inscritos nas cenas internas de cada um dos membros do casal. Nesse "cacho de cenas internas" existe um denominador comum, que é a forma de vinculação que o sujeito tende a estabelecer.
- Um casal existe e persiste quando as cenas internas de cada um podem ser superpostas, ou seja, quando cumpre-se a expectativa do papel e se mantém um acoplamento do papel/contrapapel.
- Dessa maneira, o tipo de vínculo estabelecido é determinante para a existência e persistência do casal.

A ruptura de uma forma determinada de vínculo no casal pode ocorrer:

- Se por meio de um fator desencadeante modificar-se no presente a cena interna de um dos membros do casal, e essa superposição deixar de existir.
- Quando o tipo de vinculação existente é questionado por ambas as partes, e um projeto de reestruturação da relação é proposto. É aqui que a terapia de casal pode acontecer[15].

Se propomos a um casal trabalhar com a técnica da escultura, surge uma primeira interrogação: qual deles realizará? Discordamos de Andolfi[16], quando diz: "é o terapeuta que escolhe a pessoa que atuará como escultor", visto que essa linha de ação nos priva de numerosos dados, tais como quem é o emergente, quem toma as

---

15. LÓPEZ BARBERÁ, *op. cit.*, 1982.
16. ANDOLFI, *op. cit.*, 1982.

rédeas aqui-e-agora. Em nossa postura, deixamos que debatam entre si quem será o primeiro, já que sempre propomos que ambos a realizem. Isso nos leva a outro ponto que consideramos de primordial importância na terapia de casais: a valorização da simetria.

Em nenhum dos grupos que tratamos é conveniente deixar-se arrastar por preferências ou rejeições pessoais que dêem lugar a alianças ou hiatos relacionais, exceto quando procuramos uma aliança voluntária, com uma finalidade terapêutica. Porém, é preciso atuar com um cuidado especial no caso de casais, pois toda intervenção deve ser realizada a partir de uma posição simétrica. Voltamos a abrir uma exceção para aqueles casos em que rompemos voluntariamente essa norma, com fins terapêuticos específicos.

Essa simetria começa no topológico. O terapeuta deve ocupar uma posição intermediária em relação ao casal. A maior proximidade física significa maior proximidade emocional. Segue-se a simetria nas intervenções verbais: o terapeuta deve dirigir-se a um e outro igualmente.

Referindo-nos, então, ao tema da escultura, as propostas devem ser oferecidas aos dois, e eles devem escolher quem será o primeiro a esculpir. A partir daí, devem alternar-se, realizando a segunda escultura o outro componente da díade. Do mesmo modo, farão uso da palavra de maneira que ambos tenham as mesmas oportunidades de expressão e atenção por parte do terapeuta. As falhas nessa regra da simetria geram, com extrema facilidade, um deslizamento para perigosas alianças inconscientes, sejam reais ou fantasiadas pelo casal.

As esculturas que achamos úteis para aplicar ao casal são a "real", a temida e a desejada, e os "passos" entre elas, e a "o que você faz... e como eu reajo". Esta é uma variável da que descrevemos no capítulo anterior, como "o que você me faz", acrescentando "e como eu reajo", complementada no casal com "outra metade do círculo", como no caso de J., que comentava como sua reação facilitava que sua mulher agisse daquela maneira.

Também é útil a escultura do passado, com predileção pela época de formação do casal, dos momentos de crise e de situações significativas dos distintos estágios do ciclo vital. Pode-se propor explorar o futuro por meio de esculturas, que remetam a um futuro imediato, mediato e remoto, por exemplo, "amanhã", dentro de seis meses, de três anos, de dez anos... já velhos e... quem morrerá primeiro? Constituem uma fecunda forma de exploração de expectativas na projeção do futuro, em que se mostra tanto o projeto comum como o que cada qual forjou do casal, desvelando-se a construção da história com seus correspondentes "corolários morais, interacionais e comportamentais"[17].

A escultura de casal é confrontada com a realidade de sua "estrutura". Devido ao seu impacto, permite desvelar núcleos relacionais, em torno dos quais se tece a maior parte das interações cotidianas, e que ligam sistemas internos de relação constitutivos das histórias do casal.

A escultura permite que, desde o início da terapia, possamos compor a exploração e a intervenção. Nesse sentido, temos desenvolvido um esquema para a terapia de casal utilizando essa técnica. Os passos são os seguintes:

Primeira entrevista

Exploração verbal de cada um, cujo objetivo é desvelar as cenas internas individuais. Isso nos leva a estabelecer uma primeira hipótese da "cena de casal".

Exploração verbal de ambos, cuja finalidade é estabelecer uma segunda hipótese da "cena de casal".

Segunda entrevista

Exploração a partir da execução da "escultura real" de cada um deles, ou seja, sua forma de perceber a relação. Nessa fase, podemos incluir técnicas subsidiárias nas esculturas, para favorecer uma maior tomada de consciência.

A finalidade desejada é concretizar a cena de casal que revele os aspectos convergentes e divergentes da relação.

Terceira entrevista

Realização das cenas temidas e desejadas por cada um, com o objetivo de explorar cenas fantasiadas, como possibilidades potenciais da relação.

---

17. SLUZKI, C. E. "Terapia familiar como construcción de realidades de alternativas". Revista *Sistemas Familiares*, Argentina, 1985, pp. 53-9.

Quarta entrevista

A tarefa centra-se no processo do "passo entre esculturas". Recordemos que sempre partimos da escultura "real", dando a oportunidade de realizar as opções que se deseje (real/temida, real/desejada, desejada/temida, temida/desejada). Embora com os diferentes matizes presentes, as possíveis opções e a transição de uma para a outra, o que é comum no "passo entre esculturas", é o contato com o paradoxo interno que dificulta o encontro. Recordemos que é nesse processo que costuma cristalizar-se de uma maneira catártica a contradição entre o desejo e as resistências, diante de possíveis mudanças na relação.

No caso de se continuar com uma ou duas entrevistas, a tarefa centra-se na construção de esculturas que expressem cenas significativas de casal, incluídas as da família atual e a de origem, assim como esculturas que revelem seu projeto de futuro.

Exemplo

Num casal, a mulher coloca seu marido em cima de uma cadeira, erguido, com as pernas fortemente apoiadas na cadeira, os braços cruzados por cima do peito, e com o olhar sério... para a frente. "É inacessível... ele é tudo em nossa união e eu... submissa a ele, adorando-o... que raiva eu tenho, no fundo!" (dito no solilóquio realizado).

O marido, por sua vez, ao realizar a escultura, coloca sua mulher de costas e um pouco agachada. Ele se posiciona agarrando-a por um ombro, exercendo pressão como que para girá-la e colocá-la de frente. Coloca-se com uma perna grudada na cadeira e, com a mão no espaldar (ele desceu da cadeira ao começar a fazer a sua escultura). "Quero me aproximar dela, cara a cara", matiza, "de mulher para homem... ela parece mais uma menina... No fundo, me dói muito... logo me irrito com ela... grito com ela e acabo subindo..."

No processo do "passo entre esculturas", e ao defrontar-se com a transição entre "a situação percebida como real" e "a situação desejada" da mulher, ao começar a descer o marido da cadeira, ela se detém... "Não posso fazer isso com ele... porque antes tenho de fazer o que trago pendente desde há muito com meus pais..."

Por estar muito claro para ela o encontro com a cena da relação paterno-filial e sua perpetuação na construção do seu casal, sugerimos que ela realizasse um trabalho de escultura com seus pais.

Nesse caso, preferimos deixar o marido como observador e pedimos a ela que, na escultura que havia construído com seus pais, fosse modelando-se a si mesma, para expressar a posição de cada um deles. No papel de pai, coloca-se numa posição muito semelhante àquela em que havia situado seu marido. No papel de sua mãe, coloca-se sentada numa cadeira, distanciada espacialmente do lugar em que, imaginariamente, se encontrava seu pai, com o tronco girado e os braços envolvendo a cintura de sua filha: "Estou abraçado a minha filha M.".

Depois de ter instalado seus pais, imaginariamente, ela se coloca de pé, com a cabeça baixa, com uma das mãos "no ombro de minha mãe" e o outro braço levantado diante de seu pai, com a mão elevada, dirigida para ele. "Minha mãe está apoiada na minha cintura, me abraçando."

No solilóquio realizado a partir da sua posição na escultura, ela diz: "Tenho medo de meu pai, por seu gênio violento... e tenho medo por ter de ficar protegendo minha mãe... Sinto-me como um peão de xadrez... protegendo a rainha...".

Quando está bem aquecida, pedimos que expresse "o que tem pendente com seus pais", realizando as modificações escultóricas que surjam.

Num primeiro movimento, ela desvencilha-se da mãe, imaginariamente levanta-a da cadeira e, em seguida, realiza um movimento em que abaixa o pai para o nível do chão. Ela se situa numa posição eqüidistante de ambos, com os braços estendidos "dando a mão, a cada um, mas de longe...". No solilóquio, dirige-se em primeiro lugar à mãe... "Ocupa o lugar que corresponde a você, e não faça com que eu o ocupe..." Para o pai, questionadora: "Por que você tem tanto medo de ficar cara a cara com sua mulher?".

Essa escultura desvelou, para surpresa de sua autora, uma tomada de contato com o significado de sua estrutura vincular interna, ao perceber que era todo o sistema interno relacional que punha em jogo a relação de casal, tanto quanto à forma de desempenhar seu papel de filha, quanto ao estabelecer um vínculo afetivo, com componentes tanto do papel materno quanto do paterno.

A revelação de sua cena entre os papéis vinculares de pai/mãe/filha levou-a a esclarecer emocional e intelectualmente seus próprios papéis e os vínculos conflitivos que estavam funcionando inade-

236

quadamente, obstruindo qualquer possibilidade de atuar de outra forma em seu casamento.

A escultura em terapia familiar

Embora a escultura surja como uma técnica psicodramática, sua denominação como tal se encontra dentro do âmbito da terapia familiar. Os terapeutas de família têm se caracterizado por usar a técnica de forma simplificada. Alguns deles intervêm diretamente ao se assumirem como escultores diretos do grupo familiar. Satir, ao narrar suas experiências na implementação da técnica da escultura com uma família, comenta: "Vou formar uma imagem com seus corpos. Emprestem-me seus corpos por um momento, e eu os devolverei depois... coloquei-os numa posição acusadora e disse: 'é isso o que acontece?'"[18]. É evidente que a finalidade desejada é o diagnóstico e a interpretação a partir do ponto de vista do terapeuta.

Felizmente, a aplicação da técnica da escultura em família tem sido enriquecida tanto em sua metodologia quanto em seus objetivos.

Na terapia familiar, a escultura apresenta certas características próprias e únicas desse tipo de grupo, e que condicionam e matizam os modos de aplicação e a produção terapêutica. Os pontos mais destacados são:

1. Os egos-auxiliares fazem parte do sistema constituído pelo grupo natural.

Num grupo terapêutico, que reúne pessoas sem relação habitual, se M. realizar uma escultura de sua família, escolherá companheiros de seu grupo — ou egos-auxiliares da equipe terapêutica — "como se" fossem seus familiares. No caso da terapia familiar, se M. realizar a mesma escultura utilizará seus próprios familiares que se mostram, em seus papéis complementares, como egos-auxiliares naturais. Embora persista o componente imaginário, devido à subjetividade inevitável do escultor na construção de seu "átomo perceptivo", defrontamo-nos com o fato de os elementos da escultura estarem pessoalmente implicados nela: é o grupo real cujo modelo se forma na escultura. Por

---

18. SATIR, V. *Psicoterapia familiar conjunta*. México, Científicas, Prensa Médica Mexicana, S.A. de C.U., 1989, p. 243.

isso, não apenas se defrontam com a mobilização que nasce do fazer parte de uma rede relacional vivida aqui-e-agora, como também com o choque que produz captar o modo pelo qual são percebidos pelo membro da família protagonista da escultura. Assim, cada um precisa expressar sua própria percepção, o que nos leva ao segundo ponto:

2. A importância da função do ego-auxiliar

Como nas terapias de casal, na terapia familiar um membro da equipe terapêutica — o co-terapeuta ou o observador — se instrumentaliza para poder aplicar a técnica do espelho, de maneira que o autor da escultura ou os membros do grupo escultórico possam olhar de fora, como uma fonte de informação muito fecunda.

Uma característica específica da escultura em famílias é que, como grupo natural, seus membros cumprem simultaneamente a dupla função de ego-auxiliar natural — mediante a colocação de papéis complementares em jogo — a partir da construção da própria estrutura familiar, e de ego-auxiliar terapêutico, ao exercer entre si uma função de ajuda e de esclarecimento na constituição do sistema terapêutico.

Recordemos que, em terapia familiar, podemos empregar todas as técnicas de escultura, mas as mais habituais são as clássicas "real", temida e desejada, e os passos entre esculturas. Como assinalávamos em outro capítulo, o impacto provocado pela aparição de conteúdos relacionais em que todo o grupo familiar se encontra implicado, tanto nos aspectos convergentes quanto nos divergentes, pode ser tão intenso e mobilizador que não costuma ser necessária a incorporação de outras modalidades escultóricas para aumentar uma tomada de consciência da rede vincular.

Segundo nossa experiência, a escultura pode ser utilizada para diferentes tipos de famílias, com a ressalva de sempre levar em conta que é imprescindível uma situação de aquecimento inicial, que inclui a criação de um estado de predisposição, que integre aspectos emocionais e cognitivos, e o surgimento de um estado de espontaneidade que permite a emergência dos modos de relação.

Não temos encontrado, de modo geral, nenhuma incapacidade desabilitadora, nem mesmo em famílias com grandes carências de recursos intelectuais e psicoemocionais, já que, quando no seio do grupo familiar há pessoas que, por sua patologia, não são capazes de formalizar a escultura, sempre podemos contar com a capacidade produtiva de outros membros do sistema familiar. Referimo-nos aos casos de pacientes psicóticos, paranóides, *borderlines* etc. Esses pacientes têm uma grande dificuldade para modelar no exterior (escultura) sua "família interna", e num grupo terapêutico artificial esse impedimento pode ser insolúvel, enquanto que, no grupo natural, outras pessoas podem trazer seu próprio modelo, que atua como detonador e elo para uma possível criação do indivíduo mais doente. Um aquecimento, com instruções claras, sempre adequadas ao estilo e ao uso da linguagem familiar, levou-nos a poder trabalhar com a escultura em terapia com qualquer tipo de família.

Às vezes, uma família "seleciona" determinadas esculturas realizadas por alguns de seus membros, como referência e ponto de partida para sucessivas sessões em que precisam continuar com um processo de rearranjo da relação.

À semelhança da escultura aplicada em terapia bipessoal e de casal, podemos explorar o passado e o futuro familiar ou de algum subsistema do mesmo. O passado como metáfora do que é lembrado no presente subjetivamente, pelo indivíduo que realiza a escultura, e o futuro como fantasia do hoje.

Recordamos que, diferentemente da escultura de casal, quando trabalhamos com escultura em terapia familiar não é necessário que todos os membros realizem a mesma escultura a partir do seu ponto de vista. A posição simétrica adotada pelo terapeuta em terapia de casal leva-o a fazer a mesma observação para ambos, para evitar possíveis alianças e coalizões, a não ser que essas se estabeleçam como estratégia terapêutica. Em terapia de família, a rede grupal proporciona uma diversidade de focos de visão, na qual, como no jogo de bilhar, com um movimento focado num só elemento, esse se amplia para todos, ou para a maioria dos presentes.

A escultura aplicada em terapia de família pressupõe um trabalho com o grupo externo familiar, com seus egos-auxiliares naturais, com possibilidades de modificar esse grupo e os subsistemas que o compõem. Simultaneamente, trabalha-se com o grupo interno do escultor, com possibilidades de modificação do mesmo.

A escultura é uma ferramenta que fragmenta um mosaico formado pela história, a partir da opção de modelar o tempo passado, presente e futuro. As esculturas do passado podem revelar diversas situações que pressupõem movimentos no processo familiar, seja a partir das mudanças inerentes ao ciclo vital, ou mesmo a partir de um evento marcante que fica inscrito no grupo familiar. Dessa maneira, a escultura permite à família aparecer para si mesma "a partir de seu próprio olhar" para os mitos[19] familiares e as "lealdades"[20] sustentadas ao longo do tempo, ou seja, ao que se mantém como intocável, e aos movimentos realizados.

Por último, cabe insistir no enorme efeito mobilizador que a escultura provoca na família, já que ocasiona um impacto emocional devido à "nova forma de ver" e de "conectar-se" com as vivências provocadas pela estrutura relacional familiar. Razão pela qual aconselhamos evitar uma produção excessiva de esculturas e fomentar a possibilidade de expressão e compreensão da ressonância emocional causada quando se realiza uma delas.

A escultura em outros grupos de psicoterapia

A escultura, nos últimos anos, foi se convertendo para nós numa das técnicas de uso mais freqüente nas sessões dos grupos terapêuticos. As aplicações habituais são:

1. Escultura grupal.
2. Escultura do casal e da família.
3. Escultura na relação do ambiente de trabalho e outras relações sociais (redes).
4. Escultura "intrapsíquica".
5. Escultura de relações entre dois ou mais membros do grupo.
6. Escultura dos subgrupos (sociodrama grupal).

Escultura grupal

Costuma ter um objetivo diagnóstico. A instrução é: "realizar uma escultura que mostre as relações entre todos os membros do grupo, inclusive as da pessoa que faz a escultura". Também pode incluir a equipe terapêutica, constituindo-se como metáfora do sistema terapêutico.

---

19. FERREIRA, A. J. "Family Myths". In: COHEN, M. *Family structure dynamics and therapy. Psychiatric research*, nº 20, Washington, APA, 1966.

20. BOSZORMENY-NAGGY, I. e SPARK, G. M. *Las lealtades invisibles*. Buenos Aires, Amorrortu, 1978.

É raro que a escultura grupal seja realizada por um único membro, ou, no outro extremo, por todos eles, sobretudo se se tratar de um grupo numeroso. Porém, todos devem ter a oportunidade de realizá-la. Com três ou quatro esculturas, no nosso ponto de vista, já se pode ter contato com um diagnóstico grupal, do qual podemos abstrair os aspectos comuns ou convergentes, que mostram a rede sociométrica oculta ou latente, e os aspectos particulares ou divergentes, que nascem dos modos individuais de perceber a trama relacional.

Em geral, costuma haver grande coincidência entre as diversas esculturas. Quando isso não ocorre, e cada uma delas difere sensivelmente das demais, pode ser traduzido como uma situação de falta de comunicação inconsciente no co-inconsciente. A causa pode ser uma desorganização momentânea devido a um conflito mal-elaborado, ou uma situação em que se destacam de modo nato os fenômenos transferenciais sobre os télicos ou grupos muito "patológicos", como aqueles constituídos por pacientes esquizofrênicos.

A escultura grupal serve não apenas para esclarecer ao terapeuta o momento relacional interpessoal grupal, como também para que cada membro do grupo veja sua situação na estrutura grupal naquele momento.

Cada uma das esculturas realizadas serve de base para as aplicações de solilóquios, espelhos e outras técnicas elementares. Também costuma ser seguida da escultura desiderativa e a exploração dos fatores que dificultam ou impedem essa situação desejada e/ou, alternativamente, as fantasias impossíveis, como a que chamamos jocosamente de "amor universal".

Trabalhar periodicamente com a escultura grupal permite ao grupo e a seus membros seguir a evolução terapêutica. É equivalente a um teste sociométrico de caráter plástico.

Escultura do casal e da família

Um membro do grupo realiza a escultura do seu grupo conjugal ou de sua família (de origem ou atual). Trata-se de sua própria visão. É expressão de sua cena interna de casal ou de família, o que não impede um trabalho terapêutico que costuma incidir posteriormente nos personagens reais desses grupamentos.

Ao escolher no grupo os sujeitos que atuarão como egos-auxiliares, também ficará evidente, no caso de qualquer dramatização, como deposita sua família no grupo.

A metodologia se ajusta à que usamos quando nos defrontamos com casais ou famílias reais, mas sem a possibilidade do contraste das pessoas que compõem essas estruturas. Nos limitamos à extrojeção e à elaboração das cenas internas correspondentes ao protagonista.

Escultura da rede social de um indivíduo
(relações de trabalho e outras situações sociais)

A metodologia é análoga à anterior. Em todas essas situações, a escultura serve para um encontro rápido e direto com as cenas internas dos átomos sociais do indivíduo, cenas que podem constituir-se na base da fase de dramatização, ou não ser nem mais nem menos que a cristalização de uma situação conflitiva qualquer.

Como sempre, podemos nos limitar à escultura "real" ou também modelarmos as desejadas, as temidas, e as que remetem ao passado e ao futuro.

Escultura intrapsíquica

Esse tipo de escultura está descrito em detalhes no Capítulo 8. Com maior freqüência, a utilizamos no decorrer de uma terapia grupal, mais do que nas terapias de casal e de família.

Escultura da relação num subgrupo

Pode ser qualquer subgrupo, mas o mais comum é que surja a oportunidade de seu uso como forma de esclarecimento da relação difícil ou conflitiva de uma díade.

As técnicas correspondem, de um modo muito próximo, com a metodologia que descrevemos na escultura de casais: simetria do terapeuta com ambos os indivíduos, realização sempre de qualquer escultura por parte dos dois, modo de utilizar as técnicas elementares, passo entre as esculturas etc.

Escultura da relação entre os subgrupos do grupo terapêutico

Remetemos à descrição que fazemos da escultura em sociodrama, pois é assim que a vemos, um sociodrama grupal por intermédio da escultura.

Incluímos nesse item os grupos terapêuticos artificiais, dos quais trazemos uma classificação por nós realizada em função do nível de atenção e das possibilidades de utilização do psicodrama. Em todos eles pode-se aplicar a técnica da escultura.

PSICODRAMA NA INSTITUIÇÃO

Prevenção primária

Prevenção de estados
não-desejáveis:

- transtornos emocionais
- transtornos de pensamento
- padrões de conduta indesejável
- reações de estresse
- doença formal
- mal-estar

Técnicas de prevenção primária:

Métodos biotécnicos
Métodos psicossociais:

- mudança dos hábitos individuais do estilo de vida
- intervenção em grupos
- intervenção familiar
- desenvolvimento de ajuda comunitária

Psicodrama
Grupos de *role-playing*
pedagógico:

- com os usuários
- com o pessoal (inclusive o voluntariado)

Intervenção familiar

Prevenção secundária

Encurtar o curso da doença

Diminuir a gravidade do quadro e a mortalidade
Intervenção precoce: • biológica
               • psicoterapêutica
Psicodrama: • terapêutico: neurose, psicose,
                  adições em adultos,
                  crianças, adolescentes
                  psicodrama de casal
                  e familiar
               • pedagógico: *role-playing*
                  pedagógico
                  (profissão paciente)
                  formação do terapeuta

Prevenção terciária

Pretende reduzir os efeitos residuais das doenças mentais:
• prevenção de complicações — hospitalização
• reabilitação: assegurar o nível máximo em
  que o indivíduo pode funcionar

Psicodrama:
• grupos de psicóticos crônicos
  "jovens psicóticos crônicos"
  idosos terminais (também individual)
  deficientes
• ajuda às famílias
• psicodrama e sociodrama institucional
• formação do pessoal

Nessa classificação, levamos em consideração tanto os grupos de pacientes internos (unidades psiquiátricas de pacientes internos agudos e centros de pacientes internos crônicos) como os de pacientes ambulatoriais (consultas particulares, centros de saúde, medicina comportamental, tratamento por abuso de substâncias, grupos educativos e de apoio etc.).

As vantagens, em diferentes níveis, da utilização da psicoterapia de grupo nos diferentes contextos ficam refletidas em numerosas contribuições[21].

---

21. VINOGRADOR, S. e YALOM, I. *Guía breve de psicoterapia*. Barcelona, Paidós, 1996.

A escultura no *role-playing* pedagógico

Não é nossa intenção desenvolver em profundidade nossas posições com relação ao *role-playing* pedagógico, mas consideramos conveniente dar algumas idéias gerais antes de falar da escultura nesse contexto[22].

Consideramos que o *role-playing* pedagógico é aquele desempenho de papel que tem como objetivo concreto o aperfeiçoamento de um papel defeituoso, a mudança de um papel inadequado, ou a criação de um papel ausente. A finalidade é, pois, pedagógica. Trata-se de conseguir aquelas metas por meio de um processo de aprendizagem ativo.

Recordemos que o *role-playing* pedagógico pode ser útil em campos muito diversos, em todos os quais aparece a conveniência ou a necessidade da aprendizagem de um papel em qualquer dos três aspectos assinalados. As áreas mais freqüentes são:

Papéis profissionais	sanitaristas	médico
		ATS
		auxiliar
		voluntariado
	psicólogo	
	assistente social	
	pedagogo	
	vendedor	
	etc.	

- Habilidades sociais: diferentes papéis necessários a uma relação social adequada.
- Situações disfuncionais nos grupos naturais: casal, família, amigos, trabalho etc.
- Aprendizagem de papéis como complemento de um trabalho com psicodrama terapêutico, em que o sujeito precisa ensaiar um novo modo vincular.

---

22. Recomendamos a leitura dos trabalhos de A. A. SCHÜTZENBERGER, *Introducción al role-playing. El sociodrama, el psicodrama e sus aplicaciones en asistencia social, en las empresas, en la educación y em psicoterapia*. Madri, Marova, 1979a e de M. ALICIA ROMAÑA, *Do psicodrama pedagógico a pedagogia do drama*. São Paulo, Papirus, 1996.

Metodologia do role-playing

A. Escolha do papel

Escolha da cena por meio da qual se ensaiará esse papel.

A escolha realiza-se de formas diferentes numa terapia bipessoal ou num grupo. No primeiro caso, surgirá da dinâmica processual da relação terapeuta (ou monitor)/paciente (ou cliente); no segundo caso, partiremos de:

Propostas espontâneas
Uso das técnicas:
- *Philips 66*
- *brainstorming*

B. Construção da cena

Aquecimento inespecífico.
Aquecimento específico.
Escolha de egos-auxiliares.
Colocação em cena da situação concreta escolhida.

C. Dramatização: *role-playing*

Com as seguintes regras:
Uma primeira experiência espontânea.
Comentário de "acertos e erros".
Novas dramatizações até chegar a um desempenho satisfatório do papel.
Novas dramatizações em situações de progressiva dificuldade para o mesmo papel.

D. Comentário

Ao longo do desenvolvimento do *role-playing* pedagógico, surgirá a conveniência de introduzir diferentes técnicas subsidiárias; as de uso mais freqüente são as seguintes:

Solilóquio
Espelho
Duplo

Inversão de papéis
Multiplicação dramática
Escultura

Se em dado momento recorrermos à escultura, também poderemos utilizar, ao longo de sua aplicação, aquelas mesmas técnicas clássicas.

O recurso da escultura no *role-playing* pedagógico é utilizado com três finalidades: mostrar e demonstrar ao sujeito (protagonista) e ao grupo (terapêutico, família, de empresa etc.) os modos vinculares aos quais aquele recorre de forma habitual e repetitiva; ajudar o indivíduo a tomar consciência dos inconvenientes que comportam tal modo relacional, percebendo os contrapapéis que ele provoca e, por fim, desenvolver e aprender modos mais flexíveis e adequados do papel em jogo.

As modalidades de escultura mais empregadas no *role-playing* pedagógico são as que denominamos de "real", desejada e temida. Raras vezes recorremos a outras, mesmo à técnica que descrevemos anteriormente, de "passo entre as esculturas", uma vez que os modelos básicos costumam mostrar-se suficientemente eficazes para a finalidade do aprendizado de papéis.

Tomemos como exemplo um jovem médico que realiza um programa de pós-graduação em mestrado. Uma das áreas do mestrado é o trabalho experiencial da relação médico/enfermeiro, que é desenvolvido pelo *role-playing*.

Esse aluno de mestrado, J., propôs que se explorasse uma situação de primeira entrevista, em seu futuro consultório particular, com um paciente que tem uma atitude desqualificadora. Um companheiro do grupo se oferece para esse papel, a quem o terapeuta ajuda na tarefa de formalizar o papel e aquecê-lo para a situação. Monta-se a cena do escritório, com duas cadeiras e uma mesa, situa-se a porta de entrada e termina-se de dar forma à cena pedindo ao protagonista que especifique a hora, quem, quando e como solicitou a visita, se conhece a pessoa que o encaminhou, se tem enfermeira ou secretária etc. Uma vez realizado esse aquecimento, sugerimos um solilóquio.

J: *Estou um pouco nervoso; é um dos meus primeiros pacientes, e foi um dos meus professores quem o enviou. O paciente disse-me, ao telefone, que esse professor lhe fez vários elogios sobre a minha capacidade profissional... Estou desejando que chegue de uma vez.*

(Vemos aqui já uma auto-exigência de responder à expectativa de ser um bom profissional.)

J. senta-se à mesa. Simula-se o som da campainha da porta e uma companheira, ego-auxiliar, atua como secretária, abre a porta e introduz o "paciente" no consultório. J. o saúda, pede que se sente e pergunta-lhe sobre o motivo da visita.

O paciente (P.), instruído pelo terapeuta, inicia o papel desqualificador:

P.: *Bom dia, doutor; estava querendo vir conhecê-lo. O professor X. falou-me muito bem do senhor, que é o melhor dos profissionais, e que tinha certeza de que o senhor iria me curar.* (Faz uma pausa, em que contempla J.) *Mas perdoe-me, fiquei surpreso... o senhor é muito jovem, e eu esperava alguém mais velho... com mais experiência... não duvido que o senhor tenha tido boas notas na faculdade, claro, mas não deve ter podido ver muitos pacientes. E o meu caso, pelo que me disse o professor, não é fácil. O senhor acha que poderá me curar?* (Note-se que a desqualificação, não excessivamente sutil, carregada de desconfiança, mostra-se já antes de o "paciente" explicar o motivo de sua visita.)

J. foi ficando tenso, seu sorriso é forçado e, inclusive, enrubesceu de modo sensível:

J. (num tom forçado): *Creio que o senhor deveria me contar primeiro o que é que o traz à consulta. Sou um profissional, e sou eu quem pode avaliar se estou ou não capacitado para tratá-lo.*

O terapeuta interrompe o desempenho de papel e propõe que J. realize uma escultura ("real") que mostre como está vivendo a situação. (J. já sabe o que é a técnica da escultura.)

J. coloca P. de pé, com a mão esquerda em seu cavanhaque, a direita apontando-o com o dedo indicador, e uma expressão "de desprezo" em seu rosto (recorde-se que a expressão facial não é feita pelo protagonista, mas sugerimo-la ao ego-auxiliar). Ele mesmo se coloca sentado, encolhido, e com ambas as mãos diante de si, defendendo-se.

O terapeuta propõe um solilóquio a partir da escultura:

J.: *Sinto-me mal, atacado injustamente, ele me desvaloriza antes que falemos... Tenho que me defender, quero justificar-me.*

Aqui, o terapeuta pode construir uma hipótese sobre a dinâmica intrapsíquica de J. Poderíamos pensar numa pauta aprendida de temor e de desconcerto, diante de uma figura parental exigente e desqualificadora. Essa hipótese poderia ser útil no caso de se tratar de um processo terapêutico: talvez pudéssemos perguntar, por exemplo, a J., se esse modo de inter-relação lhe parece familiar, e seguir essa linha. Em nosso caso, o que interessa é nos centrarmos no aqui-e-agora, destacar o modo de reagir de J., tomando consciência de seus aspectos disfuncionais, e ajudar a encontrar e ensaiar um modo de relação mais adequado.

Agora o terapeuta propõe a J. que realize uma escultura do "que ele tem vontade de fazer com P.". J., de imediato, senta P. com as mãos num gesto de adoração, coloca-se em pé, com a palma da mão esquerda sobre o peito, e o indicador direito para cima. Ri, relaxado:

J.: *Aqui estou, nessa postura doutrinal, e P. me ouve e me obedece.*

Comenta-se com J. e o grupo ambas as esculturas. Tudo gira em redor do temor que J. tem de uma desqualificação, e sua ambivalência entre assumir o papel de "incapaz" e seu desejo de "ficar por cima" do paciente, "demonstrando quão bom ele é em sua profissão".

A partir daqui, prossegue o desempenho de papel por meio de uma sucessão de ensaios, com a realização de uma extensa multiplicação dramática, em que os companheiros de grupo exploram suas próprias atitudes diante do mesmo estímulo criado por P. Não se recorre mais à escultura nesse caso de *role-playing*, razão pela qual abandonamos aqui sua descrição.

A escultura em sociodrama

No Capítulo 3 comentávamos que o matiz característico do método sociodramático é a seleção dos aspectos coletivos do papel, tanto para fins de diagnóstico quanto para a intervenção.

Recordemos que em todo papel fundem-se elementos privados e coletivos, e que, nas relações interpessoais, conjugam-se uma parte individual e outra coletiva. O sujeito do sociodrama é o grupo — equivalente ao indivíduo em psicodrama. O grupo será valorizado em função da cultura a que pertence e ao contexto em que se inscreve.

O sociodrama como método ativo explora e trata — mediante a ação — da relação intergrupos, de subgrupos no grupo que o contém, e das interações entre as dimensões coletivas dos papéis.

O *locus* para trabalhar com sociodrama é muito extenso, podendo abranger todos aqueles grupos que são objeto de programas de prevenção, assim como as relações entre os contextos para levar a cabo esses programas[23] e todas aquelas interações entre a dimensão social de papéis culturalmente estabelecidos que entram em comunicação. Em resumo, o verdadeiro sujeito do sociodrama é o grupo, que irá refletir as relações intergrupais e as ideologias coletivas, abrindo caminhos para a análise e para o tratamento dos problemas sociais.

A aplicação do método sociodramático precisa de uma série de requisitos, como estudamos no Capítulo 3, vendo-se enriquecido com a incorporação de técnicas psicodramáticas. Iremos nos deter nesse ponto, mais especificamente na inclusão da escultura no sociodrama.

Na fase de aquecimento do sociodrama, é necessário reunir informação suficiente para permitir aprender a distinguir os elementos coletivos dos elementos individuais nos papéis presentes, numa situação escolhida e definida claramente.

Os egos-auxiliares que irão intervir na escultura são depositários e portadores de dimensões e funções coletivas, razão pela qual, nesse caso, é indiferente que seja uma ou outra pessoa determinada que faça parte da escultura.

O escultor deve ter muito claro que irá esculpir sua visão de uma situação relacional entre sistemas grupais. Tomemos como exemplo a relação entre diferentes organizações comunitárias (de bairro, religiosas, sindicais etc.); de sistema sanitário (relação médico/doente, famílias de pacientes, pessoal não-médico etc.); da relação entre grupos a partir da atribuição sociocultural no desempenho e expectativas de papel (grupos de pais de filhos adotivos, grupos de mães solteiras etc.).

A finalidade da escultura é contribuir para esclarecer o modo de perceber a rede sociogrupal em jogo, assim como a incorporação de possíveis modificações parciais da mesma, mediante a exploração de

---

23. KAPLAN, H. I. e SADOCK, B. J. *Comprehensive group psychotherapy*. 3ª ed., Baltimore, Mariland, Williams & Williams, 1993, p. 2866.

diferentes opções. Partindo de uma dificuldade presente numa situação coletiva, trata-se de ajudar a desvelar a rede estrutural que a sustém e a buscar alternativas mais funcionais e operativas.

Uma vantagem própria desse procedimento é que os indivíduos presentes, que não intervêm na escultura, encontram-se a meio caminho entre o espectador e o ator, já que a experiência mostrada na escultura faz parte de si mesmo e, por sua vez, ele mesmo faz parte da escultura.

Por exemplo, num grupo de sociodrama constituído numa instituição escolar, realiza-se uma escultura de como cada coletivo percebe o funcionamento institucional e as relações. Nesse caso, a escultura está constituída por quatro elementos: um representante do grupo de pais, do grupo de alunos, do grupo de professores, e do grupo administrativo. Temos quatro egos-auxiliares, expressando-se cada um como, pelo e a partir do grupo a que pertence e representa, desprendendo-se, na medida do possível, de aspectos de sua vida e do desempenho de seu papel individual.

Uma das vantagens da inclusão da escultura no sociodrama é que permite eliminar um discurso verbal manipulador, com tópicos e estereótipos sociais como forma de escape para enfrentar o conflito real. A escultura permite mostrar e definir a rede social em jogo, que sustenta as manifestações externas da situação conflitiva.

Os tipos de escultura que trabalhamos mais freqüentemente no método sociodramático são a escultura real, desejada e temida, o passo entre as esculturas, e a escultura do passado, presente e futuro. O processo de passo entre esculturas permite que o próprio grupo desvele as repercussões e conseqüências dos movimentos estruturais do sistema. A dimensão cronológica passado, presente, futuro permite atribuir valor à co-evolução dos grupos e às expectativas em jogo. Em resumo, com o uso dessas modalidades escultóricas, o próprio grupo pode desenvolver melhores habilidades de observação, explorando a percepção intergrupal e introduzindo possibilidades hipotéticas que permitem reorganizar tanto a estrutura grupal como os conteúdos próprios do grupo.

Encontramo-nos numa instituição hospitalar, onde estamos trabalhando com um grupo constituído por dois ATS, uma assistente social, um chefe clínico, quatro médicos em formação, quatro médicos psiquiatras e três auxiliares.

O objetivo do grupo é tentar reduzir, na medida do possível, a tensão existente no serviço, que desembocou numa reclamação por parte da gerência, devido ao baixo rendimento e à atenção deficitária aos usuários.

As sessões são conduzidas pelo procedimento sociodramático, justificando a necessidade de trabalhar papéis sociodramáticos para não aprofundar os conflitos pessoais.

Vários dos temas colocados são abordados com o trabalho escultórico. Num deles, "o questionamento do valor profissional", foram sendo realizadas esculturas que refletiram várias visões:

- A escultura de todo o sistema realizada a partir do papel de ATS mostrou a vivência de ataque do resto do pessoal e, como conseqüência, a adoção de respostas defensivas de onipotência.
- A escultura realizada a partir do papel médico-residente revelou de forma manifesta um latente "duvidam de mim".
- A escultura realizada a partir do papel de médico exprimiu uma situação enganosa de conflitos.
- A escultura realizada a partir do papel de auxiliar exprimiu uma situação de desconexão e alienação, incorporando um elemento novo com que mantinham maior conexão: os pacientes.
- A escultura realizada a partir do papel de assistente social refletiu uma situação de sobrecarga.
- A expressão das esculturas percebidas como "reais" facilitou a descrição da visão a partir do ponto de vista dos subgrupos presentes, e a partir daí continuou-se com um trabalho simultâneo de diagnóstico e de intervenção. A aplicação da escultura nas sucessivas sessões permitiu agilizar a dinâmica de detecção dos conflitos, a tomada de consciência do grau de desorganização e confusão, a valorização das possibilidades de mudança, a aceitação das limitações impostas pelo contexto, e o começo da delimitação de funções e encargos.

Insistimos em que, quando se emprega a escultura em sociodrama, o *locus* da intervenção passa dos sujeitos particulares para os subgrupos e ao grupo que os contém, constituindo-se esse no primeiro sujeito (sendo esse o primeiro pressuposto do método sociodramático). Finalmente, quando o grupo funciona em subgrupos, tem origem a aparição de egos-auxiliares que se convertem em agentes terapêuticos, ao serem emergentes da estrutura (cumprindo-se assim o segundo pressuposto presente no método sociodramático).

BIBLIOGRAFIA

ABBOTT, E. A. (1994). *Flatland*. Penguin Group.

ÁLVAREZ, M. (1994). *Cuaderno de lengua española*. Madri, Arco Libros.

ANDOLFI, M., e MENDHI, P. (1982). *Provocative supervision. In family therapy supervision: recent developments in practice*. Londres, Academic Press.

ANDOLFI, M., e ZWERLING, I. (1985). *Dimensiones de la terapia familiar*. Barcelona, Paidós.

ARACIL, J. (1984). *Introducción a la dinâmica de sistemas*. Madri, Alianza Editorial.

_____. (1986). *Máquinas, sistemas y modelos. Un ensayo sobre sistémica*. Madri, Tecnos.

ARANGUREN, J. L. L. (1992). *La comunicación humana*. Madri, Tecnos.

ARRUGA i VALIERI, A. (1974). *Introducción al test sociométrico*. Barcelona, Herder.

BARCIA, P. (1986). *Posibilidad de integración de los estudios neurofisiológicos y psicodinámicos por el estudio del sueño*, V. 2, nº·5. Madri, Barcelona, pp. 197-200.

BARRUCAND, D. (1970). *La catharsis dans le tèatre, la psychoanalyse et la psychothèrapie*. Paris, Epi.

BATESON, G. (1972). *Pasos hacia una ecología de la mente*. Buenos Aires, Carlos Loblé.

_____. (1981). *Espíritu y naturaleza*. Buenos Aires, Amorrortu.

_____. (1990). *El árbol del conocimiento*. Madri, Debate.

BERNE, E. (1966). *Los juegos en los que participamos*. México, Diana.

BION, W. R. (1985). *Experiencias en grupos*. Barcelona. Paidós.

BLACK, M. (1966). *Modelos y metáforas*. Madri, Tecnos.

BOSZORMENYI-NAGGY, I., e SPARK, G. M. (1983). *Las lealtades invisibles*. Buenos Aires, Amorrortu.

BOUQUET, C. M. (1977). *Fundamentos para una teoría del psicodrama*. México, Siglo XXI.

BOWLBY, J. (1989). *Vínculos afectivos: formación, desarrollo y pérdida*. Madri, Morata.

BUSTOS D. (1974). *El psicodrama. Aplicaciones de la técnica psicodramática*. Buenos Aires, Plus Ultra.

_____. (1975). *Psicoterapia psicodramática*. Buenos Aires, Paidós.

_____. (1980). "El test sociométrico". *Fundamentos, técnicas y aplicación.* Buenos Aires, Vancu.

_____. (1985). *Nuevos rumbos en psicoterapia psicodramática. Individual. Pareja. Comunidad.* Argentina, Momento.

CAILLE, P. (1992). *Uno más uno son tres. La pareja revelándose a sí misma.* Buenos Aires, Paidós.

CASADO VELARDE, M. (1995). *Introducción a la gramática del texto español.* 2ª ed. Madri, Arco Libros.

Diccionario de la Lengua Española (1992). 21ª ed., Madri, Espasa Calpe.

DUHL, F., KANTOR, D., e DUHL, B. (1973). In: SIMONS, T. B., STIERLIN, H., e WYNNE, L. C. (1988). *Vocabulario de terapia familiar.* Argentina, Gedisa.

_____. (1973). "Learning, space and action in Family Therapy, a premier of sculpture". In: GRUNE e STRALTON. *Techniques of family psychotherapy.* Nova York, D. Bloch.

ECO, U. (1991). *Tratado de semiótica general.* 5ª ed. Barcelona, Lumen.

EIBL-EIBESFELDT, I. (1972). *Amor y odio.Historia natural de las pautas elementales de comportamiento.* Madri, Siglo XXI.

ELIADE, M. (1968). *Myto y realidad.* Madri, Guadarrama.

ELKAIN (edición a cargo de) (1988). *Formaciones y prácticas en terapia familiar.* Buenos Aires, Nueva Visión.

ESPINA, BARRIO, J. A. (1992). "Evolución sociométrica de grupos psicodramáticos". Universidad de Valladolid, Facultad de Medicina, Área de Psiquiatría (tese de doutorado).

FERREIRA, A. J. "Family Myths". In: COHEN, M. (1966). *Family structure dynamics and therapy. Psychiatric research,* nº 20, Washington, A. P. A.

FILGUEIRA BOUZA, M. S. (1992). "Psicología grupal y psicodrama". *Siso saude,* v. 4, Orense, Boletín da Asociación Galega de Saúde Mental.

FONSECA FILHO, J. S. (1980). *Psicodrama da loucura. Correlações entre Buber e Moreno.* São Paulo, Ágora.

FOULKES, S. H., e ANTHONY E. J. (1964). *Psicoterapia psicoanalítica de grupo.* Buenos Aires, Paidós.

GARRIDO, M. E. (1978). *Jacob Levi Moreno-Psicología del Encuentro.* Madri, Atenas. (No Brasil, *Psicologia do encontro: J. L. Moreno.* São Paulo, Ágora, 1996.)

GÓMEZ, E. A. (1994). "Constructivismo radical". *Psicopatología,* nº 14, 2.

HALEY, J. (1988). *Terapia no convencional. Las técnicas psiquiátricas de Milton H. Erikson.* Buenos Aires, Amorrortu.

HALL, E. T. (1959). *The silent language.* Nova York, Doubleday Co. (trad. cast.: *La dimensión oculta,* México, Siglo XXI, 1972).

JASPERS (1955). *Psicopatología general.* Buenos Aires, Beta.

JUNG, C. G. (1982). *Energética psíquica y esencial del sueño.* Barcelona, Paidós.

256

KAPLAN, H. I., e SADOCK, B. J. (1993). *Comprehensive group Psychotherapy*. 3ª ed. Baltimore, Maryland, Williams & Williams.

KNAPP, M. L. (1982). *La communicación no verbal*. Barcelona, Paidós.

LAÍN ENTRALGO, P. (1989). *El cuerpo humano*. Madri, Espasa Calpe.

LAPLANCHE, J., e PONTALIS, J. B. (1968). *Diccionario de psicoanálisis*. Barcelona, Labor.

LE BOULCH (1978). *Hacia una ciencia del movimiento humano*. Buenos Aires, Paidós.

LEUTZ, G. (1985). *Mettre sa vie en scène. Le psychodrame*. Paris, Hommes et Groupes, Epi.

LÓPEZ BARBERÁ, E. (1990-1991). "Integración de la terapia estructural y el psicodrama como modelos de comprensión de los sistemas psicosociales". *Vínculos*, v. 1, Madri, ITGP.

_____. (1992). "Abordaje psicodramático de uma familia reconstituida". *Vínculos*, nº 5, Madri, ITGP.

_____. (1991). "Psicodrama de parejas". *Vínculos*, nº 2, Madri, ITGP.

_____. (1993). "Mujeres al borde de un ataque de peso". *XIV Jornadas Nacionales de Terapia Familiar*. Federación Española de Asociaciones de Terapia Familiar, Santiago de Compostela, pp. 107-29.

_____. (1994). "La implicación personal en la formación", ponencia, Atas das *XV Jornadas Nacionais de Terapia Familiar*, Vitoria.

LORENTZ, K. (1984). *La etología. Entrevista com Alain de Benoist*. Barcelona, Nuevo Arte Thor.

_____. (1972). *El comportamiento animal y humano*. Barcelona, Plaza y Janés.

_____. (1976). *El aprendizaje temprano en el hombre y el animal*. Madri, Siglo XXI.

_____. (1977). *Evolución y modificación de la conducta*. 5ª ed. México, Siglo XXI.

_____. (1985). *Sobre la agresión. El pretendido mal*. 6ª ed. Madri, Siglo XXI.

LORENTZ, K., e LEYHAUSEN, P. (1985). *Biología del comportamiento. Raíces instintivas de la agresión, el miedo y la libertad*. 10ª ed. Madri, Siglo XXI.

LOWEN. A. (1975). *Bioenergética*. México, Diana. (No Brasil, *Bioenergética*. São Paulo, Summus, 1982.)

MARINA, J. A. (1992). *Elogio y refutación del ingenio*. Barcelona, Anagrama.

_____. (1993). *Teoría de la inteligencia creadora*. Barcelona, Anagrama.

MARTÍNEZ BOUQUET, C. (1977). *Fundamentos para una teoría del psicodrama*. México, Siglo XXI.

MASSERMAN e MORENO (1970). "Progress in psychotherapy IV", pp. 212-18, In: SCHÜTZENBERGER, A. A. (1970). *Introdución al psicodrama*. Madri, Aguilar, p. 111.

MATURANA, H., e VARELA, F. (1984). "Las bases biológicas del entendimiento humano. El árbol del conocimiento-Al pie del árbol". Programa de Comunicación Transcultural, Santiago do Chile, OEA.

MENEGAZZO, C. M. (1981). *Magia, mito y psicodrama*. Buenos Aires, Paidós. (No Brasil, *Magia, mito e psicodrama*. São Paulo, Ágora, 1994.)

MINUCHIN, S. (1977). *Familias y terapia familiar*. Barcelona, Granica.

MINUCHIN, S., e FISHMAN, H. C. (1984). *Técnicas de terapia familiar*. Barcelona, Paidós.

MOCCIO, F., e MARTÍNEZ, M. H. (1987). *Psicoterapia grupal. Dramatizaciones y juegos*. Búsqueda.

MORENO, J. L. (1933). *Psychological Organizations of Groups in the Community. American Society of Mental Deficiency*. Boston. *Who shall survive?* Nova York, Beacon House Inc. (No Brasil, *Quem sobreviverá?* Goiânia, Dimensão, 1992.)

_____. (1937). "Psychopathology of Interpersonal Relations". *Sociometry*, 1, pp. 3-91.

_____. (1961). *Psichodrama*. 4ª ed. Buenos Aires, Hormé-Paidós.

_____. (1962). *Fundamentos de la sociometría*. Buenos Aires, Paidós.

_____. (1966). *Psicoterapia de grupo e psicodrama*. México, FCE. (No Brasil, *Psicoterapia de grupo e psicodrama*. Rio de Janeiro, Mestre Jou.)

_____. (1977a). *Las bases de la psicoterapia*. Buenos Aires, Hormé.

_____. (1977b). *Psicomúsica y sociodrama*. Buenos Aires, Paidós.

MORENO J. L., e EIBL-EIBESFELD, I. (1972). *Amor y odio. Historia natural de las pautas elementales de comportamiento*. 2ª ed. Madri, Siglo XXI. *Psicodrama*. Buenos Aires, Hormé.

MORIN, E. (1994). *El hombre y la muerte*. Barcelona, Kairós.

ONNIS, L. (1990). *Terapia familiar de los transtornos psicosomáticos*. Buenos Aires, Paidós.

_____. (1993). "Dimensiones de la terapia familiar". In: *La pareja tridimensional*, p. 5.

PAVLOVSKY, E., MARTÍNEZ BOUQUET, C., e MOCCIO, F. (1979). "Cuándo y por qué dramatizar". *Colección Ciencia*, Serie Psicología, nº 105. Madri, Fundamentos, 1981.

PERLS, F. (1976). *El enfoque guestáltico. Testimonios de terapia*. Chile, Cuatro Vientos.

POBLACIÓN KNAPPE, P. (1980). *Psicopatología dinámica grupal*, nº 115, Madri, Fundamentos.

_____. (1989). "La escena primigenia y el proceso diabólico". 2ª Reunião Nacional da Associação Espanhola de Psicodrama. *Informaciones Psiquiátricas*, nº 115, 1º trimestre.

_____. (1990a). "El sistema-escena en el psicodrama". *Psicopatología*, v. 10, nº 3. Madri, ITGP.

_____. (1990b). "Las fases de los grupos. Apuntes de psicodrama didáctico". Madri, ITGP.

_____. (1991). "Sueños y psicodrama". *Vínculos*, nº 2, Madri, ITGP.

_____. (1992a). "Objetos intermediarios". *Vínculos*, nº 6, Madri, ITGP.

_____. (1992b). "Metadrama: el metamodelo en psicodrama". *Cuadernos Larda*, nº 32, Argentina.

_____. (1993). "La pareja tridimensional". *XIV Jornadas Nacionales de Terapia Familiar*. Santiago de Compostela, novembro.

POBLACIÓN KNAPPE, P. e LOPEZ BARBERÁ, E. (1991). "La escultura en terapia familiar". *Vínculos*, nº 3, Madri, ITGP, outono.

_____. (1992a). "Técnicas psicodramáticas". *Vínculos*, nº 6, Madri, ITGP.

_____. (1992b). "Terapia Familiar y otras técnicas grupales". *Vínculos*, nº 6, outono.

POBLACIÓN, P. *Jornadas de terapia familiar*. Santiago de Compostela.

_____. (1994). 2ª *Jornadas Dictia de Terapia Familiar*. Centre-Escola de Teràpia Familiar de l'Hospital de la Sta. Creu i Sant Pau, Universidade Autônoma de Barcelona.

POPPER, K. (1992). *El porvenir está abierto*. Barcelona, Tusquets.

PORTUONDO, J. A. (1971). *El test sociométrico*. Madri, Biblioteca Nueva.

RITTERMAN, M. (1988). *Empleo de la hipnosis en terapia familiar*. Buenos Aires, Amorrortu.

ROF CARBALLO, J. (1961). *Urdimbre afectiva y enfermedad*. Barcelona, Labor.

ROJAS BERMÚDEZ, J. (1967). "El objeto intermediario". *Cuadernos de Psicoterapia*, v. II, nº 2, Buenos Aires, Genitor.

_____. (1992). "Objeto intermediario e intermediarios en psicodrama". *Vínculos*, nº 4, Madri, ITGP.

ROMAÑA, M. A. (1996). *Do psicodrama pedagogico a pedagogia do drama*. São Paulo, Papirus.

SARRO, R. (1970). *J. L. Moreno: La era de los grupos. Introducción a la versión castellana de A. A. Schützenberger*. Introducción al psicodrama. Madri, Aguilar, p. 11.

SATIR, V. (1989). *Psicoterapia familiar conjunta*. México, Científicas, Prensa médica mexicana, S.A. de C. U.

SAUSSURE, F. (1992). *Curso de lingüística general*. Alianza Editorial.

SCHÜTZ, W. (1971). *Todos somos uno. La cultura de los encuentros*. Buenos Aires, Amorrortu.

SCHÜTZENBERGER, A. A. (1970). *Introducción al psicodrama*. Madri, Aguilar.

_____. (1979a). *Introducción al role-playing. El sociodrama, el psicodrama y sus aplicaciones en asistencia social, en las empresas, en la educación y en psicoterapia*. Madri, Marova.

_____. (1979b). *Diccionario de técnicas de grupo*. Salamanca, Atenas.

SCHÜTZENBERGER, A. A., e SAURET, M. J. (1980). *Nuevas terapias de grupo*. Madri, Pirámide.

SHÖKEL, A. In: ÁLVAREZ, M. (1994). *Tipos de escrito I: Narrativa y descripción*. 2ª ed. Madri, Arco Libros.

SLUZKI, C. E. (1985). "Terapia familiar como construcción de realidades alternativas". *Revista Sistemas Familiares*, Argentina.

STERLIN, H., e WYNNE, L. C. (1988). *Vocabulario de terapia familiar*. Buenos Aires, Gedisa.

TILMAN OSTYN, E. (1994). "Nuevas tendencias en el tratamiento del maltrato y abuso sexual en la família". Simpósio Europeu de Terapia de Família, Madri.

TREADWELL, T. W., e LEACH, E. A. (1987). "An introducion to the COMPSOC system: A computerized approach to processing sociometric data". *Journal of Group Psychotherapy, Psychodrama and Sociometry*, v. 40, nº 3, Estados Unidos, outono.

ULLMAN, S. (1971). *Lenguaje y estilo*. Cultura e Historia, Madri, Aguilar.

VARELLA, F. J. (1991). "El cuerpo evocado. Una relectura de la inmunidad", ponencia, *XII Jornadas de Terapia Familiar*, Sevilha.

VINOGRADOR, S., e YALOM, I. (1996). *Guía breve de psicoterapia de grupo*. Barcelona, Paidós.

VON BERTALANFFY, L. (1976). *Teoría general de sistemas*. Madri, FCE.

VON FOERSTER, H. (1991). *Las semillas de la cibernética*. Barcelona, Gedisa.

WALROND-SKINNER, S. (1978). *Terapia familiar*. Buenos Aires, Ora.

WATZLAWICK, P. (1981). *El lenguaje del cambio*. Barcelona, Herder.

WINSON, J. (1991). "Los sueños". *Investigación y ciencia*, janeiro, 1991.

ZEIG, J. (1985). *Un seminario didáctico com Milton Erickson*. Buenos Aires, Amorrortru.

Elisa López Barberá e Pablo Población Knappe trabalham juntos há mais de 25 anos em terapia psicodramática. Em seu trabalho incluem-se atividades tais como: o teatro, em uma obra infantil *El crocodilo Pascual* e *La sesión* (esta apenas de Pablo), a pintura, a navegação, a pesca, a presença da família e dos amigos, quando não estão desfrutando da solidão compartilhada. Denominam sua linha de trabalho de psicodrama sistêmico e consideram Moreno um pioneiro de tais teorias. Vêm publicando trabalhos sob esse enfoque há uma década.

Elisa é psicóloga e assistente social, diretora do Instituto de Técnicas de Grupo e Psicodrama e supervisora-docente de terapia familiar sistêmica da Federação Espanhola de Associações de Terapia Familiar. Foi coordenadora do 1º Congresso Ibero-Americano de Psicodrama, em Salamanca.

Pablo é psiquiatra. Foi presidente da Associação Espanhola de Psicodrama e da Sociedade Espanhola de Psicoterapia e Técnicas de Grupo e fundador da International Psychodrama Section da IAGP.

Impresso pelo Depto Gráfico do
CENTRO DE ESTUDOS
VIDA E CONSCIÊNCIA EDITORA LTDA
R. Santo Irineu, 170 / F.: 549-8344

dobre aqui

ISR 40-2146/83
UP AC CENTRAL
DR/São Paulo

CARTA RESPOSTA
NÃO É NECESSÁRIO SELAR

O selo será pago por

SUMMUS EDITORIAL

05999-999 São Paulo-SP

dobre aqui

A ESCULTURA NA PSICOTERAPIA

CADASTRO PARA MALA-DIRETA

Recorte ou reproduza esta ficha de cadastro, envie completamente preenchida por correio ou fax, e receba informações atualizadas sobre nossos livros.

Nome: _____ Empresa: _____
Endereço: ☐ Res. ☐ Coml. _____ Bairro: _____
CEP: _____ - _____ Cidade: _____ Estado: _____ Tel.: ( ) _____
Fax: ( ) _____ E-mail: _____
Profissão: _____ Professor? ☐ Sim ☐ Não Disciplina: _____ Data de nascimento: _____

1. Você compra livros:
☐ Livrarias ☐ Feiras
☐ Telefone ☐ Correios
☐ Internet ☐ Outros. Especificar: _____

2. Onde você comprou este livro? _____

3. Você busca informações para adquirir livros:
☐ Jornais ☐ Amigos
☐ Revistas ☐ Internet
☐ Professores ☐ Outros. Especificar: _____

4. Áreas de interesse:
☐ Psicologia ☐ Comportamento
☐ Crescimento Interior ☐ Saúde
☐ Astrologia ☐ Vivências, Depoimentos

5. Nestas áreas, alguma sugestão para novos títulos? _____

6. Gostaria de receber o catálogo da editora? ☐ Sim ☐ Não

7. Gostaria de receber o Ágora Notícias? ☐ Sim ☐ Não

Indique um amigo que gostaria de receber a nossa mala-direta

Nome: _____ Empresa: _____
Endereço: ☐ Res. ☐ Coml. _____ Bairro: _____
CEP: _____ - _____ Cidade: _____ Estado: _____ Tel.: ( ) _____
Fax: ( ) _____ E-mail: _____
Profissão: _____ Professor? ☐ Sim ☐ Não Disciplina: _____ Data de nascimento: _____

Editora Ágora
Rua Itapicuru, 613 Conj. 82 05006-000 São Paulo - SP Brasil Tel (011) 3871 4569 Fax (011) 3872 1691
Internet: http://www.editoraagora.com.br e-mail: agora@editoraagora.com.br